드림중국어 HSK 5급 실전 모의고사

(1-5회분 해석집 포함)

梦想中国语 HSK 5 级 实战模拟考试 1-5 套 含注解

드림중국어 원어민 수업 체험 예약 (30 분)

QR 코드를 스캔해서 중국어 체험 수업 신청하세요.

(네이버 아이디로 들어감)

ZOOM 1:1 수업, 휴대폰/태블릿/컴퓨터로 수업 가능

드림중국어 HSK 5 급 실전 모의고사 (1-5 회분 해석집 포함)

梦想中国语 HSK 5 级 实战模拟考试 1-5 套 含注解

종이책 발행   2020 년 02 월 02 일
전자책 발행   2020 년 10 월 01 일

저자:	드림중국어
디자인:	曹帅
발행인:	류환
발행처:	드림중국어
주소:	인천 서구 청라루비로 93, 7 층
이멜:	5676888@naver.com
등록번호:	654-93-00416
등록일자:	2016 년 12 월 25 일

종이책 ISBN: 979-11-90074-32-2 (13720)
전자책 ISBN: 979-11-90074-93-3 (15720)

값: 29,800 원

이책은 저작권법에 따라 보호받는 저작물이므로 무단복제나 사용은 금지합니다. 이 책의 내용을 이용하거나 인용하려면 반드시 저작권자 드림중국어의 서면 동의를 받아야 합니다. 잘못된 책은 교환해 드립니다.

<MP3 무료 다운!>

이 책에 관련된 모든 MP3 는 드림중국어 카페(http://cafe.naver.com/dream2088)를 회원 가입 후에 <교재 MP3 무료 다운> 에서 무료로 다운 받으실 수 있습니다.

목 록

〈HSK 5급 실전 모의 고사 1〉 1

〈HSK 5급 실전 모의 고사 1〉 답안 19

〈HSK 5급 실전 모의고사 1〉 본문 및 해석 22

〈HSK 5급 실전 모의 고사 2〉 54

〈HSK 5급 실전 모의 고사 2〉 답안 72

〈HSK 5급 실전 모의고사 2〉 본문 및 해석 75

〈HSK 5급 실전 모의 고사 3〉 108

〈HSK 5급 실전 모의 고사 3〉 답안 126

〈HSK 5급 실전 모의고사 3〉 본문 및 해석 129

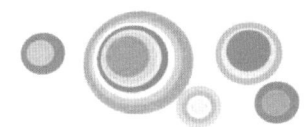

〈HSK 5급 실전 모의 고사 4〉 161

〈HSK 5급 실전 모의 고사 4〉 답안 179

〈HSK 5급 실전 모의고사 4〉 본문 및 해석 182

〈HSK 5급 실전 모의 고사 5〉 215

〈HSK 5급 실전 모의 고사 5〉 답안 233

〈HSK 5급 실전 모의고사 5〉 본문 및 해석 236

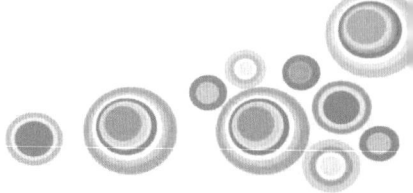

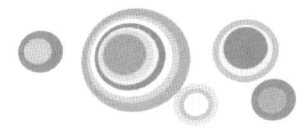

梦想中国语 模拟考试

新汉语水平考试

HSK（五级）1

注　意

一、HSK（五级）分三部分：

1. 听力（45 题，约 30 分钟）

2. 阅读（40 题，45 分钟）

3. 书写（10 题，40 分钟）

二、听力结束后，有 5 分钟填写答题卡。

三、全部考试约 125 分钟（含考生填写个人信息时间 5 分钟）。

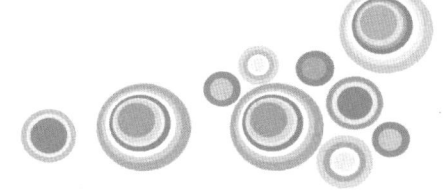

一. 听力

第一部分

第 1-20 题：请选出正确答案。

1. A 机场
   B 汽车站
   C 火车站
   D 地铁站

2. A 电影
   B 鲜花
   C 旅游
   D 音乐

3. A 电影院
   B 渔村
   C 菜市场
   D 钓鱼场

4. A 篮球赛
   B 羽毛球赛
   C 乒乓球赛

5. A 洗碗
   B 拖地
   C 洗衣服
   D 做饭

6. A 没有这道菜
   B 菜味道不好
   C 不想吃这道菜
   D 菜卖完了

7. A 上学快迟到
   B 闹钟坏了
   C 忘记设闹钟
   D 上学不会迟到

8. A 笔试过线
   B 可以和男的见面
   C 恢复职位
   D 被录用了

9. A 打电话
   B 拿行李
   C 给女士发消息

10. A 900元
    B 850元
    C 800元
    D 750元

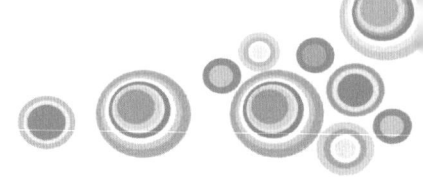

11. A 下周一
    B 下周二
    C 下周三
    D 下周四

12. A 拿到了冠军
    B 没拿到冠军
    C 不清楚
    D 比赛都输了

13. A 喝酒
    B 加班
    C 聚会
    D 健身

14. A 男朋友
    B 爸爸
    C 滴滴司机
    D 空乘人员

15. A 很担心
    B 羡慕
    C 无所谓
    D 安慰

16. A 摔跤了
    B 工作失误
    C 分手了
    D 离婚了

17. A 花钱太多
    B 缺钱
    C 和爸爸吵架
    D 和老公吵架

18. A 邮局
    B 书店
    C 游乐园
    D 广场

19. A 等待
    B 换位置
    C 不吃了
    D 回家

20. A 讨厌
    B 喜欢
    C 不清楚
    D 厌恶

第二部分

第 21-45 题：请选出正确答案。

21. A 一共五位客人
    B 前天预订的
    C 预留的二号包间
    D 客人姓张

22. A 坐地铁
    B 坐公交
    C 骑车
    D 坐出租

23. A 男的
    B 自己
    C 外包公司
    D 朋友

24. A 肚子疼
    B 腿疼
    C 脖子疼
    D 腰疼

25. A 拍中国五大名山
    B 拍中国著名湖泊
    C 拍迪士尼公园
    D 拍星空夜景

26. A 摄影师
    B 化妆师
    C 配音师
    D 美术编辑人员

27. A 下了十年棋
    B 爷爷喜欢下棋
    C 下了四十年棋
    D 被迫学习下棋

28. A 海滩
    B 山上
    C 沙漠
    D 森林

29. A 收衣服
    B 送伞
    C 接女士回家
    D 打扫卫生

30. A 软件无录音功能
    B 麦克风没打开
    C 软件一直有问题
    D 都没找到问题

31. A 比较油腻
    B 香味很浓
    C 味道很辣
    D 比较清淡

32. A 请女的吃饭
    B 最喜欢广东菜
    C 吃得不开心
    D 第一次去中餐馆

33. A 北京
    B 上海
    C 青岛
    D 青海

34. A 第一排5号
    B 第二排10号
    C 第二排5号
    D 第三排10号

35. A 中餐厅
    B 飞机上
    C 火车上
    D 船上

36. A 四大菜系
    B 六大菜系
    C 八大菜系
    D 九大菜系

37. A 米饭
    B 面食
    C 小麦
    D 稻谷

38. A 玉米
    B 稻谷
    C 小麦
    D 马铃薯

39. A《爱的力量》
    B《处世哲学》
    C《心灵鸡汤》
    D《激励演讲》

40. A 是两个人共同主编
    B 是激励演讲者
    C 提供了生活体验
    D 以上皆是

41. A 教养之道
    B 论学习
    C 克服障碍
    D 以上皆是

42. A 书中有7大主题
    B 书中有近千篇故事
    C 主编主要在英国演讲
    D 内容是伟人生平

43. A 只有一种身份

    B 拥有多重职业

    C 没有多元的生活

    D 专注于一门事业

44. A 这是信息爆炸的时代

    B 这个时代竞争激烈

    C 这个时代需要分散精力

    D 这个时代需要专注

45. A 社会发展必然趋势

    B 有待确定

    C 利大于弊

    D 最好专注一个工作

二、阅读

第一部分

第 46-60 题：请选出正确答案。

46-48.

　　日本著名企业家松下幸之助的著作《创业之道》中，有一章题目是"<u>46</u>独立自主的信念"，其中记载了应当如何学习。我建议大家能详细读一下这本书，因为他想告诉大家的是：倘若真心向学，那么万物皆为老师。让我<u>47</u>最为深刻的是"从流云中学习"这一段。能实现真正意义上成长的人，会从日常琐事或表面毫无关系的事情中汲取养分。

　　追寻名师本身没错，但希望各位不要放弃从眼前的事物中学习的<u>48</u>。在寻找名师的过程中，需要认识到你与周围的差距。

46.	A 坚决	B 拥有	C 没有	D 享受
47.	A 想象	B 朗读	C 印象	D 想起
48.	A 机会	B 空闲	C 决心	D 精力

49-52.

　　30多年前，我在东北林区工作。有一天，当地商店的经理来找我说："咱们店里的白糖卖不出去，眼看快到夏天了，再卖不出去就<u>49</u>了。你是学经济的，能不能给我想个办法？"我知道，虽然当年物资短缺，"<u>50</u>"，但林业局用木材换了不少白糖，然而当地人吃糖不多，糖并不<u>51</u>。

　　我想了想，告诉他，你在商店门口贴个告示，写上："本店新进白糖一批，每户限购两斤，凭本购买，欲购从速，<u>52</u>"。告示贴上后不久，白糖就卖完了，甚至还有人求这位商店经理多进几批。

49.	A 变质	B 操心	C 上当	D 吃完
50.	A 要什么有什么	B 要什么没什么	C 要什么给什么	D 要什么吃什么
51.	A 充分	B 紧缺	C 好吃	D 难吃
52.	A 还有红糖	B 不买的打折	C 全部免费	D 过期不候

53-56.

53，基辛格有一个工作习惯，每当下属向他呈报工作方案的时候，他都会将它们放在案头54几天。几天之后，他会把提出该方案的下属叫来询问："你认为这是你最成熟的方案吗？"这时候，下属一般都会认为，基辛格对自己的方案并不满意，于是就会回答："可能还有一些不足之处，我再修改一下。"

　　随后，基辛格就会让下属将方案拿回去修改、55。过几天，基辛格会再上演这样"一出戏"，下属自然会再修改。如此往复，几次后，下属会因为进行了反复深入研究而拿出最佳的方案。基辛格这样的做法，56提高了工作效率，更让下属找到了自己的问题所在。

53. A 我说　　　　B 据说　　　　C 传说　　　　D 演说

54. A 踩　　　　　B 笑　　　　　C 摔　　　　　D 压

55. A 完善　　　　B 修理　　　　C 重复　　　　D 批准

56. A 虽然　　　　B 但是　　　　C 不仅　　　　D 还

57-60.

　　工资多少与幸福程度的关联并不像人们想象的那么57，这一点已经反复得到了证明。（事实上，这种关联相当薄弱）。研究证明，最幸福的人并不在个人收入最高的国家里。58，我们还是一个劲地争取高工资，这在很大程度上就是出于嫉妒。正如20世纪的记者、讽刺家、社会评论家、愤世嫉俗者、自由思想家H. L. 门肯所指出的，一个人对工资是否满意，59他是否比他未来老婆的姐姐或妹妹的老公挣得多。　60　？因为这种比较是明显而又现成的。

57. A 美好　　　　B 现实　　　　C 紧密　　　　D 关键

58. A 可是　　　　B 因为　　　　C 之所以　　　D 不仅

59. A 推断于　　　B 是因为　　　C 取决于　　　D 比较于

60. A 如何比较　　B 为什么要这样比　C 这么做没有目的　D 他的老婆是谁

第二部分

第 61-70 题：请选出与试题内容一致的一项。

61. 据统计阅读纸质报纸的家庭在不断减少。相比去年减少了5%，也就是每5户家庭中只有1户还在订阅纸质报纸。随着在网上也可以随时看新闻，阅读纸质报纸的人不断减少。另外这次调查是通过电话调查去年参与调查的家庭进行的。
A 阅读纸质报纸的家庭没有减少
B 这次调查和去年的调查都针对相同的家庭进行的。
C 网上看新闻有时间限制
D 阅读报纸很方便

62 最近以青年为主，对于工作的价值观发生了变化。无论是一辈子都应该待在一家公司，还是比个人生活更加重视工作，这些传统的思维方式都在逐渐弱化。择业的标准也从社会评价更多得转移到了工作是否适合自己上。无论是职场生活还是择业，更加地重视个人的满意度。
A 比起个人生活更加重视工作
B 不应该跳槽
C 工作是否适合自己很重要
D 个人满意度不重要

63 某个科学家研究了个人对社会的贡献度。本以为个人所能发挥的力量大小会随着成员人数的增多而增加，进行了此项研究。但研究结果却和预想的不一样。团队中的成员人数和他们所能发挥的力量成反比。结果显示反而是两名构成的团队能够发挥最多的潜在能力。
A 个人的贡献度随人数增多而增多
B 1人团队最能发挥潜在能力
C 研究结果符合预想
D 团队人数与社会贡献度成反比

64 现代社会因为人口增加和产业发展，导致环境污染十分严重。这其中水污染直接影响到我们的生存，所以许多人都很担心。但是却缺少阻止污染的实际行动。俗话说"千里之行始于足下"，为了防止水污染，我们应该从平时能做的小事开始。这样一点一滴实践下去，子孙后代才能安心地喝上好水。

A 为了防止水质污染应该尽快做出努力。
B 水污染与我们无关
C 我们已经开始了实际行动
D 人口增加对环境没有影响

65. 当要决定做某事的顺序时，通常会用"剪刀石头布"决定。但是虽然人们看上去像是随意进行"剪刀石头布"，但仔细观察的话可以发现些迹象。即赢的人会继续保持自己的选择，而输的人会选择其他的。从这也能看出即使是短暂的行为，人们也有想赢的本能，做出对自己有利的反应。

A 赢的人会改变选择
B 输的人会坚持选择
C 人们有想赢的本能
D 人不会根据情况改变选择

66. 决定冰淇淋细腻度的重要因素就是空气。在发酵好的冰淇淋原料中注入空气，体积就会渐渐变大，让组织更加细腻。也就是说随着空气的比例增加，就会形成柔软细腻的冰淇淋。但是融化过一次的冰淇淋就算再冰冻，也没办法像以前那样柔软。原料中所包含的空气流失后，就会产生硬硬的结晶，失去了柔滑细腻的口感。

A 含奶量决定冰淇淋是否细腻
B 冰淇淋融化过再冻口感依然柔软
C 空气越少，冰淇淋越细腻
D 再次冰冻的冰淇淋会产生硬结晶

67. 最近，收听"自传写作"讲座的老人越来越多。他们从"自传只是名人的传记"这样的固定观念中跳了出来，意识到传记是为了记录下自己的人生阅历。这些一边听讲座一边写自传的老人经历了中国的战争，见证了今天繁荣经济的成长和发展。因此，这些人的自传不仅仅是"在这个世界上生活过的痕迹"，而且也是中国现代史和商业化发展过程的重要记录。

A 听自传的年轻人越来越多
B 自传是历史的重要记录
C 自传只是名人传记
D 自传只能记录人生阅历

68 我们常会认为宇宙科学对我们生活的贡献少。但是，人们在宇宙方面付出的努力不仅在通信、医疗等领域，也给我们的日常生活带来了巨大的影响。为了解决太空人的饮用水问题而设的装置就是净水机。为了太空人进餐开发的冻结脱水食物只要放进水里，就成了即食汤。这些走进了日常生活中的宇宙科学正让人类的生活变得更加便利和丰富。

A 得益于宇宙科学技术，使生活便利的产品因此得到了开发
B 宇宙科学对我们生活的贡献少
C 宇宙科学仅在医疗领域有用处
D 为了解决太空人的饮用水问题开发了即食汤

69 饮料洒了也不会留下污渍的T恤衫已经被开发出来了。这种T恤衫从外面看跟一般的T恤没有什么区别，但是沾染上咖啡、牛奶、番茄酱等东西也不会渗进衣服，而是直接流走。这是因为它由水通不过的硅纤维嵌合而成的。虽然有干燥方法复杂，汗水排不出等问题，但是以后可以应用在婴儿用品或者一些难洗的生活用品上。

A 这个材料透气性很好
B 这个材料沾上牛奶会渗进去
C 这个材料防水
D 这个材料不用于婴儿用品

70 为了防止伪造，在颜色和设计上改版了的纸币马上要发行了。这种纸币随着角度的不同，文字的颜色也会发生明显的改变，同时在印刷上，发行号码的颜色也比现有的纸币更加鲜明。而且大面值的纸币图像会提前进行电子登记，取钱的时候，会确认是否是同一张纸币。因此，这样的纸币发行将会进一步保证金融往来的安全。

A 文字颜色不会变化
B 支票通过文字颜色的变化来防止伪造。
C 新版纸币比旧版纸币暗
D 所有纸币都会提前进行电子登记

第三部分

第 71-90 题：请选出正确答案。

第71-74题

北宋时，有一个聪明的小孩儿，他叫司马光。

有一天，他和小朋友们在花园里玩儿。大家玩儿得很开心。一个小男孩儿爬到假山上玩儿，突然一不小心，掉进了假山旁边的大水缸里。水缸又大又高，里面都是水，小男孩在水里一边挣扎一边喊："救命啊！救命啊！"

这时，小朋友们才发现有人掉进缸里了。大家都不知道怎么办，有的小孩儿吓哭了，有的小孩吓跑了。

这时，司马光站出来说："大家不要害怕，我们赶紧想办法，把他救出来。"可是大家都不知道该怎么办。司马光看到山上的石头时，突然想到了一个好主意。他举起一块儿石头，用力朝水缸砸去，水缸破了，水哗哗地流了出来，小孩儿得救了。大家都夸司马光聪明。

这个故事告诉我们，遇事不能慌张，要大胆用创新思维解决问题。

71 这个故事发生在什么时候

  A 宋朝   B 唐朝

  C 明朝   D 清朝

72 司马光怎样救了朋友？

  A 跳进缸里   B 将缸砸碎

  C 去喊大人   D 嚎啕大哭

73 他们在玩儿的时候，发生了什么？

  A 一个小男孩掉进了水缸里 B 一个小女孩掉进了水缸里

  C 一个老人掉进了水缸里   D 一个阿姨掉进了水缸里

74 这个故事告诉我们什么道理？

  A 朋友的重要性   B 遇到问题不应该叫大人

  C 救人时周围环境很重要 D 遇事不能慌张，要大胆

第75-78题

华侨着手的事业，几乎未失败过，这句话在海外早就广为流传了。某调查机关在日本东京市内挑选了最优秀的100家饮食店做调查，报告宣称有80%是华侨所经营，而且是绝对不会倒的店。华侨商法确实令人惊叹，如前所述，他们的财富是由贫困及在他国不安全感造成的，而并非他们天生就是商业高手。为了证实这点，同样是中国人，待在自己国家和待在外国的中国人就不同。

某位华侨指出："住在中国本土的中国人和日本人一样，称不上是什么商业奇才，他们做生意也历经无数次的失败。虽然我本身现在获得某种程度的成功，但当初在本土时，曾经一次又一次地失败，在来到日本后，就不太尝到败绩了！我想，其间最大的差异，是当事人意识上不同所造成的。在本土有双亲，有兄弟姐妹，有朋友和亲戚，不需要这么拼命去做，日子还是可以下去。来到海外就不行了！事情和过去全然不同，除自己之外，不能依靠任何人，多半的时候都会考虑自己是否能在外国的土地上生存下去，会形成强烈的不安感，一定要想办法努力工作，拼命思考，结果就在不知不觉中，拥有了强烈的愿望，当然就赚了不少钱，可能就是这个道理。"

75 某调查机关在哪里挑选100家饮食店进行调查？

A 中国
B 韩国
C 美国
D 日本

76 报告宣称，参与调查的100家饮食店中，有多少是华侨所经营的？

A 70%
B 80%
C 90%
D 100%

77 他们的财富是因为什么？

A 天生的商业才能
B 贫困及在他国的不安全感
C 父辈的传承
D 亲人、朋友的帮助

78 这个故事说明了一个什么现象？

A 海外华侨更具有生存危机感
B 海外华侨都是商业高手
C 海外华侨喜欢开饮食店
D 海外华侨比待在国家的中国人更想家

第79-82题

继承大笔财富，最主要的缺点在于，经常会使继承者变得懒惰并失去自信。有这样一件事：一位贵族夫人生下了一位男婴，据说，他将来可以继承上亿美元的财富。当这个小婴儿被放在婴儿车中，推出去呼吸新鲜空气时，四周挤满了护士、保镖，以及其他各种仆人，他们的责任就是要防止这个小婴儿受到任何伤害。任何仆人能够做的事情，都不准他自己去动手。

后来，他长大到10岁了。有一天，他在后院玩耍时，发现后门并未关上。在他一生中，他从未独自一个人走出那个门。因此，很自然的，他心里希望能够这样做。就在仆人们未注意到他的那一瞬间，他立刻从后门冲了出去，但还未冲到马路中央，就被一辆汽车撞死了。他一向使用仆人们的眼睛，以至于忘了利用自己的眼睛。

许多人能够在这个世界上功成名就，主要是因为他在生命初期即被迫为生存而奋斗。许多做父母的因为不知道从奋斗中可以培养出进取心，所以他们会这样说："我年轻时必须辛苦工作，但我一定要我的孩子能过得舒服。"真是既可怜又愚笨的人呀。生活过得"舒服"，通常反而会害了孩子们。工作能让你培养出节俭、自制、坚强的意志力、知足常乐及其他一百项以上的美德，这些都是懒惰的人永远得不到的。

79 继承大笔财富最主要的缺点是？

A 使人变得懒惰并失去自信 B 使人的外貌越来越丑陋

C 使人变得勤快而自信 D 使人变得不善言谈

80 仆人为什么不让贵族夫人的小孩做任何事？

A 为了保护他 B 为了惯坏他

C 为了伤害他 D 为了囚禁他

81 想要得到节俭、自制等美德，应该怎么做？

A 什么都不做 B 工作

C 打游戏 D 继承财富

82 上文作者认同的观点是？

A 生活过得太舒服，对孩子不好 B 父母应该辛苦工作，让孩子过得舒服

C 懒惰的人也可以拥有美德 D 继承大笔财富是一件没有坏处的事

第83-86题

朋友是麻烦出来的，找一点小事去麻烦对方。很多人在搭建人脉上有一个误区：我不想麻烦别人，给别人添麻烦不好。他们从小就是这样被父母教育的，什么事情都要自力更生，自给自足，凡事不求人，好像这样就是做人的最高境界了。慢慢地缩在自己的小圈子里，不多与人交往。也许你并没有想到，给予和索取应该是一个平衡关系。

我告诉你，朋友其实是麻烦出来的！如果你主动请求别人帮你一些小忙，有助于信任的养成和关系的深入。比如说我有时早上要在网上给学生上课，老公出差了，孩子们早晨要去学校上学，那么谁来送他们去上学呢？我会去找一个朋友，说："今天不好意思啊，我要上课，可不可以麻烦你帮我送孩子到学校？"在明尼苏达这么冷的早晨，要早起开车出门帮我送孩子，确实很麻烦朋友，但是这个麻烦可以帮助我们增加更深层次的联系和连接，会觉得更信任对方，更亲密。下次这个朋友有困难，也会更容易反过来求助于我。别怕给别人添麻烦。

83 这个故事讲述了一个什么道理？

A 不要麻烦别人 B 朋友不喜欢被麻烦

C 小麻烦有助于养成朋友关系 D 每个人都应该自力更生

84 文中提到很多人在搭建人脉上的误区是？

A 凡事都要求人 B 做人的最高境界是有很多朋友

C 凡事都可以靠父母 D 凡事不求人

85 文中的"麻烦"指的是？

A 借钱的事，比如：借高价医疗费 B 一点小事，比如：帮忙送孩子上学

C 给钱的事，比如：雇人给你打工 D 私事，比如：洗内衣内裤

86 最适合做本文标题的是？

A 朋友不该被麻烦 B 朋友是麻烦出来的

C 如何请朋友送孩子上学 D 做人的最高境界

第87-90题

有一个众所周知的老农夫的故事：当他躺在临终床上时，他把自己的三个懒惰儿子叫到自己身边，告诉他们一个重要的秘密。"我的孩子，"他说，"在我留给你们的种植园下面埋藏了许多金银财宝。"老人气喘吁吁地说。"它们藏在哪里？"儿子们迫不及待地问道。"我会告诉你们的，"老人说，"你们得从地下把它挖出来——"正当他要说出那至关重要的秘密之时，他的呼吸突然停止了，老人一命呜呼。

懒惰的儿子求金心切，立马在父亲留给他们的种植园里大肆挖掘起来。他们抢着撅头和铁铲，挥汗如雨地把种植园的土地翻了一遍，连那些杂草丛生、荒芜了很久的地也被翻整了一遍。他们认真仔细地把土块弄碎，以免金子漏掉。最终，他们还是没有找到金子。这时他们突然才<u>幡然醒悟</u>父亲那话的真实意图。从此，他们学会了工作，把种植园的土地全播了种，最后获得了巨大的丰收，谷仓堆得满满的。此时，他们才发现父亲留给自己的真正的财宝是勤奋的劳动。

87 这是一个什么故事？

A 众所周知的老农妇的故事 　　　B 农夫的三个勤奋儿子的故事

C 众所周知的老农夫的故事 　　　D 农夫与蛇的故事

88 与上文内容相符的是？

A 老人临死之前说出了秘密 　　　B 老人在种植园下埋了金银财宝

C 懒惰的儿子们最终变得勤劳了 　　D 懒惰的儿子们在土地下找到了金子

89 这是一个关于什么的故事？

A 孝顺 　　　B 善良

C 乐观 　　　D 勤奋

90 划线词语的意思是？

A 迅速、彻底地认识到过错 　　　B 执着于自己的错误而不悔改

C 在空旷的庭院中徘徊 　　　　　D 善意而又不厌其烦地劝导别人

三、书 写

第一部分

第 91-98 题：完成句子。

例如：发表　　这篇论文　　什么时候　　是　　的

　　　　这篇论文是什么时候发表的？

91. 我　游泳　去　昨天　和朋友　了

92. 在那家　咖啡厅　我常常　碰见　他

93. 公园　散步　会　去　偶尔　他

94. 态度　表达　感谢的时候　一定要　诚恳

95. 是　中秋节　中国的一个　传统　节日

96. 他　日程　把　已经　安排　好了

97. 您　1000元　一共　消费了

98. 我的　对我来说　这段　很重要　留学经历

第二部分

第 99-100 题：写短文

99. 请结合下列词语（要全部使用），写一篇80字左右的短文。

感谢、 干脆、 牛肉、 结账、 请客

100. 请结合这张图片写一篇80字左右的短文。

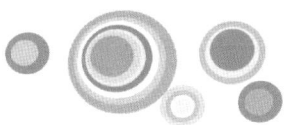

<HSK 5급 실전 모의고사 1> 답안

一、听力

第一部分 답안

1. A	2. A	3. C	4. D	5. A
6. D	7. D	8. D	9. C	10. D
11. D	12. A	13. B	14. C	15. D
16. B	17. D	18. B	19. B	20. C

第二部分 답안

21. D	22. A	23. B	24. C	25. A
26. D	27. C	28. A	29. A	30. B
31. D	32. D	33. B	34. C	35. C
36. C	37. B	38. C	39. C	40. A
41. D	42. A	43. B	44. C	45. B

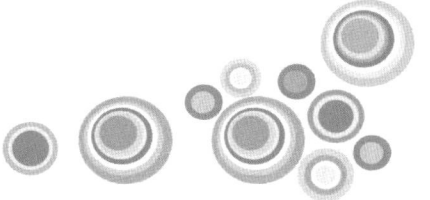

二、阅读

第一部分 답안

46. B	47. C	48. A	49. A	50. B
51. B	52. D	53. B	54. D	55. A
56. C	57. C	58. A	59. C	60. B

第二部分 답안

61. B	62. C	63. D	64. A	65. C
66. D	67. B	68. A	69. C	70. B

第三部分 답안

71. A	72. B	73. A	74. D	75. D
76. B	77. B	78. A	79. A	80. A
81. B	82. C	83. C	84. D	85. B
86. B	87. C	88. C	89. D	90. A

三、写作

第一部分 답안

91. 我昨天和朋友去游泳了。

92. 我常常在那家咖啡厅碰见他。

93. 他偶尔回去公园散步。

94. 表达感谢的时候态度一定要诚恳。

95. 中秋节是中国的一个传统节日。

96. 他已经把日程安排好了。

97. 您一共消费了1000元。

98. 这段留学经历对我来说很重要。

第二部分 답안

99. （仅供参考）

　　昨天我和小明在校门口的餐厅吃饭了。因为他拿到了奖学金，很开心，所以昨天他请客。我们吃了火锅，我点了牛肉、羊肉和各种蔬菜。我吃得很开心，所以挺感谢他的。最后我们剩下很多都没吃完，所以干脆打包带回了宿舍。

100. （仅供参考）

　　兰兰大学毕业后就工作了。她的工作非常忙，经常加班。读大学的时候，她经常读书、看报。但是工作以后，她就没有时间读书了。不过最近他们公司放了8天假。兰兰买了很多书，计划休假期间读完10本书。我跟她打电话的时候，她告诉我已经读完了《春秋战国》这本书，并推荐我读一下。

<HSK 5급 실전 모의고사 1> 본문 및 해석

1. 听力 듣기

第一部分 제1부분

第1到20题，请选出正确答案，现在开始第1题：

1. 女:先生，请您出示一下您的身份证！

   男:好的，给您！顺便问一下，我们的航班准点吗？

   问:这段对话最可能发生在什么地方？

   Nǚ: Xiānshēng, qǐng nín chūshì yíxià nín de shēnfèn zhèng!

   Nán: Hǎo de, gěi nín! Shùnbiàn wèn yíxià, wǒmen de hángbān zhǔndiǎn ma?

   Wèn: Zhè duàn duìhuà zuì kěnéng fāshēng zài shénme dìfang?

   여자: 선생님, 신분증 좀 보여 주세요!

   남자: 네, 여기 있습니다. 그나저나, 우리의 항공편이 정시에 오나요?

   질문: 이 대화는 어디에서 가장 흔히 발생하는가?

2. 男:哪吒变身后真得是太酷了！

   女:没错！哪吒的剧本策划和特效都做得特别好！

   问:他们在谈论什么？

   Nán: Né zhā biàn shēnhòu zhēnde shì tài kùle!

   Nǚ: Méi cuò! Né zhā de jùběn cèhuà hé tèxiào dōu zuò de tèbié hǎo!

   Wèn: Tāmen zài tánlùn shénme?

   남자: 哪吒는 변신을 하고 나면 정말 쿨하다!

   여자: 그래! 哪吒의 시나리오 기획과 특수 효과는 특별히 잘 만들어졌어!

   질문: 그들은 무엇에 대해 이야기하고 있는가?

3. 女:下班别忘了带条鱼回来！

   男:放心吧！忘不了！

   问:男的下班后要去哪里？

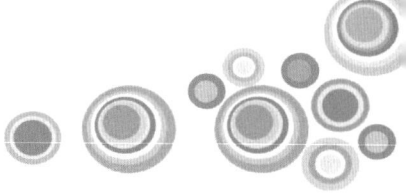

女: Xiàbān bié wàngle dài tiáo yú huílái!

男: Fàngxīn ba! Wàng bùliǎo!

问: Nán de xiàbān hòu yào qù nǎlǐ?

여자: 퇴근하고 올 때 생선 한 마리 사가지고 오는 거 잊지 마!

남자: 걱정하지 마. 잊지 않을 거야.

질문: 남자는 퇴근 후에 어디로 가야 하나요?

4. 男:你报名参加单位举办的运动会了吗? 你参加的什么?

女:当然。篮球、羽毛球我都挺喜欢的, 但还是更想看看我的排球水平怎么样!

问:女士报名了什么活动?

Nán: Nǐ bàomíng cānjiā dānwèi jǔbàn de yùndònghuìle ma? Nǐ cānjiā de shénme?

Nǚ: Dāngrán. Lánqiú, yǔmáoqiú wǒ dōu tǐng xǐhuān de, dàn háishì gèng xiǎng kàn kàn wǒ de páiqiú shuǐpíng zěnme yàng!

Wèn: Nǚshì bàomíngle shénme huódòng?

남자: 직장에서 개최되는 운동회에 지원하셨어요? 어떤 종목을 참가하셨어요?

여자: 물론이지. 농구나 배드민턴은 다 좋지만, 그래도 내 배구 실력이 어떤지 더 보고 싶어요!

질문: 여성은 어떤 활동을 신청했나요?

5. 女:快别看了, 把地拖了再去把碗收拾收拾!

男:我边看球赛边拖地呢! 等我把这场球赛看完再把剩下的做了!

问:男士看完球赛后需要做什么?

Nǚ: Kuài bié kànle, bǎ dì tuōle zài qù bǎ wǎn shōushí shōushí!

Nán: Wǒ biān kàn qiúsài biān tuō dì ne! Děng wǒ bǎ zhè chǎng qiúsài kàn wán zài bǎ shèng xià de zuòle!

Wèn: Nánshì kàn wán qiúsài hòu xūyào zuò shénme?

여자: 그만 보고 바닥을 닦고 가서 그릇도 치워!

남자: 나는 축구 경기를 보면서 닦을 거야! 내가 이 경기를 다 본 후에 남은 일을 끝내자!

질문: 남자는 경기을 보고 나서 뭘 해야 하나요?

6. 男:来一份小鸡炖蘑菇!

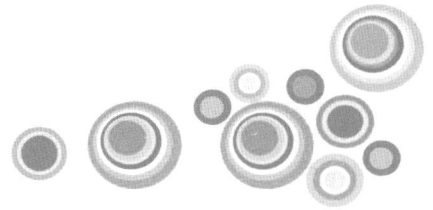

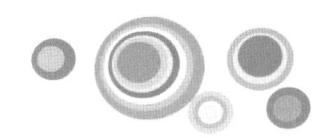

女:抱歉！这道菜今天已经卖完了！

问:女的为什么要抱歉？

Nán: Lái yī fèn xiǎo jī dùn mógū!

Nǚ: Bàoqiàn! Zhè dào cài jīntiān yǐjīng mài wánle!

Wèn: Nǚ de wèishénme yào bàoqiàn?

남자: 닭고기 버섯 조림 하나 주세요!

여자: 죄송합니다. 이 요리는 오늘 다 팔렸습니다.

질문: 여자는 왜 미안해하나요?

7. 女:快起床，你怎么没设闹钟！你上学快要迟到了！

　　男:今天是国庆节！

　　问:关于男的可以知道什么？

　　Nǚ: Kuài qǐchuáng, nǐ zěnme méi shè nàozhōng! Nǐ shàngxué kuàiyào chídàole!

　　Nán: Jīntiān shì guóqìng jié!

　　Wèn: Guānyú nán de kěyǐ zhīdào shénme?

　　여자: 일어나라. 왜 알람 시계를 안 켜 뒀어! 너 학교에 늦겠어!

　　남자: 오늘은 국경일이에요!

　　질문: 남자에 대해 뭘 알 수 있나요?

8. 男:恭喜你，女士！你的笔试也过线了，明天可以来上班了！

　　女:那真是太感谢您了！明天见！

　　问:什么事情让女士感到高兴？

　　Nán: Gōngxǐ nǐ, nǚshì! Nǐ de bǐshì yěguò xiànle, míngtiān kěyǐ lái shàngbānle!

　　Nǚ: Nà zhēnshi tài gǎnxiè nínle! Míngtiān jiàn!

　　Wèn: Shénme shìqíng ràng nǚshì gǎndào gāoxìng?

　　남자: 축하합니다, 여사님! 당신은 필기시험도 통과했으니, 내일 출근할 수 있게 됐어요!

　　여자: 정말 감사합니다. 그럼 내일 봐요!

　　질문: 어떤 일이 여성을 기쁘게 하는가?

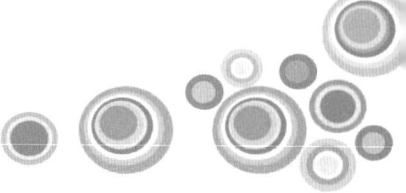

9. 女:今天是双休日，地铁上人很拥挤，到了车站记得给我发个信息！

男:放心吧，不会走丢的。

问:男士到了车站要做什么？

Nǚ: Jīntiān shì shuāngxiūrì, dìtiě shàng rén hěn yōngjǐ, dàole chēzhàn jìdé gěi wǒ fā gè xìnxī!

Nán: Fàngxīn ba, bú huì zǒu diū de.

Wèn: Nánshì dàole chēzhàn yào zuò shénme?

여자: 오늘은 주말아라 전철에 사람이 붐빌 거야.역에 도착하면 문자 보내는 것을 기억해!

남자: 안심하세요. 잃어버리지 않을 거예요.

질문: 남자가 역에 도착하면 뭘 할 건가?

10. 男:老板，这个项链多少钱?

女:这个原价卖1000元，今天店庆优惠是八折，还有满七百减五十的折上折！

问:现在项链的价格是多少?

Nán: Lǎobǎn, zhège xiàngliàn duōshǎo qián?

Nǚ: Zhège yuánjià mài 1000 yuán, jīntiān diànqìng yōuhuì shì bā zhé, hái yǒu mǎn qībǎi jiǎn wǔshí de zhé shàng zhé!

Wèn: Xiànzài xiàngliàn de jiàgé shì duōshǎo?

남자: 사장님, 이 목걸이 얼마예요?

여자: 할인전은 1,000 원입니다. 오늘 20%할인입니다. 그리고 700 위안 이상의 금액을 구매하시면 50 위안의 추가 할인이 또 있습니다!

질문: 현재 목걸이의 구매 가격은 얼마인가요?

11. 女:我爸决定下周一回来的,但天气预报说有台风，又改成周三的火车票,第二天才能到家。

男:好的，那我下次再来拜访！

问:男士最早可以什么时候去拜访女士的父亲?

Nǚ: Wǒ bà juédìng xià zhōuyī huílái de, dàn tiānqì yùbào shuō yǒu táifēng, yòu gǎi chéng zhōusān de huǒchē piào, dì èr tiān cáinéng dàojiā.

Nán: Hǎo de, nà wǒ xià cì zàilái bàifǎng!

Wèn: Nánshì zuìzǎo kěyǐ shénme shíhòu qù bàifǎng nǚshì de fùqīn?

여자: 우리 아빠가 다음 주 월요일에 돌아오기로 했는데, 일기예보에서 태풍이 온다고 해서 수요일 기차표로 다시 바꾸고 다음날에야 집에 도착할 거야.

남자: 네, 그럼 다음에 또 찾아뵙겠습니다!

질문: 남자는 이르면 언제 여자의 아버지를 방문할 수 있나요?

12. 男:听说你这次比赛又拿了一个冠军?

女:没有没有，只是运气好在女子组拿到而已，还是输给了小陈的!

问:关于这段话，可以知道什么?

Nán: Tīng shuō nǐ zhè cì bǐsài yòu nále yíge guànjūn?

Nǚ: Méiyǒu méiyǒu, zhǐshì yùnqì hǎo zài nǚzǐ zǔ ná dào éryǐ, háishì shū gěile xiǎo chén de!

Wèn: Guānyú zhè duàn huà, kěyǐ zhīdào shénme?

남자: 이번 대회에서 또 우승했대?

여자: 아니아니, 여자부에서 운 좋게 받았을 뿐, 역시 첸에게 졌다!

질문: 이 이야기에 대해 뭘 알 수 있나요?

13. 女:你今天怎么这么晚才回家?喝酒去了?

男:哪有时间喝酒啊，单位临时接了个大项目，我忙到刚刚!

问:男士为什么这么晚才回家?

Nǚ: Nǐ jīntiān zěnme zhème wǎn cái huí jiā? Hējiǔ qùle?

Nán: Nǎ yǒu shíjiān hējiǔ a, dānwèi línshí jiēle ge dà xiàngmù, wǒ máng dào gānggāng!

Wèn: Nánshì wèi shénme zhème wǎn cái huí jiā?

여자: 너 오늘 왜 이렇게 늦게 집에 왔어? 술 마시러 갔어?

남자: 술 마실 시간이 어디 있어. 회사가 갑자기 큰 프로젝트를 받아서, 나는 방금까지 바빴어!

질문: 남자는 왜 이렇게 늦게 귀가하나요?

14. 男:你明天几点起床?

女:我打算三点起床赶六点半的飞机，以防坐不到车，还是要提前给他打个电话。

问:我们可以推测出他是谁?

Nán: Nǐ míngtiān jǐ diǎn qǐchuáng?

女: Wǒ dǎsuàn sān diǎn qǐchuáng gǎn liù diǎn bàn de fēijī, yǐ fáng zuò bú dào chē, háishì yào tíqián gěi tā dǎ gè diànhuà.

Wèn: Wǒmen kěyǐ tuīcè chū tā shì shéi?

남자: 내일 몇 시에 일어나?

여자: 나는 3시에 일어나서 6시 30분 비행기를 탈 예정이야, 차를 타지 못할 경우를 대비해 미리 그에게 전화를 걸어야 해.

질문: 그는 누구일까요?

15. 女:我梦见我被一只狗追着跑，然后掉进了一个坑里。

男:别担心，那只是一个梦而已。梦和现实都是相反的。

问:男的什么态度？

Nǚ: Wǒ mèng jiàn wǒ bèi yī zhǐ gǒu zhuīzhe pǎo, ránhòu diào jìnle yígè kēng lǐ.

Nán: Bié dānxīn, nà zhǐshì yíge mèng éryǐ. Mèng hé xiànshí dōu shì xiāngfǎn de.

Wèn: Nán de shénme tàidù?

여자: 나는 내가 개 한 마리에게 쫓기며 달려가다가 구덩이에 빠진 꿈을 꾸었다.

남자: 걱정 마, 그건 그냥 꿈일 뿐이야. 꿈과 현실은 반대다.

질문: 남자의 태도는?

16. 男:你不可以在同一个地方摔跤两次！

女:好的，老板，我下次一定会注意的！不会再把这两个数据弄混了！

问:女士遇到了什么事情？

Nán: Nǐ bù kěyǐ zài tóng yíge dìfāng shuāijiāo liǎng cì!

Nǚ: Hǎo de, lǎobǎn, wǒ xià cì yídìng huì zhùyì de! Bú huì zài bǎ zhè liǎng gè shùjù nòng hùnle!

Wèn: Nǚshì yù dàole shénme shìqíng?

남자: 같은 장소에서 두 번 넘어지면 안 돼!

여자: 네, 사장님. 다음에는 꼭 주의할게요! 두 개의 데이터를 더 이상 혼동하지 않을게요!

질문: 여사가 무슨 일을 부딪쳤나요?

17. 男:你看起来心情很不好！碰到什么麻烦了吗?

女:昨天我和大壮吵架了，他总是嫌我花钱太多，我还不是为了这个家吗？

问:女的为什么会心情不好？

Nán: Nǐ kàn qǐlái xīnqíng hěn bù hǎo! Pèng dào shénme máfanle ma?

Nǚ: Zuótiān wǒ hé dà zhuàng chǎojiàle, tā zǒng shì xián wǒ huā qián tài duō, wǒ hái bùshì wèile zhège jiā ma?

Wèn: Nǚ de wèishénme huì xīnqíng bù hǎo?

남자: 당신은 기분이 아주 안 좋아 보여요! 무슨 성가신 일이 있나요?

여자: 어제 대장이랑 싸웠는데, 걔는 항상 내가 돈을 너무 많이 쓰는 걸 싫어해. 내가 이 집을 위해서 그러는 거 아니야?

질문: 여자는 왜 기분이 안 좋은가?

18. 男:明天我们下午三点钟到万达广场集合，在里面的西西弗书店见面好吗？

女:都听你的！明天我会准时到的。需要准备什么东西吗？

问:男士和女士约定在哪里碰面？

Nán: Míngtiān wǒmen xiàwǔ sān diǎn zhōng dào wàndá guǎngchǎng jíhé, zài lǐmiàn de xīxī fú shūdiàn jiànmiàn hǎo ma?

Nǚ: Dōu tīng nǐ de! Míngtiān wǒ huì zhǔnshí dào de. Xūyào zhǔnbèi shénme dōngxī ma?

Wèn: Nánshì hé nǚshì yuēdìng zài nǎlǐ pèngmiàn?

남자: 내일 우리 오후 3시에 완다 광장에 모일텐데 내부에 있는 시시버 서점에서 만날 까요?

여자: 니 의견대로 할게! 내일 제시간에 도착할 거야. 뭘 준비해야 하나?

질문: 남자가 여자와 어디서 만나기로 약속했나요?

19. 女:我想坐在那个靠窗的位置可以吗？

男:抱歉，女士！现在是六点，那个位置在七点到九点被预定了！

问:推测女的打算怎么办？

Nǚ: Wǒ xiǎng zuò zài nàge kào chuāng de wèizhì kěyǐ ma?

Nán: Bàoqiàn, nǚshì! Xiànzài shì liù diǎn, nàge wèizhì zài qī diǎn dào jiǔ diǎn bèi yùdìngle!

Wèn: Tuīcè nǚ de dǎsuàn zěnme bàn?

여자: 저 창가 쪽 자리에 앉고 싶은데 괜찮을까요?

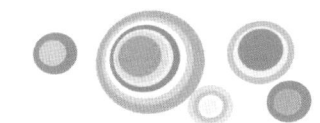

남자: 죄송합니다, 여사님! 지금은 6시이고 그 자리는 7시에서 9시까지 예약되어 있어요!

질문: 여자는 어떻게 할 생각인가요?

20. 男:你觉得咱们的新老板怎么样？

女:我觉得他有些奇怪，笑点和我们也不一样，但比之前的那位要友好！

问:女的对新老板态度是什么？

Nán: Nǐ juéde zánmen de xīn lǎobǎn zěnme yàng?

Nǚ: Wǒ juéde tā yǒuxiē qíguài, xiào diǎn hé wǒmen yě bù yíyàng, dàn bǐ zhīqián de nà wèi yào yǒuhǎo!

Wèn: Nǚ de duì xīn lǎobǎn tàidù shì shén me?

남자: 우리 새 사장님을 어떻게 생각해요?

여자: 저는 그가 좀 특이하고, 개그 포인트가 저희와는 다르지만, 그전의 사장님보다 더 우호적인 거 같아요!

질문: 새 사장에 대한 여자의 태도는?

第二部分 제2부분

21. 女：您好！欢迎光临。请问您几位？

男：四位，我们昨天预订了。

女：好的，请问先生您怎么称呼？

男：我姓张。

女：张先生，里面请，三号包间是给您留的。

问：根据对话，下列哪项正确？

Nǚ: Nín hǎo! Huānyíng guānglín. Qǐngwèn nín jǐ wèi?

Nán: Sì wèi, wǒmen zuótiān yùdìngle.

Nǚ: Hǎo de, qǐngwèn xiānshēng nín zěnme chēnghu?

Nán: Wǒ xìng zhāng.

Nǚ: Zhāng xiānshēng, lǐmiàn qǐng, sān hào bāojiān shì gěi nín liú de.

Wèn: Gēnjù duìhuà, xiàliè nǎ xiàng zhèngquè?

여자: 안녕하세요.실례지만 몇 분이세요?

남자: 네 명, 저희가 어제 예약을 했어요.

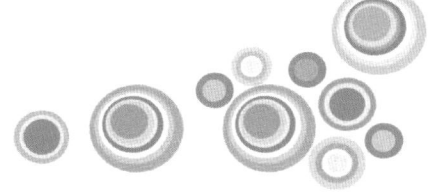

여자: 네. 당신은 어떻게 불러요?

남자: 제 성은 장이에요.

여자: 장 선생님, 안으로 들어가십시오. 3호 객실은 당신에게 주어집니다.

문제: 대화에 따르면 다음 중 어느 것이 정확합니까?

22. 男：看天气预报了吗？明天天气怎么样？

女：有大雾，而且要降温，你明天多穿点儿。

男：那你明天上班别开车了。

女：不开了，我坐地铁去公司。

问：女的明天怎么去上班？

Nán: Kàn tiān qì yù bào le ma? Míng tiān tiān qì zěn me yàng?

Nǚ: Yǒu dà wù, ér qiě yào jiàng wēn, nǐ míng tiān duō chuān diǎn ér.

Nán: Nà nǐ míng tiān shàng bān bié kāi chē le.

Nǚ: Bù kāi le, wǒ zuò dì tiě qù gōng sī.

Wèn: Nǚ de míng tiān zěn me qù shàng bān?

남자: 일기예보 봤어요? 내일 날씨가 어떻게 돼요?

여자: 짙은 안개가 있고 기온이 내려가야 하니, 너는 내일 좀 많이 입어라.

남자: 그럼 내일 출근할 때 운전하지 마세요.

여자: 운전하지 않고 지하철을 타고 회사에 갈 거예요.

문제: 여자는 내일 어떻게 출근할까요?

23. 女：怎么现在才来？请快进。

男：下班时自己又写了两封邮件，晚了会儿。你的新家装修得真漂亮！找哪家公司设计的？

女：是我自己设计的，虽然累了点儿，但是完全是按照我的想法来装修的。

男：真不错，下次我家装修的时候，就不用请外面的公司了，直接找你。

问：关于女的，可以知道什么？

Nǚ: Zěn me xiàn zài cái lái? Qǐng kuài jìn.

Nán: Xià bān shí zì jǐ yòu xiě le liǎng fēng yóu jiàn, wǎn le huì ér. Nǐ de xīn jiā zhuāng xiū dé zhēn piào liàng! Zhǎo nǎ jiā gōng sī shè jì de?

Nǚ:Shì wǒ zì jǐ shè jì de,suī rán lèi le diǎn ér,dàn shì wán quán shì àn zhào wǒ de xiǎng fǎ lái zhuāng xiū de.

Nán:Zhēn búcuò,xià cì wǒ jiā zhuāng xiū de shí hòu,jiù bú yòng qǐng wài miàn de gōng sī le,zhí jiē zhǎo nǐ.

Wèn:Guān yú nǚ de,kě yǐ zhī dào shén me?

여자: 왜 이제 와? 어서 들어오세요.

남자: 퇴근할 때 자기 메일을 두 통 더 썼어, 늦었어. 너의 새집 인테리어 정말 멋지다! 어느 회사를 찾아 디자인했어요?

여자: 내가 직접 디자인한 건데 힘들었지만 완전히 내 생각대로 꾸며놨어요.

남자: 정말 좋아요. 다음에 우리집 인테리어 할 때, 바깥 회사를 부탁할 필요 없이 당신을 찾을게요.

문제: 여자에 대해 뭘 알 수 있어요?

24. 男：最近一段时间，脖子疼得厉害。

女：长时间一个姿势坐在电脑前，脖子肯定会疼的。你应该去锻炼身体！

男：我还不到四十岁，等四十岁以后再锻炼吧。

女：你要注意身体，否则等身体出了问题，再后悔就来不及了。

问：男的最近怎么了？

Nán:Zuì jìn yī duàn shí jiān,bó zi téng dé lì hài.

Nǚ:Cháng shí jiān yígè zī shì zuò zài diàn nǎo qián,bó zi kěn dìng huì téng de.Nǐ yīng gāi qù duàn liàn shēn tǐ!

Nán:Wǒ hái bú dào sì shí suì,děng sì shí suì yǐ hòu zài duàn liàn bā.

Nǚ:Nǐ yào zhù yì shēn tǐ,fǒu zé děng shēn tǐ chū le wèn tí,zài hòu huǐ jiù lái bù jí le.

Wèn:Nán de zuì jìn zěn me le?

남자: 요즘 한동안 목이 심하게 아파요.

여자: 오랫동안 한 자세만 하고 컴퓨터 앞에 앉아 있으면 목이 아파요. 당신 운동 가야 해요.

남자: 난 아직 마흔도 안 됐는데 마흔이 된 후에 더 운동할게요.

여자: 당신 몸조심해야 해요. 그렇지 않으면 몸에 문제가 생겨 후회하면 늦을 거에요.

문제: 남자가 최근에 무슨 일이 있었어요?.

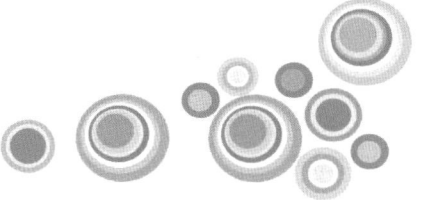

25. 女：这些照片是你拍的吗？真漂亮，都可以当明信片了！

   男：哪里，我这也就是业余水平。我的愿望是把中国的五大名山都拍下来。

   女：你这么喜欢旅游，这个愿望肯定能实现。

   男：对，只是需要些时间。

   Nǚ:Zhè xiē zhào piàn shì nǐ pāi de ma?Zhēn piào liàng,dōu kě yǐ dāng míng xìn piàn le!

   Nán:Nǎ lǐ,wǒ zhè yě jiù shì yè yú shuǐ píng.Wǒ de yuàn wàng shì bǎ zhōng guó de wǔ dà míng shān dōu pāi xià lái.

   Nǚ:Nǐ zhè me xǐ huān lǚ yóu,zhè gè yuàn wàng kěn dìng néng shí xiàn.

   Nán:Duì,zhī shì xū yào xiē shí jiān.

   여자: 이 사진들이 당신이 찍은 건가요? 정말 예뻐. 다 엽서가 될 수 있어!

   남자: 천만에, 사실 그게 아마추어 수준이죠. 저의 소원은 중국의 5대 명산을 모두 찍는 것이죠

   여자: 여행을 이렇게 좋아하시다니 그 소원이 분명히 이루어질 거예요.

   남자: 맞아요, 그냥 시간이 좀 걸릴 거예요.

26. 男：这个项目下个月中旬一定要全部完成，有什么问题吗？

   女：没什么问题，但是能不能给我们增加一个美术编辑？那样会更有保证。

   男：增加美术编辑人员可以，但是要注意沟通，提高工作效率。

   女：好的，我明白，谢谢您。

   问：女的需要哪方面的人员？

   Nán:Zhè gè xiàng mù xià gè yuè zhōng xún yī dìng yào quán bù wán chéng,yǒu shén me wèn tí ma?

   Nǚ:Méishén me wèn tí,dàn shì néng bù néng gěi wǒ men zēng jiā yígè měi shù biān jí?Nà yàng huì gēng yǒu bǎo zhèng.

   Nán:Zēng jiā měi shù biān jí rén yuán kě yǐ,dàn shì yào zhù yì gōu tōng,tí gāo gōng zuò xiào lǜ.

   Nǚ:Hǎo de,wǒ míng bái,xiè xiè nín.

   Wèn:Nǚ de xū yào nǎ fāng miàn de rén yuán?

   남자: 이 프로젝트는 다음 달 중순에 꼭 다 끝내야 하는데, 무슨 문제 있어요?

   여자: 별 문제 없어요, 하지만 우리에게 미술 편집자를 하나 더 추가할 수는 없을까요? 그렇게 하면 더 잘 보증될 것이다.

   남자: 하지만 의사소통에 주의하고 업무 효율을 높여야 합니다.

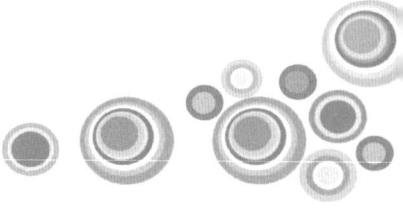

여자: 네, 알겠습니다. 감사합니다.

문제: 여자는 어느 방면의 인원이 필요합니까?

27. 女：您下象棋下了多少年了？

男：我这辈子都在跟象棋打交道，算起来得超过四十年了吧。

女：真厉害！您是怎么爱上下象棋的呢？

男：我父亲象棋下得好，我从小就看他跟别人下棋，慢慢就迷上了。

问：关于男的，下列哪项正确？

Nǚ:Nín xià xiàng qí xià le duō shǎo nián le?

Nán:Wǒ zhè bèi zǐ dōu zài gēn xiàng qí dǎ jiāo dào,suàn qǐ lái děi chāo guò sì shí nián le bā.

Nǚ:Zhēn lì hài!Nín shì zěn me ài shàng xià xiàng qí de ne?

Nán:Wǒ fù qīn xiàng qí xià dé hǎo,wǒ cóng xiǎo jiù kàn tā gēn bié rén xià qí,màn màn jiù mí shàng le

Wèn:Guān yú nán de,xià liè nǎ xiàng zhèng què?

여자: 장기 몇 년이나 두셨어요?

남자: 내 평생 장기와 씨름하고 있으니 계산해 보니 40년이 넘었겠지.

여자: 정말 대단해요! 장기를 어떻게 사랑하셨어요?

남자: 우리 아버지는 장기를 잘 두시고, 나는 어렸을 때부터 그가 다른 사람과 바둑 두는 것을 보고 점점 빠져들었다.

문제: 남자에 관해서는 다음 중 어느 것이 옳은가요?

28. 男：你怎么变得这么黑？出去玩儿了几天，我都快认不出你了。

女：都是在海滩上晒的。晒伤了，疼死了。

男：既然疼，你还晒？当时没感觉吗？

女：当时？当时只觉得晒得挺舒服的。

问：女的去哪里玩儿了？

Nán:Nǐ zěn me biàn de zhè me hēi?Chū qù wán ér le jǐ tiān,wǒ dōu kuài rèn bù chū nǐ le 。

Nǚ:Dōu shì zài hǎi tān shàng shài de.Shài shāng le,téng sǐ le 。

Nán:Jì rán téng,nǐ hái shài?Dāng shí méi gǎn jué ma?

Nǚ:Dāng shí?Dāng shí zhǐ jué de shài de tǐng shū fu de 。

Wèn:Nǚ de qù nǎ lǐ wán ér le?

남자: 왜 이렇게 검게 변했어요? 며칠 놀러 나갔더니, 나는 이제 곧 너를 알아보지 못할 것이다.

여자: 모두 해변에서 태운 것들이죠. 햇볕에 타서 아파 죽겠어요.

남자: 아픈데 햇볕에 타서? 그때 느낌이 없었나요?

여자: 그때? 그때는 그냥 햇볕만 잘 쬐고 있었는데.

문제: 여자는 어디 놀러 갔어요?

29. 女：喂？你到家了吗？

男：到楼下了，马上到家，怎么了？

女：要下雨了，阳台上还有好多衣服，你赶紧收一下。

男：好的，你没带伞吧？一会儿打车回来吧。

问：女的让男的做什么？

Nǚ:Wèi?Nǐ dào jiā le ma?

Nán:Dào lóu xià le,mǎ shàng dào jiā,zěn me le?

Nǚ:Yào xià yǔ le,yáng tái shàng hái yǒu hǎo duō yī fu, nǐ gǎn jǐn shōu yíxià 。

Nán:Hǎo de,nǐ méi dài sǎn ba?Yī huì ér dǎ chē huí lái ba 。

Wèn:Nǚ de ràng nán de zuò shén me?

여자:여보세요? 집에 도착했어?

남자: 아래층으로 내려가서 바로 도착해요. 왜?

여자: 비가 오려고 하는데, 베란다에 아직 옷이 많이 남았으니 빨리 좀 걷어라.

남자: 네, 우산을 안 가지고 왔죠? 이따가 택시타고 오세요.

문제: 여자가 남자한테 뭘 시켰어요?

30. 男：你帮我看看？怎么录不了音了。

女：是吗？我看看。这个软件应该是很好用的。

男：是啊，我昨天用还没问题。

女：怪不得录不了，你的麦克风还没打开呢。

问：根据对话，可以知道什么？

Nán:Nǐ bāng wǒ kàn kàn?Zěn me lù bù liǎo yīn le 。

Nǚ:Shì ma?Wǒ kàn kàn.Zhè gè ruǎn jiàn yīng gāi shì hěn hǎo yòng de 。

Nán:Shì a,wǒ zuó tiān yòng hái méi wèn tí 。

Nǚ:Guài bù de lù bù liǎo,nǐ de mài kè fēng hái méi dǎ kāi ne 。

Wèn:Gēn jù duì huà,kě yǐ zhī dào shén me?

남자: 나 좀 봐줘? 어떻게 녹음이 안 돼.

여자: 그래? 내가 볼게. 이 소프트웨어는 아주 사용하기 쉬울 것이다.

남자: 글쎄요, 제가 어제 썼는데 문제가 없어요.

여자: 어쩐지 녹화가 안 되더라니, 네 마이크가 아직 켜지지 않았어.

문제:대화에 따르면 뭘 알 수 있어요?.

31～32

男：你真是太好了，请我来做客。

女：刘先生，您能来我很高兴，请坐。这是一次家常便饭，别客气。您要吃点鸡肉吗？

男：谢谢，这是我第一次来中餐馆，请给我讲讲各地中国菜的特色好吗？

女：一般来讲，广东菜清淡一些；上海菜比较油腻；湖南菜香味浓，辣味很重。

男：中国菜做得很精细，色、香、味俱全。我非常喜欢。

女：刘先生，再来一点吧？

男：不啦，谢谢。我已经够饱了。

女：您吃得怎么样？

男：好久没有吃过这样美味的饭菜了。这顿饭菜太丰盛了。非常感谢~

31.一般来讲，广东菜怎么样？

32.关于男的，可以知道什么？

Nán: Nǐ zhēnshi tài hǎole, qǐng wǒ lái zuòkè.

Nǚ: Liú xiānshēng, nín néng lái wǒ hěn gāoxìng, qǐng zuò. Zhè shì yīcì jiāchángbiànfàn, bié kèqì. Nín yào chī diǎn jīròu ma?

Nán: Xièxiè, zhè shì wǒ dì yī cì lái zhōng cānguǎn, qǐng gěi wǒ jiǎng jiǎng gèdì zhōngguó cài de tèsè hǎo ma?

Nǚ: Yībān lái jiǎng, guǎngdōng cài qīngdàn yìxiē; shànghǎi cài bǐjiào yóunì；húnán cài xiāngwèi nóng, là wèi hěn zhòng.

Nán: Zhōngguó cài zuò dé hěn jīngxì, sè, xiāng, wèi jùquán. Wǒ fēicháng xǐhuān.

Nǚ: Liú xiānshēng, zàilái yìdiǎn ba?

Nán: Bù la, xièxiè. Wǒ yǐjīng gòu bǎole.

Nǚ: Nín chī de zěnme yàng?

Nán: Hǎojiǔ méiyǒu chīguò zhèyàng měiwèi de fàncài le. Zhè dùn fàncài tài fēngshèngle. Fēicháng gǎnxiè ~

31. Yībān lái jiǎng, guǎngdōng cài zěnme yàng?

32. Guānyú nán de, kěyǐ zhīdào shénme?

남자: 저를 손님으로 초대하다니, 정말 좋으시네요.

여자: 유 선생님, 오셔서 영광이에요. 앉으세요. 평소에 먹는 식사이니 사양하지 마세요. 닭고기 좀 드실래요?

남자: 감사합니다. 제가 중국 식당에 처음 와요. 저에게 중국 각 지역 요리의 특색을 알려 주실 래요?

여자: 일반적으로 광동 요리는 싱겁고 담백해요. 상해 요리는 기름지고 호남요리는 향이 강하고 매운 맛이 강해요.

남자: 중국 요리는 아주 정교하고, 색깔과 향기, 맛이 다 있어요. 전 정말 좋아해요.

여자: 유 선생님, 조금만 더 드실래요?

남자: 아니요, 감사합니다. 저는 이미 배가 불러요.

여자: 잘 드셨어요?

남자: 오랜만에 이렇게 맛있는 밥을 먹어봤어요. 이 식사는 매우 푸짐하네요. 대단히 감사해요.

31.일반적으로 광동요리는 어떻습니까?

32.남자에 대해 무엇을 알 수 있습니까?

33~35

男：不好意思，打扰一下，请问这个座位有人坐吗？

女：应该没有人，你坐吧。

男：谢谢，我在等9点去上海的火车，你去哪里呢？

女：真是太巧了，我也是，我们坐同一列火车哎。

男：真的吗？你座位几号？

女：第二排5号，你呢？

男：我第三排10号。

女：你能帮我照看下行李吗？我去下洗手间。

男：没问题。

女：非常感谢。

33. 男的要去哪个城市？

34. 女的的座位是几号？

35. 这段对话最可能发生在什么地方？

Nán: Bù hǎoyìsi, dǎrǎo yīxià, qǐngwèn zhège zuòwèi yǒurén zuò ma?

Nǚ: Yīnggāi méiyǒu rén, nǐ zuò ba.

Nán: Xièxiè, wǒ zài děng 9 diǎn qù shànghǎi de huǒchē, nǐ qù nǎlǐ ne?

Nǚ: Zhēnshi tài qiǎole, wǒ yěshì, wǒmen zuò tóngyī liè huǒchē āi.

Nán: Zhēn de ma? Nǐ zuòwèi jǐ hào?

Nǚ: Dì èr pái 5 hào, nǐ ne?

Nán: Wǒ dì sān pái 10 hào.

Nǚ: Nǐ néng bāng wǒ zhàokàn xià xínglǐ ma? Wǒ qù xià xǐshǒujiān.

Nán: Méi wèntí.

Nǚ: Fēicháng gǎnxiè.

33. Nán de yāo qù nǎge chéngshì?

34. Nǚ de de zuòwèi shì jǐ hào?

35. Zhè duàn duìhuà zuì kěnéng fāshēng zài shénme dìfāng?

남자: 실례합니다. 이 자리에 앉을 사람이 있어요?

여자: 아무도 없을 겁니다. 앉으세요.

남자: 고마워요. 저는 9시에 상해로 가는 기차를 기다리고 있어요. 당신은 어디로 가세요?

여자: 정말 공교롭군요. 저도 그래요. 우리는 같은 기차를 타요.

남자: 정말요? 몇 번이에요?

여자: 두 번째 줄 5번, 당신은요?

남자: 저는 3번째 줄에 10번이에요.

여자: 짐 좀 봐 주실래요? 화장실 갔다 올게요.

남자: 문제 없어요.

여자: 대단히 감사합니다.

33. 남자는 어느 도시로 가나요?

34. 여자의 좌석은 몇 번입니까?

35. 이 대화는 어디에서 가장 흔하게 발생할 수 있습니까?

第36-38题根据下面一段话

　　中国人对饮食十分注重。因为各地的人口味都不太相同，所以中国菜的种类也十分多样。一般可以分为八大菜系。有广东菜、湖南菜、福建菜、四川菜、江苏菜、浙江菜、山东菜和安徽菜。这几个地方的菜肴都有各自的特点。有的原料丰富，有的鲜香酸辣，有的口味清鲜，有的麻辣咸香。总之是各不相同。

　　而且，在中国，北方人一般喜欢吃面食，而南方人则更喜欢吃米饭。这是因为中国北方的气候适合种植小麦，而南部适合稻谷生长。不过，现在由于全国各地的人南来北往，也把自己的饮食文化带到了其他地方。所以，无论在中国的哪个地方，都可以吃到各地多种多样的名菜了。

　　36. 中国菜一般可以分为几大菜系？
　　37. 中国北方人一般喜欢吃什么？
　　38. 中国南部地区适合种植什么？

　　Zhōngguó rén duì yǐnshí shífēn zhùzhòng. Yīnwèi gèdì de rén kǒuwèi dōu bú tài xiāngtóng, suǒyǐ zhōngguó cài de zhǒnglèi yě shífēn duōyàng. Yìbān kěyǐ fēn wéi bādà càixì. Yǒu guǎngdōng cài, húnán cài, fújiàn cài, sìchuān cài, jiāngsū cài, zhèjiāng cài, shāndōng cài hé ānhuī cài. Zhè jǐ gèdìfāng de càiyáo dōu yǒu gèzì de tèdiǎn. Yǒu de yuánliào fēngfù, yǒu de xiān xiāng suān là, yǒu de kǒuwèi qīng xiān, yǒu de málà xián xiāng. Zǒngzhī shì gè bù xiāngtóng.

　　Érqiě, zài zhōngguó, běifāng rén yìbān xǐhuān chī miànshí, ér nánfāng rén zé gèng xǐhuān chī mǐfàn. Zhè shì yīn wèi zhōngguó běifāng de qìhòu shìhé zhòngzhí xiǎomài, ér nánbù shìhé dàogǔ shēngzhǎng. Búguò, xiànzài yóuyú quánguó gèdì de rén nán lái běi wǎng, yě bǎ zìjǐ de yǐnshí wénhuà dài dàole qítā dìfāng. Suǒyǐ, wúlùn zài zhōngguó de nǎge dìfāng, dōu kěyǐ chī dào gè dì duō zhǒng duōyàng de míng càile.

　　36. Zhōngguó cài yìbān kěyǐ fēn wéi jǐ dà càixì?

　　37. Zhōngguó běifāng rén yìbān xǐhuān chī shénme?

　　38. Zhōngguó nánbù dìqū shìhé zhòngzhí shénme?

　　중국 사람은 음식에 대한 관심이 많다. 지역마다 입맛이 일치하지 않아서 중국요리 종류도 여러 가지 있다. 중국에는 팔대 요리 계열이 있다. 광동요리, 호남요리, 프지안요리, 사천요리, 강소요리, 절강요리, 산동요리 및 안후이요리들이 있다. 그들이 각각 특징들이 있다. 어느 요리는 재료가 풍성하고 어느 요리는 신선하며 시고 맵다, 어느 요리는 상큼하다, 어느 요리는 맵고 얼얼하다. 한마디로 말하면 그 지방 나름대로 요리에 특색이 있다.

　　그리고, 중국 북쪽에 있는 사람들은 밀가루 음식을 좋아하지만 남쪽에 있는 사람들은 쌀 음식을 더 좋아한다. 이것은 중국 북쪽의 기후는 소맥의 생장을 촉진하며 벼는 남쪽의 기후에 잘 자라기 때문이다. 그런데, 전국각지의 인구 이동이 빨라서 자기의 음식습관을 다른 곳으로 가져간다, 그래서, 어느 지역에서든지 각지의 각종 음식을 즐길 수 있다.

36. 중국의 요리 계열은 몇 개 있어요?

37. 중국 북쪽에 있는 사람은 어떤 음식을 더 선호해요?

38. 중국 남쪽에서는 어느 것이 더 잘 자라요?

第39-42题根据下面一段话

《心灵鸡汤》这本书是由杰克坎菲尔和马克韩森共同主编,两人皆是全美国著名的激励演讲者。本书收录了近百篇的故事,每位作者都提供了他们的生活体验和处世哲学,而编者再依主题分类编成,七大主题包括:爱的力量、学习爱你自己、教养之道、论学习、让梦想成真、克服障碍、处世智慧等不同的单元。内容大部分是日常生活中的平凡故事,但非常温馨,也发人省思。

39. 这本书的书名是什么?
40. 关于主编,我们能知道什么?
41. 书的主题包括什么?
42. 关于这本书,我们能知道什么?

《Xīnlíng jītāng》zhèběn shū shìyóu jiékèkǎnfēiěr hé mǎkèhánsēn gòngtóng zhǔbiān, liǎngrén jiēshì quán měiguó zhùmíngde jīlì yǎnjiǎngzhě。Běn shū shōulùle jìn bǎipiānde gùshì, měiwèi zuòzhě dōu tígōngle tāmen de shēnghuó tǐyàn hé chǔshì zhéxué, ér biānzhě zài yī zhǔtí fēnlèi biānchéng, qī dà zhǔtí bāokuò: àide lìliàng、xuéxí ài nǐ zìjǐ、jiàoyǎng zhī dào、lùn xuéxí、ràng mèngxiǎng chéngzhēn、kèfú zhàngài、chǔshì zhìhuì děng bùtóngde dānyuán。Nèiróng dàbùfèn shì rìcháng shēnghuó zhōngde píngfán gùshì, dàn fēicháng wēnxīn, yě fārén shěngsī。

39. Zhèběnshū de shūmíng shì shénme?
40. Guānyú zhǔbiān, wǒmen néng zhīdào shénme?
41. Shūde zhǔtí bāokuò shénme?
42. Guānyú zhèběnshū, wǒmen néng zhīdào shénme?

<신령기탕>이란 책은 잭 캠퍼와 마크 한센이 같이 주관편집했다. 두 분은 모두 미국의 유명한 격려 연설가다. 이 책은 백 편의 스토리를 기록했다. 그 안에는 생활경험과 처세술의 이야기가 있다. 편집자는 다시 총 7주제로 스토리를 분류했다. 그것은 사랑의 힘, 자기를 사랑하는 것을 공부한다는 것, 교양의 법, 공부, 꿈을 이루기, 장애를 극복하기, 처세술 등의 주제가 있다. 그 내용은 일상적인 일이지만 여운이 남는다.

39. 이 책은 어떤 이름이에요?

40. 주관 편집에 대해 어떤 것을 알 수 있을까요?

41. 이 책의 주제는 뭐예요?

42 이 책을 통해 저희가 어떤 것을 알 수 있을까요?

第43-45题根据下面一段话

"斜杠青年"的定义是：他们不满足于单一职业和身份的束缚，而选择一种能够拥有多重职业和多重身份的多元生活。

有人认为"斜杠青年"是社会发展的必然趋势，如果青年都选择多元生活，其专业程度又怎么能比得上只专注于一门事业的人？国家就像一部庞大的机器，每个劳动者都是国家机器上的一个零件，只有每部分零件都发挥其最大的能力，整个机器才会运行的更有效率。青年人兴趣广泛固然是好事，可若放眼整个社会，其利弊便有待确定。

这是一个信息爆炸的时代，也是一个竞争激烈的时代，但这也是一个需要专注、执着的时代，我们需要真正沉下心来，去做我们最擅长最感兴趣的工作。生命的长度是有限的，人的精力是有限的，所以，我们只能择其一而为之。

43. 关于"斜杠青年"我们能知道什么？
44. 关于这个时代的描述以下哪种说法是错误的？
45. 作者对于"斜杠青年"的态度是什么？

"Xiégàng qīngnián"de dìngyì shì: tāmen bù mǎnzú yú dānyī zhíyè hé shēnfèn de shùfù, ér xuǎnzé yīzhǒng nénggòu yōngyǒu duōchóng zhíyè hé duōchóng shēnfèn de duōyuán shēnghuó.

Yǒurén rènwéi "xiégàng qīngnián"shì shèhuì fāzhǎn de bìrán qūshì, rúguǒ qīngnián dōu xuǎnzé duōyuán shēnghuó, qí zhuānyè chéngdù yòu zěnme néng bǐdeshàng zhǐ zhuānzhù yú yīmén shìyè de rén? Guójiā jiùxiàng yībù pángdà de jīqì, měige láodòngzhě dōushì guójiā jīqì shàng de yí gè língjiàn, zhǐyǒu měi bùfèn língjiàn dōu fāhuī qí zuìdà de nénglì, zhěnggè jīqì cáihuì yùnxíng de gèng yǒuxiàolǜ. Qīngniánrén xìngqù guǎngfàn gùrán shì hǎoshì, kě ruò fàngyǎn zhěnggè shèhuì, qí lìbì biàn yǒudài quèdìng.

Zhèshì yí gè xìnxī bàozhà de shídài, yěshì yí gè jìngzhēng jīliè de shídài, dàn zhè yěshì yí gè xūyào zhuānzhù、zhízhuó de shídài, wǒmen xūyào zhēnzhèng chénxià xīnlái, qùzuò wǒmen zuì shàncháng zuìgǎnxìngqù de gōngzuò。Shēngmìng de chángdù shì yǒuxiàn de, rén de jīnglì shì yǒuxiànde, suǒyǐ, wǒmen zhǐnéng zé qíyī ér wéizhī。

43. Guānyú "xiégàng qīngnián"wǒmen néng zhīdào shénme?
44. Guānyú zhègè shídài de miáoshù yǐxiànǎzhǒngshuōfǎshìcuòwùde?
45. Zuòzhě duìyú "xiégàng qīngnián" de tàidù shì shénme?

"시예깡청년"의 정의는 단일의 직업이나 신분의 제한없이 다원적인 직업, 신분, 생활을 선택할 수 있는 생활이다.

어느 사람은 "시예깡청년"는 사회발전의 흐름이라고 생각한다. 만약 모든 청년이 다 다원적인 생활을 선택하면 그는 전문적인 사람이라고 불리지 못한다. 국가는 거대한 기계라고 생각한다. 노동자는 국가라는 기계의 한 부분이다. 각 부분이 최대한 노력을 해야 이 기계가 잘 운영될 수 있다. 많은 취미를 가지고 있는 것은 좋지만 사회 전체적으로 보면 좋은 일이 맞는지 아직 모른다.

요즘 사회는 정보량 폭증의 시대이며 생존 경쟁이 치열하다. 그렇지만 요즘 사회는 고도로 전문화된 시대다. 우리는 제일 잘하는 일을 하기 위해 전념하는 것이 필요하다.

생명의 길이는 제한이 되어 있고 사람의 정신력도 한계가 있다. 우리는 하나만 선택 가능하다.

43. "시예깡청년"에 대해 어떤 것을 알 수 있어요?

44. 이 시대에 관한 것을 어떤 것을 알 수 있어요?

45. 작가는 "시예깡청년"에 대해 어떤 태도를 가지고 있어요?

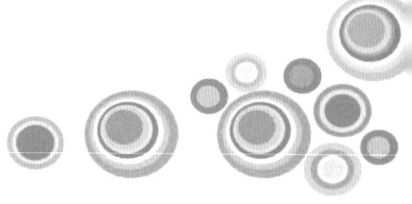

2. 阅读 읽기

第一部分 제1부분

46-48

　　日本著名企业家松下幸之助的著作《创业之道》中，有一章题目是"拥有独立自主的信念"，其中记载了应当如何学习.我建议大家能详细读一下这本书，因为他想告诉大家的是：倘若真心向学，那么万物皆为老师.让我印象最为深刻的是"从流云中学习"这一段.能实现真正意义上成长的人，会从日常琐事或表面毫无关系的事情中汲取养分。

　　追寻名师本身没错，但希望各位不要放弃从眼前的事物中学习的机会。在寻找名师的过程中，需要认识到你与周围的差距.

　　Rì běn zhù míng qǐ yè jiā sōng xià xìng zhī zhù de zhù zuò《chuàng yè zhī dào》zhōng, yǒu yì zhāng tí mù shì "yōng yǒu dú lì zì zhǔ de xìn niàn", qí zhōng jì zǎi le yīng dāng rú hé xué xí. Wǒ jiàn yì dà jiā néng xiáng xì dú yí xià zhè běn shū, yīn wèi tā xiǎng gào sù dà jiā de shì: Tǎng ruò zhēn xīn xiàng xué, nàme wàn wù jiē wèi lǎo shī. Ràng wǒ yìn xiàng zuì wéi shēn kè de shì "cóng liú yún zhōng xué xí" zhè yí duàn. Néng shí xiàn zhēn zhèng yì yì shàng chéng zhǎng de rén, huì cóng rì cháng suǒ shì huò biǎo miàn háo wú guānxì de shìqíng zhōng jíqǔ yǎngfèn.

　　Zhuī xún míng shī běn shēn méi cuò, dàn xī wàng gè wèi bú yào fàng qì cóng yǎn qián de shì wù zhōng xué xí de jī huì. Zài xún zhǎo míng shī de guò chéng zhōng, xū yào rèn shì dào nǐ yǔ zhōu wéi de chā jù.

　　일본의 유명 기업가 마쓰시타 고노스케의 저서《창업의 길》중 "독립적이고 자주적인 신념을 가져라"라는 제목이 있는데, 거기에는 어떻게 공부해야 하는지가 나와 있다. 나는 여러분이 이 책을 자세히 읽어 보면 좋을 것이라고 제안한다. 왜냐하면 그가 여러분에게 알리고 싶은 것이 있다: 만약 진심으로 배운다면 만물은 모두 선생님이 될 것이다. 가장 기억에 남는 대목은 '유운에서 배우다'이다. 진정한 의미에서의 성장을 이룰 수 있는 사람은 일상의 사소한 일 또는 겉으로는 전혀 상관없는 일에서 양분을 얻는다.

　　명사를 좇는 것 자체는 맞지만, 여러분이 눈앞의 것에서 배울 수 있는 기회를 놓치지 않기를 바란다. 명사를 찾는 과정에서 당신과 주변의 차이를 인식할 필요가 있다.

49-52

　　30多年前，我在东北林区工作。有一天，当地商店的经理来找我说："咱们店里的白糖卖不出去，眼看快到夏天了，再卖不出去就变质了。你是学经济的，能不能给我想个办法？"我知道，虽然当年物资短缺"要什么没什么"，但林业局用木材换了不少白糖，然而当地人吃糖不多，糖并不紧缺。

　　我想了想，告诉他，你在商店门口贴个告示，写上："本店新进白糖一批，每户限购两斤，凭本购买，欲购从速，过期不候"。告示贴上后不久，白糖就卖完了，甚至还有人求这位商店经理多进几批。

　　30duō nián qián, wǒ zài dōng běi lín qū gōng zuò.Yǒu yì tiān, dāng dì shāng diàn de jīng lǐ lái zhǎo wǒ

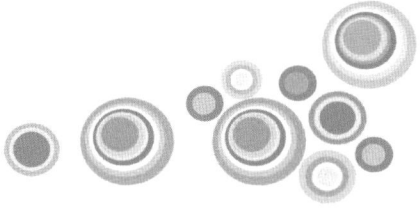

shuō: "zán men diàn lǐ de bái táng mài bù chū qù, yǎn kàn kuài dào xià tiān le, zài mài bù chū qù jiù biàn zhì le. Nǐ shì xué jīng jì de, néng bù néng gěi wǒ xiǎng gè bàn fǎ?"Wǒ zhī dào, suī rán dāng nián wù zī duǎn quē "yào shén me méi shén me", dàn lín yè jú yòng mù cái huàn le bù shǎo bái táng, rán ér dāng dì rén chī táng bù duō, táng bìng bù jǐn quē.

Wǒ xiǎng le xiǎng, gào sù tā, nǐ zài shāng diàn mén kǒu tiē gè gào shì, xiě shàng: "běn diàn xīn jìn bái táng yī pī, měi hù xiàn gòu liǎng jīn, píng běn gòu mǎi, yù gòu cóng sù, guò qī bú hòu".Gào shì tiē shàng hòu bù jiǔ, bái táng jiù mài wán le, shèn zhì hái yǒu rén qiú zhè wèi shāng diàn jīng lǐ duō jìn jǐ pī.

30여년 전, 저는 북동림 지역에서 일했다. 어느 날 지역 상점의 사장이 나를 찾아와 말했다:"우리 가게의 설탕은 팔리지 않는데 이제 곧 여름이 될 것 같다. 더 이상 팔리지 않으면 변질될 것 같다. 경제 공부를 하는 사람이니 방법을 좀 생각해 줄래?" 그렇다. 그 당시에는 물자가 부족했지만 "무엇을 원해도 아무것도 없었다.", 그러나 임업국은 목재로 설탕을 교환했지만 현지인들은 설탕을 많이 먹지 않아 부족하지 않았다. 나는 생각해 보고, 그에게 당신이 상점 입구에 게시문을 써붙이라고 말했다:"본 상점은 설탕을 새로 들여와, 가구당 2근으로 구입을 제한하고, 밑천으로 구입하려면, 구매를 빨리 해야 한다, 기한이 지나면 기다리지 않습니다" 고시가 붙은 지 얼마 되지 않아 설탕이 다 팔렸고, 심지어는 이 상점 사장에게 몇 차례 더 들여달라고 부탁하는 사람들도 있었다.

53-56

据说,基辛格有一个工作习惯,每当下属向他呈报工作方案的时候,他都会将它们放在案头压几天。几天之后,他会把提出该方案的下属叫来询问:"你认为这是你最成熟的方案吗?" 这时候,下属一般都会认为,基辛格对自己的方案并不满意,于是就会回答:"可能还有一些不足之处,我再修改一下。"

随后,基辛格就会让下属将方案拿回去修改、完善。过几天, 基辛格会再上演这样"一出戏",下属自然会再修改。如此往复,几次后,下属会因为进行了反复深入研究而拿出最佳的方案。基辛格这样的做法,不仅提高了工作效率,更让下属找到了自己的问题所在.

Jù shuō, jī xīn gé yǒu yí gè gōng zuò xí guàn, měi dāng xià shǔ xiàng tā chéng bào gōng zuò fāng àn de shí hòu, tā dōu huì jiāng tā men fàng zài àn tóu yā jǐ tiān.Jǐ tiān zhī hòu, tā huì bǎ tí chū gāi fāng àn de xià shǔ jiào lái xún wèn : "nǐ rèn wéi zhè shì nǐ zuì chéng shú de fāng àn ma?"Zhè shí hòu, xià shǔ yì bān dōu huì rèn wéi, jī xīn gé duì zì jǐ de fāng àn bìng bù mǎn yì, yú shì jiù huì huí dá : "kě néng hái yǒu yì xiē bú zú zhī chù, wǒ zài xiū gǎi yí xià ."

Suí hòu, jī xīn gé jiù huì ràng xià shǔ jiāng fāng àn ná huí qù xiū gǎi、wán shàn .Guò jǐ tiān, jī xīn gé huì zài shàng yǎn zhè yàng "yì chū xì", xià shǔ zì rán huì zài xiū gǎi .Rú cǐ wǎng fù, jǐ cì hòu, xià shǔ huì yīn wèi jìn xíng le fǎn fù shēn rù yán jiū ér ná chū zuì jiā de fāng àn . Jī xīn gé zhè yàng de zuò fǎ, bù jǐn tí gāo le gōng zuò xiào lǜ, gèng ràng xià shǔ zhǎo dào le zì jǐ de wèn tí suǒ zài.

키신저에게는 한 가지 작업 습관이 있다고 하는데, 그는 부하 직원이 작업 방안을 보고할 때마다 며칠씩 책상 위에 올려놓았다. 며칠 뒤 이 안을 제출한 직원들을 불러 가장 성숙한 방안이라고 생각하느냐고 묻기도 했다. 이때 키신저가 그들의 안을 마음에 들어하지 않는다고 판단한 직원들은 "약간 부족한 점이 있을지도 모르니 다시 고치겠다"고 답했다.

이어 키신저가 부하직원들에게 사업안을 수정하고 보완하도록 했다. 며칠 후에 키신저가 다시 이런 '연극 한 편'을 공연하게 되면 부하들이 자연스럽게 다시 수정하게 될 것이다. 이처럼 몇 번이고 거듭된 심도 있는 연구가 진행돼 최선의 방안이 나올 것이다. 키신저의 이 같은 행보는 업무 효율을 높이는 것은 물론 부하직원들이 자신의 문제점을 찾을 수 있게 했다.

57-60

工资多少与幸福程度的关联并不像人们想象的那么紧密，这一点已经反复得到了证明。(事实上，这种关联相当薄弱)。研究证明，最幸福的人并不在个人收入最高的国家里。可是，我们还是一个劲地争取高工资，这在很大程度上就是出于嫉妒。正如20世纪的记者、讽刺家、社会评论家、愤世嫉俗者、自由思想家H.L.门肯所指出的，一个人对工资是否满意，取决于他是否比他未来老婆的姐姐或妹妹的老公挣得多。为什么要这样比？因为这种比较是明显而又现成的。

Gōng zī duō shǎo yǔ xìng fú chéng dù de guān lián bìng bú xiàng rén men xiǎng xiàng de nà me jǐn mì，zhè yì diǎn yǐ jīng fǎn fù dé dào le zhèng míng．(shì shí shàng, zhè zhǒng guān lián xiāng dāng bó ruò)．Yán jiū zhèng míng, zuì xìng fú de rén bìng bú zài gè rén shōu rù zuì gāo de guó jiā lǐ．Kě shì, wǒ men hái shì yí gè jìn de zhēng qǔ gāo gōng zī, zhè zài hěn dà chéng dù shàng jiù shì chū yú jí dù．Zhèng rú 20 shì jì de jì zhě、fěng cì jiā、shè huì píng lùn jiā、fèn shì jí sú zhě、zì yóu sī xiǎng jiā H.L. mén kěn suǒ zhǐ chū de, yí gè rén duì gōng zī shì fǒu mǎn yì, qǔ jué yú tā shì fǒu bǐ tā wèi lái lǎo pó de jiě jiě huò mèi mèi de lǎo gōng zhèng dé duō．Wèi shén me yào zhè yàng bǐ？Yīn wèi zhè zhǒng bǐ jiào shì míng xiǎn ér yòu xiàn chéng de．

급여의 다소와 행복의 정도와의 연관성이 사람들이 생각하는 것만큼 긴밀하지 않다는 것은 이미 반복해서 증명되었다. (사실, 이러한 연관성은 상당히 취약하다). 연구는 가장 행복한 사람들이 개인 소득이 가장 높은 나라에 있지 않다는 것을 증명했다. 그런데도 우리가 고임금을 마냥 챙기는 것은 질투에서 비롯된 측면이 크다. 20세기의 기자, 풍자가, 사회 평론가, 세상의 관습에 분개했던 자유 사상가 H.L. 멩켄이 지적했듯이, 한 사람이 봉급에 만족하느냐의 여부는 그가 그의 미래의 아내인 언니나 여동생의 남편보다 돈을 더 많이 버는지에 달려 있다. 왜 그럴까? 이런 비교는 분명하고도 가시적인 것이기 때문이다.

第二部分 제2부분

61. Jù tǒngjì yuèdú zhǐ zhì bàozhǐ de jiātíng zài búduàn jiǎnshǎo. Xiāng bǐ qùnián jiǎnshǎole 5%, yě jiùshì měi 5 hù jiātíng zhōng zhǐyǒu 1 hù hái zài dìngyuè zhǐ zhì bàozhǐ. Suízhe zài wǎngshàng yě kěyǐ suíshí kàn xīnwén, yuèdú zhǐ zhì bàozhǐ de rén búduàn jiǎnshǎo. Lìngwài zhè cì diào chá shì tōngguò diànhuà diàochá qùnián cānyù diàochá de jiātíng jìnxíng de.
A yuèdú zhǐ zhì bàozhǐ de jiātíng méiyǒu jiǎnshǎo
B zhè cì diào chá hé qùnián de diàochá dōu zhēnduì xiāngtóng de jiātíng jìnxíng de.
C wǎngshàng kàn xīnwén yǒu shíjiān xiànzhì
D yuèdú bàozhǐ hěn fāngbiàn

61. 종이신문을 읽는 가정이 줄고 있는 것으로 나타났다. 지난해에 비해 5% 감소한 5가구 중 1가구만 종이신문을 구독하고 있다. 인터넷에서도 언제든지 뉴스를 볼 수 있게 되면서 종이신문을 읽는 사람이 계속 줄고 있다. 한편 이번 조사는 지난해 조사에 참여한 가정을 전화로 조사하기 위해 이뤄졌다.

A 종이 신문을 읽는 가정은 줄지 않았다
B 이번 조사와 지난해 조사는 같은 가정을 대상으로 했다.
C 인터넷에서 뉴스를 보는 데는 시간 제한이 있다
D 신문 읽기 편해졌다.

62 Zuìjìn yǐ qīngnián wéi zhǔ, duìyú gōngzuò de jiàzhíguān fāshēngle biànhuà. Wúlùn shì yíbèizi dōu yīnggāi dāi zài yìjiā gōngsī, háishì bǐ gèrén shēnghuó gèngjiā zhòngshì gōngzuò, zhèxiē chuántǒng de sīwéi fāngshì dōu zài zhújiàn ruòhuà. Zéyè de biāozhǔn yě cóng shèhuì píngjià gèng duō de zhuǎnyí dàole gōngzuò shìfǒu shìhé zìjǐ shàng. Wúlùn shì zhíchǎng shēnghuó háishì zéyè, gèngjiā de zhòng shì gèrén de mǎnyì dù.
A bǐ qǐ gèrén shēnghuó gèngjiā zhòngshì gōngzuò
B bù yīng gāi tiàocáo
C gōngzuò shìfǒu shìhé zìjǐ hěn zhòngyào
D gèrén mǎnyì dù bú zhòng yào

62 요즘 청년들 위주로 일에 대한 가치관이 바뀌었다. 평생 한 직장에 있어야 할 때나 개인 생활보다 일을 더 중요시해야 한다는 전통적인 사고방식이 약화되고 있다. 직업 선택의 기준도 사회적 평가에서 직장이 자신에게 적합한지 여부로 더 많이 이동했다. 직장 생활 선택에서 개인의 만족도를 더욱 중시한다.
A 개인생활보다 일을 중시한다
B 직장을 옮기지 말았어야 했다.
C 일이 자신에게 적합한지 아닌지가 중요하다
D 개인 만족도는 중요하지 않다

63 Mǒu ge kēxuéjiā yánjiūle gèrén duì shèhuì de gòngxiàn dù. Běn yǐwéi gèrén suǒ néng fāhuī de lìliàng dàxiǎo huì suízhe chéngyuán rén shù de zēngduō ér zēngjiā, jìnxíng le cǐ xiàng yánjiū. Dàn yánjiū jiéguǒ què hé yùxiǎng de bù yīyàng. Tuánduì zhōng de chéngyuán rénshù hé tāmen suǒ néng fāhuī de lìliàng chéng fǎnbǐ. Jiéguǒ xiǎnshì fǎn'ér shì liǎng míng gòuchéng de tuánduì nénggòu fāhuī zuìduō de qiǎnzài nénglì.
A gèrén de gòngxiàn dù suí rénshù zēngduō ér zēngduō
B 1 rén tuánduì zuì néng fāhuī qiánzài nénglì
C yánjiū jiéguǒ fúhé yùxiǎng
D tuánduì rénshù yǔ shèhuì gòngxiàn dù chéng fǎnbǐ

63 어떤 과학자가 사회에 대한 개인의 기여도를 연구했다. 개인이 발휘할 수 있는 힘의 크기는 구성원 수에 따라 늘어날 것으로 보고 연구를 진행했다. 하지만 연구 결과는 예상과 달랐다. 팀의 구성원 수는 그들이 발휘할 수 있는 힘과 반비례한다. 그 결과 오히려 두 명으로 구성된 팀이 가장 많은 잠재 능력을 발휘할 수 있는 것으로 나타났다.
A 개인의 기여도는 인원이 증가함에 따라 증가한다.
B 1인 팀이 잠재적인 능력을 가장 잘 발휘한다.
C 연구 결과는 예상에 부합한다
D 팀 수와 사회공헌도는 반비례한다

64 Xiàndài shèhuì yīn wèi rénkǒu zēngjiā hé chǎnyè fāzhǎn, dǎozhì huánjìng wūrǎn shífēn yánzhòng. Zhè qízhōng shuǐ wūrǎn zhíjiē yǐngxiǎng dào wǒmen de shēngcún, suǒyǐ xǔduō rén dōu hěn dānxīn. Dànshì què quēshǎo zǔzhǐ wūrǎn de shíjì xíngdòng. Súhuà shuō "qiānlǐ zhī xíng shǐ yú zúxià", wèile fángzhǐ shuǐ wūrǎn,

wǒmen yīnggāi cóng píngshí néng zuò de xiǎoshì kāishǐ. Zhèyàng yì diǎn yì dī shíjiàn xiàqù, zǐsūn hòudài cáinéng ānxīn de hē shàng hǎo shuǐ.

A wèile fángzhǐ shuǐzhì wūrǎn yīnggāi jǐnkuài zuò chū nǔlì.
B shuǐ wūrǎn yǔ wǒmen wúguān
C wǒmen yǐjīng kāishǐle shíjì xíngdòng
D rénkǒu zēngjiā duì huánjìng méiyǒu yǐngxiǎng

64 현대사회는 인구증가와 산업발전으로 환경오염이 심각하다. 이 중 물 오염은 우리의 생존에 직접적인 영향을 미치기 때문에 많은 사람들이 걱정한다. 하지만 오염을 막기 위한 실제 행동이 부족하다. 천리 길도 한 걸음부터라는 말이 있듯이, 우리는 물의 오염을 막기 위해 평소에 할 수 있는 작은 일에서부터 시작해야 한다. 이렇게 조금씩 실천해나가면, 후손들이 안심하고 좋은 물을 마실 수 있다.

A 수질오염을 막기 위한 노력이 시급하다.
B 물 오염은 우리와 무관하다
C 우리는 이미 실제 행동을 시작했다
D 인구 증가는 환경에 영향을 미치지 않는다.

65. Dāng yào juédìng zuò mǒu shì de shùnxù shí, tōngchánghuì yòng "jiǎndāo shítou bù" juédìng. Dànshì suīrán rénmen kàn shàngqù xiàng shì suíyì jìnxíng "jiǎndāo shítou bù", dàn zǐxì guānchá dehuà kěyǐ fāxiàn xiē jīxiàng. Jí yíng de rén huì jìxù bǎochí zìjǐ de xuǎnzé, ér shū de rén huì xuǎnzé qítā de. Cóng zhè yě néng kàn chū jíshǐ shì duǎnzàn de xíngwéi, rénmen yěyǒu xiǎng yíng de běnnéng, zuò chū duì zìjǐ yǒulì de fǎnyìng.

A yíngde rén huì gǎibiàn xuǎnzé
B shū de rén huì jiānchí xuǎnzé
C rénmen yǒu xiǎng yíng de běnnéng
D rén bú huì gēnjù qíngkuàng gǎibiàn xuǎnzé

65. 어떤 일을 할 순서를 결정해야 할 때 보통 가위바위보로 결정한다. 사람들은 가위바위보를 마음대로 하는 것처럼 보이지만, 자세히 살펴보면 약간의 징후를 발견할 수 있다. 즉 이긴 사람은 계속 자신의 선택을 하고 진 사람은 다른 선택을 하는 것이다. 짧은 행동이라도 이기려는 본능이 있어 자신에게 유리한 반응을 보이는 것이다.

A 이긴 사람이 선택을 바꾼다
B 지는 사람은 선택을 고집할 것이다
C 사람들은 이기고 싶은 본능이 있다
D 사람은 상황에 따라 선택을 바꾸지 않는다

66. Juédìng bīngqílín xìnì dù de zhòngyào yīnsù jiùshì kōngqì. Zài fājiào hǎo de bīngqílín yuánliào zhōng zhùrù kōngqì, tǐjī jiù huì jiànjiàn biàn dà, ràng zǔzhī gèngjiā xìnì. Yě jiùshì shuō suízhe kōngqì de bǐlì zēngjiā, jiù huì xíngchéng róuruǎn xìnì de bīngqílín. Dànshì rónghuàguò yīcì de bīngqílín jiùsuàn zài bīngdòng, yě méi bànfǎ xiàng yǐqián nàyàng róuruǎn. Yuánliào zhōng suǒ bāohán de kōngqì liúshī hòu, jiù huì chǎnshēng yìng yìng de jiéjīng, shīqùle róuhuá xìnì de kǒugǎn.

A hán nǎi liàng juédìng bīngqílín shìfǒu xìnì
B bīngqílín rónghuàguò zài dòng kǒugǎn yīrán róuruǎn
C kōngqì yuè shǎo, bīngqílín yuè xìnì
D zàicì bīngdòng de bīngqílín huì chǎnshēng yìng jiéjīng

66. 아이스크림의 섬세함을 결정짓는 중요한 요소는 공기이다. 발효된 아이스크림 원료에 공기를 넣으면 부피가 점점 커져서 조직이 더욱 섬세해진다. 공기의 비율이 높아지면서 부드럽고 섬세한 아이스크림이 만들어지는 것이다. 하지만 한번 녹은 아이스크림은 아무리 얼려도 예전처럼 부드럽지가 않다. 원료에 포함된 공기가 빠져나가면 단단한 결정체가 생겨 부드러운 식감을 잃는다.
A 우유 함유량이 아이스크림이 섬세한지 아닌지를 결정한다
B 아이스크림이 녹아내려도 얼면 여전히 부드럽다.
C 공기가 적을수록 아이스크림은 더 섬세해진다
D 다시 얼린 아이스크림은 단단한 결정체를 만든다.

67. Zuìjìn, shōutīng "zìzhuàn xiězuò" jiǎngzuò de lǎorén yuè lái yuè duō. Tāmen cóng "zìzhuàn zhǐshì míngrén de zhuànjì" zhèyàng de gùdìng guānniàn zhōng tiàole chūlái, yìshí dào zhuànjì shì wèile jìlù xià zìjǐ de rénshēng yuèlì. Zhèxiē yībiān tīng jiǎngzuò yìbiān xiě zìzhuàn de lǎorén jīnglìle zhōngguó de zhànzhēng, jiànzhèngle jīntiān fánróng jīngjì de chéngzhǎng hé fāzhǎn. Yīncǐ, zhèxiē rén de zìzhuàn bùjǐn jǐn shì "zài zhège shìjiè shàng shēnghuóguò de hénjī", érqiě yěshì zhōngguó xiàndài shǐ hé shāngyè huà fāzhǎn guòchéng de zhòngyào jìlù.
A tīng zìzhuàn de niánqīng rén yuè lái yuè duō
B zìzhuàn shì lìshǐ de zhòngyào jìlù
C zìzhuàn zhǐshì míngrén zhuànjì
D zìzhuàn zhǐ néng jìlù rénshēng yuèlì

67. 최근 '자전적 글쓰기' 강좌를 듣는 노인이 늘고 있다. 그들은 '자전은 명인의 전기일 뿐'이라는 고정관념에서 벗어나 자신의 인생 역정을 기록하기 위한 전기임을 깨달았다. 강좌를 들으면서 자서전을 쓰는 이 노인들은 중국의 전쟁을 경험했고, 오늘날 번영하는 경제의 성장과 발전을 증명하였다. 그래서 이 사람들의 자서전은 단순히 "이 세상에서 살았던 흔적" 이라는 것 뿐만 아니라, 중국 현대사와 상업화 발전 과정의 중요한 기록이기도 하다.
A 자서전 쓰기 강좌를 듣는 젊은이들이 점점 많아지고 있다
B 자서전은 역사의 중요한 기록이다
C 자서전은 단지 명인 전기일 뿐이다
D 자서전에는 인생의 역정만 기록될 수 있다

68 Wǒmen cháng huì rènwéi yǔzhòu kēxué duì wǒmen shēnghuó de gòngxiàn shǎo. Dànshì, rénmen zài yǔzhòu fāngmiàn fùchū de nǔlì bùjǐn zài tōngxìn, yīliáo děng lǐngyù, yě gěi wǒmen de rìcháng shēnghuó dài láile jùdà de yǐngxiǎng. Wèi le jiějué tàikōng rén de yǐnyòng shuǐ wèntí ér shè de zhuāngzhì jiùshì jìng shuǐ jī. Wèile tàikōng rén jìncān kāifā de dòngjié tuōshuǐ shíwù zhǐyào fàng jìn shuǐ lǐ, jiù chéngle jíshí tāng. Zhèxiē zǒu jìnle rìcháng shēnghuó zhōng de yǔzhòu kēxué zhèng ràng rénlèi de shēnghuó biàn dé gèngjiā biànlì hé fēngfù.
A dé yì yú yǔzhòu kēxué jìshù, shǐ shēnghuó biàn lì de chǎnpǐn yīncǐ dédàole kāifā
B yǔzhòu kēxué duì wǒmen shēnghuó de gòngxiàn shǎo
C yǔzhòu kēxué jǐn zài yīliáo lǐngyù yǒu yòngchù
D wèi le jiějué tàikōng rén de yǐnyòng shuǐ wèntí kāifāle jíshí tāng

68 우리는 항상 우주과학이 우리 삶에 기여하는 바가 적다고 생각한다. 그러나 우주에 대한 사람들의 노력은 통신, 의료 등의 분야뿐만 아니라 우리의 일상생활에도 막대한 영향을 끼쳤다. 우주인의 식수 문제를 해결하기 위해 설치한 장치가 바로 정수기다. 우주인 식사를 위해 개발된 동결탈수식은

梦想중국어 모의고사

단지 물에 담그면 즉석 스프가 된다. 일상에 발을 들여놓은 우주과학은 인간의 삶을 더 편리하고 풍성하게 만들고 있다.

A 우주 과학 기술 덕분에 살기 편한 제품이 개발되었다
B 우주과학은 우리 삶에 기여가 적다
C 우주과학은 의료분야에서만 쓸모가 있다.
D 우주인의 식수 문제 해결을 위한 즉석 스프를 개발한다.

69 Yǐnliào sǎle yě bú huì liú xià wūzì de T xùshān yǐjīng bèi kāifā chūláile. Zhè zhǒng T xùshān cóng wàimiàn kàn gēn yībān de T xù méiyǒu shén me qūbié, dànshì zhānrǎn shàng kāfēi, niúnǎi, fānqié jiàng děng dōngxī yě bù huì shèn jìn yīfú, ér shì zhíjiē liú zǒu. Zhè shì yīnwèi tā yóu shuǐ tōng búguò de guī xiānwéi qiàn hé ér chéng de. Suīrán yǒu gānzào fāngfǎ fùzá, hànshuǐ pái bù chū děng wèntí, dànshì yǐhòu kěyǐ yìngyòng zài yīng'ér yòngpǐn huòzhě yìxiē nán xǐ de shēnghuó yòngpǐn shàng.

A zhège cáiliào tòuqì xìng hěn hǎo
B zhège cáiliào zhān shàng niúnǎi huì shèn jìnqù
C zhège cáiliào fángshuǐ
D zhège cáiliào bú yòng yú yīng'ér yòngpǐn

69 음료를 엎질러도 얼룩이 남지 않는 티셔츠가 개발됐다. 이 티셔츠는 밖에서 보면 일반 티셔츠와 다를 바 없지만 커피 우유 케첩 등이 묻어도 옷이 스며 들지 않고 그대로 흘러간다. 물이 통하지 않는 실리콘 섬유를 결합해 만든 것이다. 건조법이 복잡하고 땀이 배설되지 않는 등의 문제가 있지만 앞으로는 유아용품이나 세탁이 어려운 생활용품에 응용할 수 있다.

A 이 재료는 통기성이 좋다
B 이 재료에 우유를 묻히면 스며든다
C 이 소재는 방수가 된다
D 이 재료는 유아용품에는 사용되지 않는다

70 Wèile fángzhǐ wèizào, zài yánsè hé shèjì shàng gǎibǎnle de zhǐbì mǎshàng yào fāxíngle. Zhè zhǒng zhǐbì suízhe jiǎodù de bùtóng, wénzì de yánsè yě huì fāshēng míngxiǎn de gǎibiàn, tóngshí zài yìnshuā shàng, fāxíng hàomǎ de yánsè yě bǐ xiàn yǒu de zhǐbì gèngjiā xiānmíng. Érqiě dà miànzhǐ de zhǐbì túxiàng huì tíqián jìnxíng diànzǐ dēngjì, qǔ qián de shíhòu, huì quèrèn shìfǒu shì tóngyì zhāng zhǐbì. Yīncǐ, zhèyàng de zhǐbì fāxíng jiāng huì jìnyíbù bǎozhèng jīnróng wǎnglái de ānquán.

A wénzì yánsè bú huì biànhuà
B zhīpiào tōngguò wénzì yánsè de biànhuà lái fángzhǐ wèizào.
C xīnbǎn zhǐbì bǐ jiùbǎn zhǐbì àn
D suǒyǒu zhǐbì dūhuì tíqián jìn xíng diànzǐ dēngjì

70 위조를 막기 위해 색깔과 디자인을 바꾼 지폐가 곧 발행된다. 이런 지폐는 각도에 따라 글자의 색이 확연히 달라지는 한편 인쇄에 있어서도 발행번호의 색이 기존 지폐보다 더 선명하다. 그리고 큰 지폐 이미지는 미리 전자 등록을 하고 돈을 인출할 때 같은 지폐인지 확인할 것이다. 따라서 이러한 지폐 발행은 금융 거래의 안전을 더욱 보장할 것이다.

A 문자 색상은 변하지 않는다
B 수표는 문자 색상의 변화를 통해 위조를 방지한다.
C 새 지폐는 옛날 지폐보다 어둡다
D 모든 지폐는 전자 등록을 앞당길 것이다

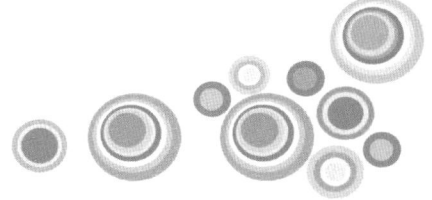

第三部分 제3부분

第71-74题

　　Běisòng shí, yǒu yígè cōngmíng de xiǎohái'ér, tā jiào sīmǎ guāng.

　　Yǒu yìtiān, tā hé xiǎopéngyǒumen zài huāyuán lǐ wán er. Dàjiā wán er de hěn kāixīn. Yígè xiǎonánhái'ér pá dào jiǎshānshàng wán er, túrán yí bù xiǎoxīn, diào jìnle jiǎshān pángbiān de dà shuǐ gāng lǐ. Shuǐ gāng yòu dà yòu gāo, lǐmiàn dōu shì shuǐ, xiǎo nán hái zài shuǐ lǐ yībiān zhēngzhá yībiān hǎn: "Jiùmìng a jiùmìng a"

　　Zhè shí, xiǎopéngyǒumen cái fāxiàn yǒurén diào jìn gāng lǐle. Dàjiā dōu bù zhīdào zěnme bàn, yǒu de xiǎo hái'ér xià kūle, yǒu de xiǎo hái xià pǎole.

　　Zhè shí, sīmǎ guāng zhàn chūlái shuō:"dàjiā búyào hàipà, wǒmen gǎnjǐn xiǎng bànfǎ, bǎ tā jiù chūlái." Kěshì dàjiā dōu bù zhīdào gāi zěnme bàn .Sīmǎ guāng kàn dào shān shàng de shítou shí, túrán xiǎngdàole yígè hǎo zhǔyì. Tā jǔ qǐ yíkuài er shítou, yònglì cháo shuǐ gāng zá qù, shuǐ gāng pòle, shuǐ huā huā de liúle chūlái, xiǎo hái'ér déjiùle. Dàjiā dōu kuā sīmǎ guāng cōngmíng.

　　Zhège gùshì gàosù wǒmen, yù shì bùnéng huāngzhāng, yào dàdǎn yòng chuàngxīn sīwéi jiějué wèntí.

　　북송 때 슬기로운 아이가 있었는데, 그의 이름은 사마광이었다.

　　어느 날 그는 어린 친구들과 정원에서 재미있게 놀았다. 한 어린 소년이 가짜 산에 올라가 놀다가 갑자기 실수로 가짜 산 옆에 있는 큰 물독에 빠졌다. 물독이 크고 높아서 안에 물이 들어 있는데, 어린 소년은 물 속에서 발버둥치면서 "살려주세요! 살려주세요!"라고 말했다.

　　그제서야 어린이들은 누군가가 항아리에 빠진 것을 발견했다. 모두들 어떻게 해야 할지 몰랐는데, 어떤 아이는 놀라 울었고 어떤 아이는 놀라 도망갔다.

　　그러자 사마광이 나서서 "여러분 겁먹지 마세요, 우리가 빨리 방법을 강구해 그를 구해냅시다."고 말했다.그런데 다들 어떻게 해야 할지 몰랐다. 사마광은 산에 있는 돌을 보았을 때 갑자기 좋은 생각이 떠올랐다. 그가 돌을 하나 들어 힘껏 물독을 치니 물독이 터지고 물이 콸콸 흘러나와 어린애가 구조되었다. 모두들 사마광이 똑똑하다고 칭찬했다.

　　이 이야기는 우리에게 일이 생기면 당황해서는 안 되고, 과감한 혁신적 사고로 문제를 해결해야 한다는 사실을 알려준다.

第75-78题

　　Huáqiáo zhuóshǒu de shìyè , jīhū wèi shī bàiguò , zhèjùhuà zài hǎiwài zǎojiù guǎngwéiliúchuán le . Mǒu diàochá jī guānzài rìběn dōngjīng shìnèi tiāoxuǎn le zuì yōuxiù de 100 jiā yǐnshídiàn zuò diàochá , bàogào xuānchēng yǒu 80% shì huáqiáo suǒ jīngyíng , érqiě shì juéduì búhuì dǎo de diàn . Huáqiáo shāngfǎ quèshí lìngrén jīngtàn , rúqiánsuǒshù , tāmende cáifù shìyóu pínkùn jí zài tāguó bùánquángǎn zàochéng de , ér bìngfēi tāmen tiānshēng jiùshì shāngyè gāoshǒu . Wèile zhèngshí zhèdiǎn , tóngyàngshì zhōngguórén , dāizài zìjǐ guójiā hé dāi zàiwàiguó de zhōngguórén jiù bùtóng .

　　Mǒuwèi huáqiáo zhǐchū : " zhùzài zhōngguó běntǔ de zhōngguó rénhé rìběnrén yíyàng , chēng búshàng

shìshénme shāngyè qícái, tāmen zuòshēngyì yě lìjīng wú shùcì de shībài. Suīrán wǒ běnshēn xiànzài huòdé mǒuzhǒngchéngdù de chénggōng, dàn dāngchū zài běntǔ shí, céngjīng yícìyòuyícì de shībài, zài láidào rìběn hòu, jiù bútài chángdào bàijì le! Wǒxiǎng, qíjiān zuì dàde chāyì, shì dāngshìrén yìshí shàng bùtóng suǒ zàochéng de. Zài běntǔ yǒu shuāngqīn, yǒu xiōngdìjiěmèi, yǒu péngyǒu hé qīnqī, bùxūyào zhème pīnmìng qùzuò, rìzi háishì kéyǐ xiàqù. Láidào hǎiwài jiù bùxíngle! Shìqíng hé guòqù quánránbùtóng, chú zìjǐ zhīwài, bùnéng yīkào rènhérén, duōbàn de shíhòu dōuhuì kǎolǜ zìjǐ shìfǒu néng zàiwàiguó de tǔ dìshàng shēngcún xiàqù, huì xíngchéng qiánglie de bù ān gǎn, yī dìngyào xiǎngbànfǎ nǔlì gōngzuò, pīnmìng sīkǎo, jiéguǒ jiùzài bùzhībùjué zhōng, yōng yǒule qiánglie de yuànwàng, dāngrán jiù zhuànle bù shǎoqián, kěnéng jiùshì zhègè dàolǐ."

　　화교가 착수한 사업이 거의 실패한 적이 없다는 말은 해외에서 오래 전부터 널리 퍼져 있었다. 한 조사 기관이 일본 도쿄 시내에서 가장 우수한 음식점 100개를 선발했다. 보고서는 80%가 화교가 운영하는 곳인데 안정적인 수익을 올려 망할 일 없는 가게라고 밝혔다. 화교의 상법은 확실히 경탄할 만하고, 앞서 말한 바와 같이, 그들의 부는 빈곤과 타국에서의 불안감으로 인한 것이지, 그들이 천성적으로 상업적 고수인 것은 아니다. 같은 중국인이라도, 본국에 있는 사람과 외국에 있는 중국인이 다르다.

　　한 화교가 지적한다: "중국 본토에 사는 중국인과 마찬가지로 일본인은 무언가 특출나지 않았고, 그들도 비즈니스의 귀재라고 하지만 장사를 하면서 수많은 실패를 겪는다. 지금 비록 내가 어느 정도의 성공을 이루고 있지만 본토에서 한 번 또 한 번 실패한 뒤 일본에 오니 실패한 적이 그리 많지 않았다! 그동안 가장 큰 차이는 당사자의 의식에 따른 것이라고 생각한다. 본토에는 양친, 형제자매, 친구와 친척이 있는데 이렇게 필사적으로 일하지 않아도 하루하루 계속 살아갈 수 있다. 해외로 나가면 불가능하다! 과거와는 전혀 다른 상황이고, 나 말고는 누구에게도 의지할 수 없고, 대부분 외국 땅에서 살아남을 수 있을지를 고민하면서 강한 불안감을 갖고, 열심히 일해보고, 악착같이 고민하다 보니 자기도 모르는 사이에 강한 소망을 갖게 되고, 당연히 많은 돈을 벌게 되는 그런 것 같다."

第79-82题

　　Jìchéng dàbǐ cáifù, zuì zhǔyàode quēdiǎn zàiyú, jīngcháng huìshǐ jìchéngzhě biànde lǎnduò bìng shīqù zìxìn. Yǒu zhèyàng yī jiànshì: Yíwèiguìzú fū rénshēng xiàle yíwèinányīng, jùshuō, tā jiānglái kéyǐ jìchéng shàngyìměiyuán de cáifù. Dāng zhègè xiǎo yīngér bèi fàngzài yīngérchē zhōng, tuī chūqù hūxī xīnxiān kōng qìshí, sìzhōu jǐ mǎnle hùshì、bǎobiāo, yǐ jíqítā gèzhǒng púrén, tāmende zérèn jiù shìyào fángzhǐ zhègè xiǎo yīngér shòudào rènhé shānghài. Rènhé púrén néng gòuzuò de shìqíng, dōu bùzhǔn tāzìjǐ qù dòngshǒu.

　　Hòulái, tā zhǎngdà dào 10suì le. Yǒuyìtiān, tāzài hòuyuàn wánshuǎ shí, fāxiàn hòumén bìngwèi guānshàng. Zàitā yīshēngzhōng, tā cóngwèi dúzì yígèrén zǒuchū nàgè mén. Yīncǐ, hěn zìrán de, tā xīnlǐ xīwàng nénggòu zhèyàngzuò. Jiùzài pú rénmen wèi zhùyìdào tāde nà yīshùnjiān, tā lìkè cóng hòumén chōng le chūqù, dàn háiwèi chōngdào mǎlù zhōngyāng, jiùbèi yīliàng qìchē zhuàng sǐle. Tā yíxiàng shǐyòng pú rénmen de yǎnjīng, yǐzhìyú wàngle lìyòng zìjǐde yǎnjīng.

　　Xǔduōrén nénggòu zài zhègè shìjièshàng gōngchéngmíngjiù, zhǔyàoshìyīnwèi tāzài shēngmìng chūqī jí bèipò wèi shēngcún ér fèndòu. Xǔ duōzuò fù mǔde yīnwèi bùzhīdào cóng fèndòu zhōng kě yǐpéiyǎng chū jìnqǔxīn, suǒyǐ tāmen huì zhèyàng shuō: "wǒ niánqīng shí bìxū xīnkǔ gōngzuò, dàn wǒ yī

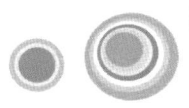
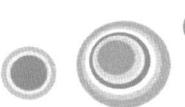

dìngyào wǒde háizi néng guòdé shūfu."Zhēnshì jì kělián yòu yú bènde rén yā. Shēnghuó guòdé"shūfu", tōngcháng fǎnér huì hàile háizimen. Gōngzuò néng ràngnǐ péiyǎng chū jiéjiǎn、zìzhì、 jiān qiángde yìzhìlì、zhīzúchánglè jíqítā yībǎi xiàng yǐshàng de měidé, zhèxiē dōushì lǎnduò de rén yǒngyuǎn débúdào de.

큰 부를 물려받는 것의 가장 큰 단점은 종종 상속자를 게으르게 만들고 자신감을 잃게 한다는 것이다. 한 가지 사건이 있다: 한 귀족 부인이 아들을 낳았는데, 그가 미래에 1억 달러의 부를 물려받을 수 있다고 한다. 이 아기가 유모차에 실려 나가서 신선한 공기를 마시러 나갈 때, 사방은 간호사, 보디가드, 그리고 다른 다양한 하인들로 가득 차 있는데, 그들의 책임은 이 아기가 어떤 상처를 입지 않도록 하는 것이다. 어떤 하인이 할 수 있는 일이라도 그가 스스로 가서 손을 대서는 안 된다.

나중에, 그는 10살까지 자랐다. 어느 날 그는 뒷마당에서 놀다가 뒷문이 닫히지 않은 것을 발견했다. 그의 일생 동안 그는 한 번도 혼자서 그 문을 나간 적이 없었다. 그래서 자연스럽게, 그는 마음속으로 그렇게 하기를 원했다. 하인들이 그를 알아차리지 못한 그 순간, 그는 뒷문으로 달려나갔다. 도로 한가운데까지 뛰어들기도 전에 차 한 대에 치여 죽었다. 그는 줄곧 하인들의 눈을 사용해서 자신의 눈을 이용하는 것을 잊었다.

많은 사람들이 이 세상에서 명성을 얻을 수 있었던 것은 그가 생명 초기에 생존을 위해 분투해야 했기 때문이다. 많은 부모들이 분투로부터 진취심을 키울 수 있다는 것을 모르기 때문에, 그들은 이렇게 말할 것이다."나는 젊었을 때 힘들게 일해야 했지만, 나는 내 아이가 편안하게 지낼 수 있기를 바란다."불쌍하고 우둔한 사람이군요. 편하게 살다 보면 오히려 아이들에게 해가 되는 경우가 많다. 일은 당신이 절약, 자제, 강인한 의지력, 지족상락 및 기타 백 가지 이상의 미덕을 배양할 수 있게 해준다. 이것들은 모두 게으른 사람들이 영원히 얻을 수 없는 것이다.

第83-86题

Péngyǒu shì máfán chūláide,zhǎo yīdiǎn xiǎoshì qù máfán duìfāng.Hěnduōrén zài dājiàn rénmàishàng yǒuyígè wùqū:Wǒ bùxiǎng máfán biérén,gěi biérén tiānmáfán bùhǎo.Tāmen cóngxiǎo jiùshì zhèyàng bèi fùmǔ jiàoyùde,shénme shìqíng dōuyào zìlìgēngshēng,zìjǐzìzú,fánshì bùqiúrén,hǎoxiàng zhèyàng jiùshì zuòrénde zuìgāojìngjièle.Mànmànde suōzài zìjǐde xiǎoquānzilǐ,bùduō yǔrénjiāowǎng.Yěxǔ nǐ bìngméiyǒu xiǎngdào,jǐyǔ hé suǒqǔ yīnggāi shìyígè pínghéng guānxì.

Wǒ gàosù nǐ,péngyǒu qíshí shì máfán chūláide! Rúguǒ nǐ zhǔdòng qǐngqiú biérén bāngnǐ yìxiē xiǎománg,yǒuzhùyú xìnrènde yǎngchéng hé guānxìde shēnrù.Bǐrúshuō wǒ yǒushí zǎoshàng yàozài wǎngshàng gěixuéshēng shàngkè,lǎogōng chūchāile,háizimen zǎochén yàoqù xuéxiào shàngxué,nàme shéilái sòngtāmen qù shàngxué ne? Wǒ huìqù zhǎo yígè péngyǒu,shuō:"Jīntiān bùhǎoyìsā,wǒyào shàngkè,kěbùkěyǐ máfán nǐ bāngwǒ sòngháizi dàoxuéxiào?"Zài míngnísūdá zhème lěngde zǎochén,yào zǎoqǐ kāichē chūmén bāngwǒ sòngháizi,quèshí hěnmáfán péngyǒu,dànshì zhègè máfán kěyǐ bāngzhù wǒmen zēngjiā gèngshēncéngcì de liánxì hé liánjiē,huìjuéde gèngxìnrèn duìfāng, gèngqīnmì.Xiàcì zhègè péngyǒu yǒukùnnán,yěhuì gèngróngyì fǎnguòlái qiúzhùyú wǒ.Biépà gěi biérén tiānmáfán.

친구는 귀찮아해서 생긴 것이다,사소한 일을 찾아서 상대방을 성가시게 한다. 많은 사람들이 인맥을 쌓는 데 잘못된 부분이 있다: 나는 다른 사람에게 폐를 끼치고 싶지 않고, 다른 사람에게 폐를 끼치는 것은 좋지 않다. 그들은 어릴 때부터 이렇게 부모에게 교육받았는데, 무슨 일이든지 자력갱

생하고, 자급자족하며, 매사에 남에게 부탁하지 않는 것이 마치 인간으로서의 최고 경지인 것처럼 말한다. 천천히 자신의 작은 테두리 안에서 움츠러들어, 사람들과 많이 사귀지 않는다. 주는 것과 받는 것이 균형관계여야 한다는 것을 당신은 생각하지 못했을 것이다.

내가 말해주지, 친구는 사실 골치 아픈 거야! 만약 당신이 자진해서 다른 사람에게 작은 도움을 청한다면 신뢰의 함양과 관계의 깊이를 쌓는데 도움이 될 것이다. 예를 들어 제가 때때로 아침에 온라인으로 학생들에게 수업을 해야 하고, 남편이 출장을 가고, 아이들이 아침에 학교에 가야 한다면 누가 학교에 데려다 줄까요?

친구가 한 친구를 찾아가서"오늘은 미안하네, 수업을 해야 하는데, 폐를 끼쳐서 학교에 데려다 줄 수 없니?"라고 말할 거예요. 미네소타에서 이렇게 추운 아침에, 일찍 일어나서 운전해서 집을 나서 아이를 데려다 줘야 하는 것은 정말 귀찮은 일이지만, 이 번거로움은 우리가 좀 더 깊이 있는 관계를 쌓고 넓히는 데 도움을 줄 수 있고, 서로를 더 신뢰하고 더 친밀하게 느낄 수 있다. 다음에 이 친구가 어려움이 있으면 반대로 도움을 청하기가 더 쉬울 거예요. 남에게 폐를 끼치는 것을 두려워하지 말아라.

第87-90题

Yǒuyígè zhòngsuǒzhōuzhīde lǎonóngfūde gùshi:dāngtā tǎngzài línzhōngchuángshàng shí,tā bǎ zìjǐde sāngè lǎnduò érzi jiàodào zìjǐ shēnbiān,gàosù tāmen yígè zhòngyàode mìmì."wǒde háizi,"tāshuō,"zài wǒ liúgěi nǐmende zhòngzhíyuán xiàmiàn máicángle xǔduō jīnyíncáibǎo."Lǎorén qìchuǎnxūxū de shuō."Tāmen cángzài nǎli？"érzimen pòbùjídàide wèndào."Wǒhuì gàosù nǐmende."lǎorénshuō,"nǐmen děicóng dìxià bǎ tā wāchūlái——" Zhèngdāng tā yàoshuōchū nà zhìguānzhòngyàode mìmì zhīshí,tāde hūxī tūrán tíngzhǐle,lǎorén yīmìngwūhū.

Lǎnduòde érzi qiújīnxīnqiè,lìmǎ zài fùqīn liúgěi tāmende zhòngzhíyuán lǐ dàsì wājué qǐlái.Tāmen qiǎngzhe juētóu hé tiěchǎn,huīhànrúyǔde bǎzhòngzhíyuánde tǔdì fānleyībiàn,lián nàxiē zácǎocóngshēng、huāngwúle hěnjiǔde dì yěbèi fānzhěngle yībiàn.Tāmen rènzhēn zǐxì de bǎ tǔkuài nòngsuì,yǐmiǎn jīnzi lòudiào.Zuìzhōng,tāmen háishì méiyǒu zhǎodào jīnzi.Zhèshí tāmen tūrán cái fānránxǐngwù fùqīn nàhuàde zhēnshí yìtú.Cóngcǐ,tāmen xuéhuìle gōngzuò,bǎ zhòngzhíyuánde tǔdì quán bōlezhǒng,zuìhòu huòdéle jùdà de fēngshōu,gǔcāng duīde mǎnmǎnde.Cǐshí,tāmen cái fāxiàn fùqīn liúgěi zìjǐde zhēnzhèngde cáibǎo shì qínfènde láodòng.

잘 알려진 한 늙은 농부의 이야기가 있다: 그가 임종시 침대에 누워있을 때, 그는 자신의 게으른 아들 세 명을 자기 곁으로 불러모아 중요한 비밀을 하나 알려준다. "내 자식들아, 내가 너희에게 준 땅 아래에 금은보화를 많이 묻어 두었다."노인은 헐떡거리며 말했다."그것들은 어디에 숨겨져 있나요?"아들들이 다급하게 물었다."내가 너희에게 말할 것이다." 노인이 말하기를 '너희는 땅 속에서 그것을 파내야 한다.' 하고 말하자, 그가 지극히 중요한 비밀을 말하려고 할 때, 그의 호흡이 갑자기 멈추자 노인은 한 번 숨을 내쉬었다.

게으른 아들은 금을 구하고 싶은 마음이 간절하며, 즉시 아버지가 그들에게 남겨준 농지를 마구 파헤친다. 그들은 고개를 갸우뚱거리고 쇠삽질을 하며 땀을 흘리며 농지를 한 번 뒤집었고, 잡초가 무성하고, 오랫동안 황폐했던 땅까지 전부 뒤졌다.그 들은 금이 빠지지 않도록 열심히 꼼꼼하게 흙덩이를 부수었다. 결국 그들은 금을 찾지 못했다. 그제서야 그들은 아버지의 진의를 깨달았다 .이때 부터 그들은 일을 배워서 농지에 전부 파종했고, 결국 엄청난 풍작을 거두었고, 곡창이 가득 쌓였다.

그제서야 그들은 아버지가 자신에게 남겨준 진정한 재산이 근면한 노동이라는 것을 알았다.

3. 写作 쓰기

第一部分 제1부분

91	我昨天和朋友去游泳了。	Wǒ zuótiān hé péngyǒu qù yóuyǒngle.	나는 어제 친구와 수영하러 갔다.
92	我常常在那家咖啡厅碰见他。	Wǒ chángcháng zài nà jiā kāfēi tīng pèngjiàn tā.	나는 자주 그 커피숍에서 그를 마주쳤다.
93	他偶尔会去公园散步。	Tā ǒu'ěr huì qù gōngyuán sànbù.	그는 가끔 공원에 산책하러 간다.
94	表达感谢的时候态度一定要诚恳。	Biǎodá gǎnxiè de shíhòu tàidù yídìng yào chéngkěn.	감사의 마음을 표현할 때 반드시 진지한 태도로 임해야 한다.
95	中秋节是中国的一个传统节日。	Zhōngqiū jié shì zhōngguó de yígè chuántǒng jiérì.	추석은 중국의 전통 명절 중의 하나다.
96	他已经把日程安排好了。	Tā yǐjīng bǎ rìchéng ānpái hǎole.	그는 스케줄을 이미 다 짜 놨다.
97	您一共消费了1000元。	Nín yígòng xiāofèile 1000 yuán.	당신은 총 1000위안을 소비했다.
98	这段留学经历对我来说很重要。	Zhè duàn liúxué jīnglì duì wǒ lái shuō hěn zhòngyào.	그 동안의 유학 경험은 나한테 매우 소중하다.

第二部分 제2부분

99. 昨天我和小明在校门口的餐厅吃饭了。因为他拿到了奖学金，很开心，所以昨天他请客。我们吃了火锅，我点了牛肉、羊肉和各种蔬菜。我吃得很开心，所以挺感谢他的。最后我们剩下很多都没吃完，所以干脆打包带回了宿舍。

Zuótiān wǒ hé xiǎomíng zài xiào ménkǒu de cāntīng chīfànle. Yīnwèi tā ná dàole jiǎngxuéjīn, hěn kāixīn, suǒyǐ zuótiān tā qǐngkè. Wǒmen chīle huǒguō, wǒ diǎnle niúròu, yángròu hé gè zhǒng shūcài. Wǒ chī dé hěn kāixīn, suǒyǐ tǐng gǎnxiè tā de. Zuìhòu wǒmen shèng xià hěnduō dōu méi chī wán, suǒyǐ gāncuì dǎbāo dài huíle sùshè.

어제 나는 샤오밍과 학교 입구쪽에 있는 식당에서 식사를 했다. 그는 장학금을 타서 매우 기뻤다. 그래서 한턱 쐈다. 우리는 샤브샤브를 먹었다. 나는 소고기, 양고기, 그리고 각종 채소를 시켰다. 나는 매우 즐겁게 먹었다. 그래서 그한테 고마웠다. 마지막에 우리는 많이 남았는데 포장해서 기숙사로 돌아갔다.

100. 兰兰大学毕业后就工作了。她的工作非常忙，经常加班。读大学的时候，她经常读书、看报。但是工作以后，她就没有时间读书了。不过最近他们公司放了8天假。兰兰买了很多书，计划休假期间读完10本书。我跟她打电话的时候，她告诉我已经读完了《春秋战国》这本书，并推荐我读一下。

Lán lan dàxué bìyè hòu jiù gōngzuòle,.Tā de gōngzuò fēicháng máng, jīngcháng jiābān. Dú dàxué de shíhòu, tā jīngcháng dúshū, kàn bào. Dànshì gōngzuò yǐhòu, tā jiù méiyǒu shíjiān dúshūle. Búguò zuìjìn tāmen gōngsī fàngle 8 tiān jià. Lán lan mǎile hěnduō shū, jìhuà xiūjià qījiān dú wán 10 běn shū. Wǒ gēn tā dǎ diànhuà de shíhòu, tā gàosù wǒ yǐjīng dú wánle《chūnqiū zhànguó》zhè běn shū, bìng tuījiàn wǒ dú yíxià.

해석: 란란이는 대학을 졸업한 후에 일을 시작했다. 그녀의 일은 매우 바빠서 늘 야근을 한다. 대학교에 다닐 때 그녀는 늘 책을 읽고 신문을 봤다. 그러나 일을 시작한 후 그녀는 책을 읽을 시간이 없었다. 그런데 최근에 그녀의 회사는 8일간의 휴가를 냈다. 란란은 책을 많이 사서 휴가 기간에 책 열 권을 읽을 계획이다. 내가 그녀와 통화했을 때 그녀는 나에게 이미《춘추전국》을 다 읽었다고 말하였으며 나에게도 좀 읽으라고 추천해 주었다.

梦想中国语 模拟考试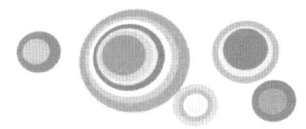

新汉语水平考试

HSK（五级）2

注　意

一、HSK（五级）分三部分：

1. 听力（45 题，约 30 分钟）

2. 阅读（40 题，45 分钟）

3. 书写（10 题，40 分钟）

二、听力结束后，有 5 分钟填写答题卡。

三、全部考试约 125 分钟（含考生填写个人信息时间 5 分钟）。

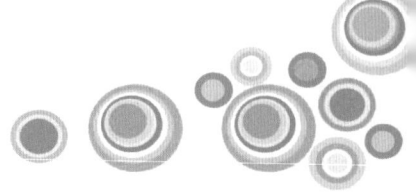

一. 听力

第一部分

第 1-20 题：请选出正确答案。

1. A 打篮球
   B 准备比赛
   C 看电影
   D 打游戏

2. A 3个小时
   B 3.5小时
   C 4小时
   D 4.5小时

3. A 开心
   B 生气
   C 厌烦
   D 抱歉

4. A 苹果手机
   B 华为新款手机
   C 苹果电脑
   D 苹果玩具

5. A 500元
   B 400元
   C 350元
   D 330元

6. A 春
   B 夏
   C 秋
   D 冬

7. A 在开车
   B 在开会
   C 在吃饭
   D 坐飞机

8. A 忧郁
   B 快乐
   C 神秘
   D 活泼

9. A 7点
   B 8点
   C 6点
   D 9点

10. A 糖醋排骨
    B 烤鸭
    C 烧鸡
    D 凉拌黄瓜

11. A 妈妈
    B 朋友
    C 姐姐
    D 老师

12. A 志愿者
    B 导游
    C 讲解员
    D 导购员

13. A 邻居
    B 朋友
    C 亲戚
    D 家人

14. A 跳舞
    B 演奏钢琴
    C 唱歌
    D 朗诵

15. A 失恋了
    B 起迟了
    C 错过了演唱会
    D 和爱人吵架

16. A 上海
    B 女的身边
    C 北京
    D 首尔

17. A 打羽毛球
    B 看电影
    C 加班
    D 休息

18. A 喜欢
    B 讨厌
    C 没感觉
    D 不清楚

19. A 周五
    B 周六
    C 周日
    D 周四

20. A 苹果
    B 小米
    C 三星
    D 华为

第二部分

第 21-45 题：请选出正确答案。

21. A 韩国菜
    B 中国菜
    C 香菜
    D 辣的菜

22. A 胃疼
    B 头疼
    C 牙疼
    D 嗓子疼

23. A 打乒乓球
    B 下象棋
    C 游泳
    D 打羽毛球

24. A 做手术
    B 出交通事故
    C 被抢劫
    D 上班迟到

25. A 饭店
    B 家具店
    C 服装店
    D 童装店

26. A 刘备
    B 诸葛亮
    C 关羽
    D 赵子龙

27. A 要给孩子报辅导班
    B 要让孩子快点跑
    C 不想让孩子压力太太
    D 嫉妒其他孩子上辅导班

28. A 去开会
    B 去买粉底液
    C 去百货公司
    D 去跑腿

29. A 12点
    B 9点
    C 9点30分
    D 12点30分

30. A 投资计划
    B 资产评估
    C 投产计划
    D 预算执行计划

31. A 4
    B 5
    C 6
    D 8

32. A 准备安全座椅
    B 准备安静的包间
    C 准备生日派对
    D 赠送生日蛋糕

33. A 电梯电路
    B 市里电路
    C 楼道电路
    D 供水电路

34. A 新的电路
    B 重装电源
    C 发电机
    D 电灯

35. A 维修电工
    B 物业管理人员
    C 人事部门主管
    D 管道修理工

36. A 中国传统艺术
    B 中国传统习俗
    C 中国传统医术
    D 中国传统草药

37. A 刺激穴位
    B 按摩肌肉
    C 扎在病人身上
    D 银针很细

38. A 中药很苦
    B 中药是草药做的
    C 中药能治疗疾病
    D 中药虽然苦但能治病

39. A 甜品店
    B 饰品店
    C 便利店
    D 药店

40. A 你的蝴蝶结真漂亮
    B 你抬起头真漂亮
    C 你的裙子真漂亮
    D 你真漂亮

41. A 珍妮觉得自己很漂亮
    B 珍妮不自信
    C 珍妮喜欢绿色蝴蝶结
    D 珍妮的蝴蝶结被偷了

42. A 很喜欢看童话
    B 希望写童话
    C 希望能有更多童话书
    D 满足不了对书的渴望

43. A 学习了做人要正直

    B 梁山好汉充满豪情

    C 学习了不能以大欺小

    D 以上都对

44. A 描述的是人力车夫

    B 祥子一直很懒惰

    C 劳动人民生活幸福

    D 以上都对

45. A 《钢铁是怎样炼成的》

    B 《水浒传》

    C 《安徒生童话》

    D 《骆驼祥子》

二、阅读

第一部分

第 46-60 题：请选出正确答案。

46-48.

中国有个古老的成语，名为"__46__"。以前，一个人很喜欢养猴子，但是后来，他养的猴子越来越多，导致家里的钱不够花了。所以，他打算限制猴子们的食物，但是他又怕猴子们生气，不听话，于是他想出了一个好__47__。有一天，他对猴子们说："因为我最近手头不太宽裕，所以以后每天早上3个橡实，晚上4个橡实。"猴子听了，个个___48___，吵闹不止。于是养猴人又说："这样好了，每天早上4个，晚上3个。"猴子们都高兴了，拍手称好。虽然总数没变，但感觉上却不同。其实现实生活中，我们周围也有这种短视的人。

46.　A 三心二意　　　B 朝三暮四　　　C 不三不四　　　D 叶公好龙

47.　A 建议　　　　　B 提议　　　　　C 注意　　　　　D 主意

48.　A 兴高采烈　　　B 勃然大怒　　　C 欢呼雀跃　　　D 心花怒放

49-52.

态度__49__着我们的选择和行动。在这个意义上说，态度是我们最好的朋友，也会是我们最大的敌人。我承认，我们不能左右风的方向，但我们可以调整风帆——___50___。

如果你们中间有谁曾经自己骗自己，请就此停止，因为那些不觉得自己重要的人，都是自暴自弃的普通人。任何时候都不要贬低自己，你最先要做的就是选出自己的各种资产——优点。这要问你自己："___51___？"在分析自己的优点时，不能太客气。你们要专注自己的长处，告诉自己你比你想象的还要好。

你要让自己的眼光注视到更远的未来，对自己__52__期待，而不能只将眼光局限于现状。要随时记住这个问题："重要人物会不会这么做呢？"做到这些的话，成为重要的伟大人物也就离你们不远了。

49.　A 判断　　　　　　B 吸引　　　　　　C 决定　　　　　　D 总结

50.　A 扬帆起航　　　　B 选择我们的旅程　C 即刻出发　　　　D 选择我们的态度

51.　A 我的缺点很多吗　B 我有缺点吗　　　C 我有哪些优点　　D 我是否完美

52.　A 充满　　　　　　B 提出　　　　　　C 安慰　　　　　　D 表达

53-56.

弱连接是与你交往时间短，不常联系，没有太多的感情基础和投入，没有什么互利互惠的行为，没有家族血缘关系的人。如果要找这类人帮忙，需要自己主动发起行动去"_53_"关系，比如校友、老师、孩子同学的家长、家人的朋友等等。你有用心地_54_几百甚至上千的弱连接人脉吗？其实这些弱连接人脉因为背景的差异化和多样性，可能给你_55_更多的跨公司、跨领域、跨行业甚至跨地域的机会。

美国沃顿商学院的格兰特教授发现，将近17%的人从强连接那里发现了工作机会，而28%的人是从弱连接那里发现工作机会的。所以弱连接起到了重要的架桥作用。弱连接关系往往可以给你带来_56_的机会，所以不要忽视弱连接关系的维护。希望大家重视起来，

53.	A 补充	B 建设	C 激活	D 连接
54.	A 抛弃	B 管理	C 赢得	D 点缀
55.	A 成立	B 建立	C 提供	D 拒绝
56.	A 意想不到	B 摩肩擦踵	C 纷至沓来	D 厄运降临

57-60.

我看过这样一个故事：女孩有两个追求者，一个很有钱，可以买很多东西送给她；另一个没有钱，但有大把_57_可以陪伴她。她问母亲："您觉得哪个男孩是真的爱我？"母亲说："你不要接受有钱男孩的礼物，只要他多陪伴你；也不要接受没钱男孩的陪伴，告诉他你想要个礼物。"

女孩虽然有疑问，但还是这么做了。有钱男孩听到"陪伴"两个字，便_58_了："我给你花不完的钱，你还不满足吗？"没钱男孩听完便_59_："女人真是虚荣，总是喜欢要礼物。"看一个人有多喜欢你，不是看他拥有的东西是否舍得给你，而是看他是否愿意给你珍惜的部分。我见过成功企业家推掉酒局，穿着高级西装，带着妻子、孩子去逛菜市场；也见过北漂青年_60_，攒钱带着喜欢的姑娘去买衣服。

57.	A 时间	B 疑问	C 迷茫	D 信心
58.	A 满意	B 同情	C 兴高采烈	D 不耐烦
59.	A 同情	B 嘲讽	C 胆怯	D 微笑
60.	A 大手大脚	B 油腻兮兮	C 垂头丧气	D 省吃俭用

第二部分

第 61-70 题：请选出与试题内容一致的一项。

61. 食醋从被定位为单纯的酸性调味品，到缓解疲劳、调节血压、皮肤美容等功能得到认证，其销量一路上升。仰仗这些，食醋产业一直试图使其味道和香气多样化，拓宽选择范围，开发食醋饮料等，这些都是为食醋大众化所做的努力。因此，食醋的市场占有率稳步上升。除了健康或美容以外，清洁或洗涤等日常生活中的应用度提高也促进了食醋销量的上升。
A 食醋不具有保健功能
B 食醋的市场规模在扩大
C 食醋的使用无法大众化
D 食醋在日常生活中应用度低

62. 无论是谁都有请求帮助的情况，如果只有我自己，会很乐意帮助那个人。相反，周围人很多的时候"谁会帮忙呢"，总会犹豫一下。但是，如果周围人和我一样的想法，那个人最终会因为没能得到帮助而处于危机之中。如果这情况存在很多人之间，因为对于推卸责任的状况，会使本人觉察的责任感减少。
A 需要帮助的时候，不要踌躇应该要请求帮助。
B 处于危机之时，为了获救，应该告知很多人比较好。
C 有很多人时，关于某些事情的觉察的责任感会降低。
D 人们关于自身的行为，对于别人的态度反应会很敏感。

63. 古代罗马时期时，奴隶身份被解放的人们带着的圆锥的独特的帽子，这帽子具有独特的象征。美国独立呐喊过的人们将圆锥的帽子，挂到了铜像上，以后法国革命时，人民也带着帽子大喊自由。
A 这帽子是罗马的象征
B 这帽子是自由的意义
C 所有事物都有独特的象征性
D 所有事物都有独特的用处

64. 最近独自去看演出的人在增多。一般认为要跟朋友或恋人一起看的题材，如音乐剧、戏剧等，也有越来越多的人选择一个人去看。据一项调查显示，每十个人中就有一个人独自看演出。

独自去看演出的人都说不用在意同去的人，可以集中精力于演出本身，这样很好。

A 一个人看演出的好处是可以专心看演出。

B 音乐剧要和朋友一起看

C 话剧要和恋人一起看

D 独自看演出很寂寞

65 狗和猫以关系不好而闻名。两种动物关系不好的理由是对于同一个表现的理解不同。狗把前腿伸出去的意思是想邀请对方一起玩耍，但是猫会将这种行动误认为是攻击的信号。

A 动物对同一个表现的理解相同

B 狗认为伸前腿是攻击

C 猫认为伸前腿是攻击

D 猫狗关系融洽

66. 一个农夫跟他的懒儿子说田里藏着宝物，说完就去世了。儿子为了找宝物，努力挖地，但是什么也没找到。儿子虽然失望，但是觉得自己费力挖的地可惜，就在那里播了种。随着时间的流逝，播的种结出了很多果实，儿子这才明白了父亲的用心。

A 农田里有财宝

B 儿子挖地是为了播种

C 农田收成很好

D 父亲给了儿子很大一笔遗产

67 最开始上网加入会员设定密码的时候，只要四个数字足矣。可最近为了强化安保，还要加入特需问题。不仅如此，还要定期变更密码。因此，用户不仅仅因为复杂的问题，还会因为忘记修改的密码而倍感压力。所以不应该只是对用户要求个人信息保护，企业也要积极投资安保技术的开发。

A 用户会因为密码变更而感到压力。

B 企业应该督促用户更改密码

C 不应该要求用户保护个人信息

D 为了加强安保更换了密码位数

68 一部分人会消极看待疯狂喜欢演艺人的青少年，因为他们觉得那些青少年忽视学校生活、不分主次、无条件地只是追星。但我们不应该只是否定地看待青少年追星这件事。因为追星不仅可以交到志趣相投的朋友，还能从学习或考试的压力中解脱出来。所以我们不能只是否定看待他们，要努力去理解他们

A 所有人都不喜欢艺人

B 追星一定会导致成绩下降

C 追星不能释放压力

D 要对喜欢艺人的青少年抱有理解之心。

69 研究结果表明，跟过去相比，最近人们手指甲长得更快了。80年前的人一个月手指甲可以长长3毫米，但是现在的人会长长3.5毫米。在手指甲周围进行刺激性的活动，细胞活动会变得活跃，手指甲也长得越快。研究人员说，随着最近用手指尖触碰电脑或手机屏幕等工具的事情越来越多，手指甲的生长速度也受到了影响。

A 研究了人类指甲的生长速度

B 现在人的指甲比以前的人长

C 如果指尖受到刺激指甲长得就快

D 80年前的人指甲长得很慢

70 微波炉一般用来加热食物。但微波炉并不是直接加热，而是利用食物中含有的水分子的活动来加热。微波炉中的电波触达食物后，食物里的水分子就会震动，从而发热。但冰块接受微波炉的电波以后却不会融化，这是因为冰块里的水分子都被冻住了。

A 微波炉是直接加热的

B 利用热量加热食物

C 冰块熔点高不会化

D 冰块里的水分子不会活动

第三部分

第 71-90 题：请选出正确答案。

我一直珍藏着一张中学同学的多人合照。那里面没有我，有的只是出身富裕家庭的孩子。几十年过去了，我依然珍藏着它。那是一天下午，天气不错，老师告诉我们说，有一位摄影师跑来要求拍学生上课时的情景照。我很少照相，对一个穷苦家的孩子来说，照相是种奢侈。摄影师刚一出现，我便想象着要被摄入镜头的情景，多点微笑、多点自然，让效果看上去帅一点，甚至开始想象回家告诉母亲："妈妈，我照相了！是摄影师拍的，棒极了！"我用一双兴奋的眼睛注视着那位摄影师，希望他早点把我拉进相机里。

但我失望了，那个摄影师好像是个唯美主义者，他直起身，用手指着我，对我的老师说："你能让那位学生离开他的座位吗？他的穿戴实在是太寒酸了。"我是个弱小并且听命于老师的学生，我无力抗争，我只能默默地站起身，为那些穿戴整齐的富家子弟制造美景。在那一瞬间我感觉我的脸在发热，但我没有动怒，也没有自哀自怜，更没有抱怨我的父母为什么不让我穿得体面些，事实上他们已经竭尽全力地让我有机会接受良好的教育。

看着在那位摄影师调动下的拍摄场面，我在心底攥紧了双拳，我向自己郑重发誓：总有一天，你会成为世界上最富有的人！让摄影师给你照相算得了什么！让世界上最著名的画家给你画像才是你的骄傲！到现在，我那时的誓言已经变成了现实！如果说那个摄影师把一个穷孩子激励成了世界上最富有的人，似乎并不过分。

71. 故事发生在什么时候？

A 小学   B 中学

C 大学   D 刚参加工作时

72. 我一直珍藏的是什么照片？

A 没有我的中学同学多人合照   B 我中学时的全家福照片

C 有我的中学同学多人合照   D 我中学时与妈妈的合照

73. 摄影师要求我离开座位时，我是什么反应？

A 我生气了   B 我仇视老师和摄影师

C 我抱怨父母   D 我向自己发誓要成为最富有的人

74. 我现在是什么人？

A 世界是最穷的人   B 世界上最著名的画家

C 世界上最富有的人   D 世界上最著名的摄影师

第75-78题

在一次讨论会上,一位著名的演说家没讲一句开场白,手里却高举着一张100元的钞票。面对会议室里的200个人,他问:"谁要这100元?" 一只只手举了起来.他接着说:"我打算把100元送给你们中的一位,但在这之前,请准许我做一件事."他说着将钞票揉成一团,然后问:"谁还要?"仍有人举起手来。他又说:"那么,假如我这样做又会怎么样呢?"他把钞票扔到地上,又踏上一只脚,并且用脚碾它, 然后他拾起钞票,钞票已变得又脏又皱。"现在谁还要?"还是有人举起手来。

"朋友们,你们已经上了一堂很有意义的课.无论我如何对待那张钞票,你们还是想要它,因为它并没贬值,它依旧值100元.人生路上,我们会无数次被自己的决定或碰到的逆境击倒,欺凌甚至碾得粉身碎骨。我们觉得自己似乎一文不值。但无论发生什么,或将要发生什么,在上帝的眼中,你们永远不会丧失价值。在他看来,肮脏或洁净,衣着齐整或不齐整,你们依然是无价之宝。"

75 故事发生在哪里?

A 一次讨论会上　　　　　　　　B 一次演讲比赛上

C 一次公司会议上　　　　　　　D 一次颁奖仪式上

76 会议室里有多少人?

A 100人　　　　　　　　　　　B 200人

C 300人　　　　　　　　　　　D 400人

77 演说家对钞票做了什么事?

A 揉成一团、扔到地上并用脚碾它　　B 完好无损地扔到地上

C 揉成一团后扔进垃圾桶　　　　　　D 用它变了个魔术

78 演说家想要告诉大家的是?

A 有钱就不会遇到逆境　　　　　　　B 我们应该努力挣钱

C 无论遇到怎样的逆境,我们依然有价值　D 人人都喜欢钱

第79-82题

1965年，一位韩国学生到剑桥大学主修心理学。在喝下午茶的时候，他常到学校的咖啡厅或茶座听一些成功人士聊天。这些成功人士包括诺贝尔奖获得者，某一些领域的学术权威和一些创造了经济神话的人，这些人幽默风趣，举重若轻，把自己的成功都看得非常自然和顺理成章。时间长了，他发现，在国内时，他被一些成功人士欺骗了。那些人为了让正在创业的人知难而退，普遍把自己的创业艰辛夸大了，也就是说，他们在用自己的成功经历吓唬那些还没有取得成功的人。

作为心理系的学生，他认为很有必要对韩国成功人士的心态加以研究。1970年，他把《成功并不像你想像的那么难》作为毕业论文，提交给现代经济心理学的创始人威尔-布雷登教授。布雷登教授读后，大为惊喜，他认为这是个新发现，这种现象虽然在东方甚至在世界各地普遍存在，但此前还没有一个人大胆地提出来并加以研究。惊喜之余，他写信给他的剑桥校友——当时正坐在韩国政坛第一把交椅上的人——朴正熙。他在信中说，"我不敢说这部著作对你有多大的帮助，但我敢肯定它比你的任何一个政令都能产生震动。"

后来这本书果然伴随着韩国的经济起飞了。这本书<u>鼓舞</u>了许多人。后来，这位青年也获得了成功，他成了韩国著名汽车公司的总裁。

79 故事的主人公是？

A 修心理学的韩国学生　　　　　　B 剑桥大学教授

C 成功人士　　　　　　　　　　　D 朴正熙

80 国外成功人士是怎样的？

A 把成功看的非常自然和顺理成章　B 认为别人不可能像自己一样成功

C 认为自己的成功经历非常辛苦　　D 认为韩国成功人士太自负了

81 后来这位青年成为了什么？

A 著名的全职作家　　　　　　　　B 韩国总统的秘书

C 韩国著名汽车公司的总裁　　　　D 韩国总统

82 与划线词语含义相似的是？

A 鼓吹　　　　　　　　　　　　　B 打击

C 震惊　　　　　　　　　　　　　D 激励

第83-86题

爱美大概也算是人的天性吧。宇宙间，美的东西很多，花在其中占重要的地位。爱花的民族也很多，德国在其中占重要的地位。

四五十年前，我在德国留学的时候，曾多次对德国人爱花的程度感到吃惊。家家户户都在养花。他们的花不像在中国那样，养在屋子里，他们是把花都栽种在临街窗户的外面。花朵都朝外开，在屋子里只能看到花的脊梁。我曾问过我的女房东：你这样养花是给别人看的吧！她笑着说："正是这样！"

正是这样，也确实不错。走过任何一条街，抬头向上看，家家户户的窗子前都是种满了花。许多窗子连接在一起，汇成了一个花的海洋，让我们看的人好像进入了山路上，应接不暇。每一家都是这样，在屋子里的时候，自己的花是让别人看的；走在街上的时候，自己又看别人的花。人人为我，我为人人。这是一种境界。

今天我又到了德国，刚一下火车，迎接我们的人问我："你离开德国这样久，德国有什么变化没有？"我说："变化是有的，但是美丽并没有改变。"我说"美丽"指的东西很多，其中也包含着美丽的花。我走在街上，抬头一看，又是家家户户的窗口上都开满了鲜花。

83 故事发生在什么时候？

A 四五十年前 B 三四十年前

C 一二十年前 D 三四天前

84 女房东说德国人为什么养花？

A 给自己看 B 给别人看

C 国家要求 D 养花赚钱

85 今天我做了什么？

A 回中国 B 离开德国

C 去韩国 D 去德国

86 上文介绍了什么？

A 我在德国学习的经验 B 我在德国想家的感受

C 我对德国人爱花的深刻印象 D 我和德国朋友的友谊

第87-90题

威尼斯是世界闻名的水上城市，河道纵横交错，小艇成了主要的交通工具，等于大街上的汽车。威尼斯的小艇有二三十英尺长，又窄又深，有点像独木舟。船头和船艄向上翘起，像挂在天边的新月，行动轻快灵活，仿佛田沟里的水蛇。

我们坐在船舱里，皮垫子软软的像沙发一般。小艇穿过一座座石桥，我们打开窗户，往往周围的景色，跟来往的船只打招呼，有说不完的开心。

船夫的驾驶技术特别好。行船的速度极快，来往船只很多，他看起来却一点都不匆忙。商人带了大包的货物，匆匆地走下小艇，沿河做生意。人们在小艇里高声谈笑。有的老人手上拿了本圣经，坐着小艇去教堂。

87 威尼斯的主要交通工具是？

A 马车 B 独木舟

C 汽车 D 小艇

88 上文没有提到的是？

A 威尼斯小艇的样子 B 我们在船舱里打电话

C 我们在船舱里打开窗户 D 船夫的驾驶技术好

89 上文没有提到的人是？

A 船夫 B 沿河做生意的商人

C 卖火柴的小女孩 D 拿圣经的老人

90 最适合做上文标题的是？

A 威尼斯的小艇 B 威尼斯的文化

C 威尼斯的夜景 D 威尼斯的经济

三、书 写

第一部分

91. 为什么　　要　　我们　　爱护　动物

92. 东西　　是　手机　我　最爱惜的　　我的

93. 之前　　出国　　办理　　需要　护照

94. 职责　　耐心地　　知识　　学生　　是　　把　　传授　　给　　老师的

95. 男女　　是　　比例　　我们班的　　2:1

96. 人类　　生存的　　淡水　　是　　必需品

97. 努力　非常　必要的　　学习　　外语时　　和　　敢说　　是

98. 可以　旅游　增长　　经常　见闻

第二部分

第 99-100 题：写短文

99. 请结合下列词语（要全部使用），写一篇80字左右的短文。

比赛、 格外、 可惜、 后悔、 总结

100. 请结合这张图片写一篇80字左右的短文。

<HSK 5급 실전 모의고사 2> 답안

一、听力

第一部分 답안

1. A	2. A	3. D	4. B	5. D
6. C	7. B	8. C	9. B	10. C
11. D	12. C	13. A	14. B	15. C
16. D	17. B	18. D	19. C	20. D

第二部分 답안

21. C	22. A	23. B	24. B	25. C
26. D	27. A	28. B	29. C	30. D
31. A	32. D	33. B	34. C	35. B
36. C	37. A	38. D	39. B	40. B
41. B	42. D	43. D	44. A	45. C

二、阅读

第一部分 답안

46. B	47. D	48. B	49. C	50. D
51. C	52. A	53. C	54. B	55. C
56. A	57. A	58. D	59. B	60. D

第二部分 답안

61. B	62. C	63. B	64. A	65. C
66. C	67. A	68. D	69. C	70. D

第三部分 답안

71. B	72. A	73. D	74. C	75. A
76. B	77. A	78. C	79. A	80. A
81. C	82. D	83. A	84. B	85. D
86. C	87. D	88. B	89. C	90. A

三、写作

第一部分 답안

91. 我们为什么要爱护动物?

92. 我最爱惜的东西是我的手机。

93. 出国之前需要办理护照。

94. 老师的职责是耐心地把知识传授给学生。

95. 我们班的男女比例是 2:1。

96. 淡水是人类生存的必需品。

97. 学习外语时,努力和敢说是非常必要的。

98. 经常旅游可以增长见闻。

第二部分 답안

99. (仅供参考)

　　这次的舞蹈比赛竞争格外激烈,虽然我辛苦准备了四个月,可惜最后还是没能顺利晋级。不过没关系,我并不后悔,在赛场上我碰见到了非常优秀有实力的选手,所以自己还需要继续努力,在每一次的失败中总结,积累经验。

100. (仅供参考)

　　刘老师是我的中文老师。 她的中文说得很好,她的韩国语也说得很好,因为她在韩国住了十几年了。刘老师有很多爱好,她很喜欢看报纸,她每天早上上班之后做的第一件事情是读报纸,读报纸的时候她很开心。除了韩语报纸,她还喜欢读中文报纸。

<HSK 5급 실전 모의고사 2> 본문 및 해석

1. 听力 듣기

第一部分 제1부분

第1到20题，请选出正确答案，现在开始第1题:

1. 女:周五下午去看电影吗？

    男:不了，我第二天有个篮球比赛，我周五要好好准备一下，再早点睡觉！

    问:男士在周末干了什么？

   Nǚ: Zhōu wǔ xiàwǔ qù kàn diànyǐng ma?

   Nán: Bùle, wǒ dì èr tiān yǒu ge lánqiú bǐsài, wǒ zhōu wǔ yào hǎohǎo zhǔnbèi yíxià, zài zǎodiǎn shuìjiào!

   Wèn: Nánshì zài zhōumò gànle shénme?

   여자: 금요일 오후에 영화 보러 갈래요?

   남자: 아니, 나는 다음날 농구경기가 있는데, 나는 금요일에 준비하기 위해서 일찍 잠자리에 들어야 해!

   질문: 남자가 주말에 할 일은?

2. 男:我从早上八点开始清理房间，一直到中午十二点，中间看了一小时的电视。

    女:那你房间一定清理得很干净了！

    问:男士清理房间花了多久？

   Nán: Wǒ cóng zǎoshang bā diǎn kāishǐ qīnglǐ fángjiān, yìzhí dào zhōngwǔ shí'èr diǎn, zhōngjiān kànle yì xiǎoshí de diànshì.

   Nǚ: Nà nǐ fángjiān yídìng qīnglǐ de hěn gānjìngle!

   Wèn: Nánshì qīnglǐ fángjiān huāle duōjiǔ?

   남자: 난 아침 8시부터 방을 치우고, 낮 12시까지, 중간에 TV를 한 시간 동안 봤어요.

   여자: 그럼 네 방은 깨끗하게 치웠겠네!

   질문: 남자가 방을 치우는 데 얼마나 걸렸나요?

3. 女:先生，这里禁止吸烟！

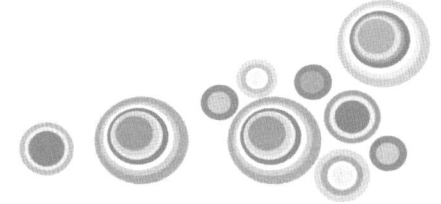

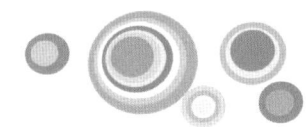

男:哎呀，我没看到禁止吸烟的标志，我马上熄灭它！

问:推测男士什么心情?

Nǚ: Xiānshēng, zhèlǐ jìnzhǐ xīyān!

Nán: Āiyā, wǒ méi kàn dào jìnzhǐ xīyān de biāozhì, wǒ mǎshàng xímiè tā!

Wèn: Tuīcè nánshì shénme xīnqíng?

여자: 선생님, 여기서는 흡연이 금지됩니다!

남자: 아이고, 나는 흡연 금지 표지를 보지 못했어요, 내가 담배를 당장 끌게요!

질문: 남자의 심정은?

4. 男:昨天是双十一，我想抢苹果的手机和电脑来着，结果没货了，幸好还有华为手机有库存。

女:那也很幸运了！

问:男士昨天在淘宝上买了什么?

Nán: Zuótiān shì shuāng shíyī, wǒ xiǎng qiǎng píngguǒ de shǒujī hé diànnǎo láizhe, jiéguǒ méi huòle, xìng hào hái yǒu huáwéi shǒujī yǒu kùcún.

Nǚ: Nà yě hěn xìngyùnle!

Wèn: Nánshì zuótiān zài táobǎo shàng mǎile shénme?

남자: 어제 광군절이었어. 나는 애플의 핸드폰과 컴퓨터를 사고 싶었지만, 물건이 다 떨어졌는데, 다행히도 화웨이의 휴대폰은 재고가 있다.

여자: 그것도 다행이에요!

질문: 남자가 어제 타오바오에서 뭘 샀나요?

5. 女:这件衣服多少钱?

男:这件原价500，现在是活动期间，给您七折优惠，还有满三百减二十的折扣！

问:这件衣服卖多少钱?

Nǚ: Zhè jiàn yīfu duōshǎo qián?

Nán: Zhè jiàn yuánjià 500, xiànzài shì huódòng qījiān, gěi nín qī zhé yōuhuì, hái yǒu mǎn sānbǎi jiǎn èrshí de zhékòu!

Wèn: Zhè jiàn yīfu mài duōshǎo qián?

여자: 이 옷 얼마예요?

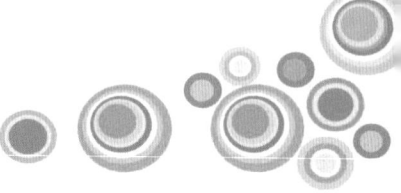

남자: 이 원가는 500 이고, 지금은 30% 할인해 드리고, 게다가 300 위안 이상 구입하면 추가로 20 위안의 할인도 있습니다.

질문: 이 옷은 얼마에 팝니까?

6. 男:后天本来说要去郊游的,但是看天气预报说有沙尘天气,看来去不了了。

女:是吗,好可惜呀,又快要入冬,天气这么冷,还是待家里吧。

问:现在什么季节？

Nán: Hòutiān běnlái shuō yào qù jiāoyóu de, dànshì kàn tiānqì yùbào shuō yǒu shā chén tiānqì, kàn lái qù bùliǎole.

Nǔ: Shì ma, hǎo kěxí ya, yòu kuàiyào rù dōng, tiānqì zhème lěng, háishì dài jiālǐ ba.

Wèn: Xiànzài shénme jìjié?

남자: 모레는 소풍을 간다고 했는데 일기예보에서 황사가 있다고 하니 못 갈 것 같아요.

여자: 글쎄요. 아쉬워요. 또 겨울인데. 날씨가 이렇게 추운데 집에 있는 게 낫겠어요.

질문: 어떤 계절인가요?

7. 女:我打了你三个电话,怎么都显示对方正在忙？

男:抱歉,我那时候在开会,手机调了免打扰模式。

问:男士为什么不接女士的电话？

Nǔ: Wǒ dǎle nǐ sān ge diànhuà, zěnme dōu xiǎnshì duìfāng zhèngzài máng?

Nán: Bàoqiàn, wǒ nà shíhou zài kāihuì, shǒujī diàole miǎn dǎrǎo móshì.

Wèn: Nánshì wèi shénme bù jiē nǚshì de diànhuà?

여자: 내가 당신한테 전화 세 통 했는데, 왜 계속 통화중이에요?

남자: 죄송합니다. 저는 그때 회의 중이었는데, 휴대전화를 방해금지 모드로 전환했어요.

질문: 남자는 왜 여자 전화를 안 받았나?

8. 男:听说紫色代表神秘,蓝色是忧郁的代名词,黄色又是活泼的象征。

女:是吗？我喜欢紫色,我的性格和紫色也有些贴合！

问:女的是什么性格？

Nán: Tīng shuō zǐsè dàibiǎo shénmì, lán sè shì yōuyù de dàimíngcí, huángsè yòu shì huópō de xiàngzhēng.

Nǚ: Shì ma? Wǒ xǐhuān zǐsè, wǒ de xìnggé hé zǐsè yě yǒuxiē tiē hé!

Wèn: Nǚ de shì shénme xìnggé?

남자: 보라색은 신비를 뜻한대요, 파랑색은 우울함의 대명사이고 노란색은 또한 활발함의 상징이다.

여자: 그래? 난 보라색이 좋아. 내 성격과 보라색도 딱 맞아요!

질문: 여자의 성격은?

9. 女:小明，你让我在这儿等了一个小时，现在都到九点了。

男:抱歉，我路上有点堵车。

问:女士从什么时候开始等男士?

Nǚ: Xiǎomíng, nǐ ràng wǒ zài zhè'er děngle yíge xiǎoshí, xiànzài dōu dào jiǔ diǎnle.

Nán: Bàoqiàn, wǒ lùshàng yǒudiǎn dǔchē.

Wèn: Nǚshì cóng shénme shíhou kāishǐ děng nánshì?

여자: 샤오밍, 여기서 한 시간이나 기다렸는데, 이제 9시가 다 됐어.

남자: 미안해, 길이 좀 막히네요.

질문: 여자는 언제부터 남자를 기다리나요?

10. 男:来一份糖醋排骨，再来一只烧鸡，微辣。

女:抱歉先生，烧鸡卖光了，给您换成烤鸭可以吗？我们还会附送一份凉拌黄瓜。

问:男的没有吃到什么?

Nán: Lái yí fèn táng cù páigǔ, zàilái yì zhī shāo jī, wēi là.

Nǚ: Bàoqiàn xiānshēng, shāo jī mài guāngle, gěi nín huàn chéng kǎoyā kěyǐ ma? Wǒmen hái huì fùsòng yí fèn liángbàn huángguā.

Wèn: Nán de méiyǒu chī dào shénme?

남자: 탕수 갈비 하나 주세요. 구운 닭 한 마리 더, 약간 맵게.

여자: 죄송합니다. 구운 닭이 다 팔렸는데 오리구이로 바꿔드릴까요? 우리는 또한 오이무침도 한 그릇 드릴게요.

질문: 남자는 뭘 못 먹었나?

梦想中国语 模拟考试

11. 女:150分的卷子，你才考了80，下次要考过120分！不然就要找家长来谈一谈了。

    男:好的，我会努力的。

    问:推测女的是男的什么人？

    Nǚ:150 Fēn de juànzi, nǐ cái kǎole 80, xià cì yào kǎoguò 120 fēn! Bùrán jiù yào zhǎo jiāzhǎng lái tán yī tánle.

    Nán: Hǎo de, wǒ huì nǔlì de.

    Wèn: Tuīcè nǚ de shì nán de shénme rén?

    여자: 만점은 150 점인데 너는 80 점밖에 안 나왔어! 다음에 꼭 120 점을 넘어야 해! 안 그러면 부모님을 부른다!

    남자: 네, 열심히 하겠습니다.

    질문: 여자는 남자의 어떤 사람인가?

12. 男:阿兰，你什么时候从敦煌回来的？

    女:昨天晚上，我在那住了一个月，每天在洞窟给慕名而来的参观者讲解，开心极了！

    问:推测女的什么职业？

    Nán: Ālán, nǐ shénme shíhòu cóng dūnhuáng huílái de?

    Nǚ: Zuótiān wǎnshàng, wǒ zài nà zhùle yíge yuè, měitiān zài dòngkū gěi mùmíng ér lái de cānguān zhě jiǎngjiě, kāixīn jíle!

    Wèn: Tuīcè nǚ de shénme zhíyè?

    남자: 아란아, 네가 둔황에서 돌아온 게 언제니?

    여자:어젯밤, 난 거기에 한달동안 살았어, 매일 동굴에서 멀리서 찾아오는 방문객들에게 설명을 해주니 너무 즐거웠어요!

    질문: 여자의 직업은?

13. 女:牛大爷，你能不能别弄出那么大动静，影响我家孩子学习呢！

    男:影响到你家了，真不好意思！

    问:男士和女士最有可能是什么关系？

    Nǚ: Niú dàye, nǐ néng bùnéng bié nòng chū nàme dà dòngjìng, yǐngxiǎng wǒjiā hái zǐ xuéxí ne!

    Nán: Yǐngxiǎng dào nǐ jiāle, zhēn bù hǎoyìsi!

Wèn: Nánshì hé nǚshì zuì yǒu kěnéng shì shénme guānxì?

여자: 소달구지, 그만하면 안 돼? 그렇게 큰 소동을 일으키면 우리 아이가 공부하는데 지장이 있을 거야!

남자: 댁에 피해를 끼쳐서 죄송합니다!

질문: 남자와 여자의 관계는.?

14. 男:马上就要轮到你上场了，准备好了吗？

女:我昨天练习了一整天，手差点抽筋，琴谱都印在我脑子里啦。

问:女士接下来要干什么？

Nán: Mǎshàng jiù yào lún dào nǐ shàngchǎngle, zhǔnbèi hǎole ma?

Nǚ: Wǒ zuótiān liànxíle yì zhěng tiān, shǒu chàdiǎn chōujīn, qín pǔ dōu yìn zài wǒ nǎozi lǐ la.

Wèn: Nǚshì jiē xiàlái yào gànshénme?

남자: 이제 곧 네 차례야. 준비됐나요?

여자: 나 어제 하루 종일 연습했는데 손에 쥐가 날 뻔했다. 금보가 모두 내 머리 속에 새겨져 있다.

질문: 여자는 그 다음엔 무엇을 할 것인가?

15. 女:你看起来并不开心，遇到什么麻烦了吗？

男:昨天八点要抢演唱会门票，我忘定闹钟起迟了，为这女朋友还和我大吵了一架。

问:男生为什么感到不开心？

Nǚ: Nǐ kàn qǐlái bìng bù kāixīn, yù dào shénme máfanle ma?

Nán: Zuótiān bā diǎn yào qiǎng yǎnchàng huì ménpiào, wǒ wàng dìng nàozhōng qǐ chíle, wèi zhè nǚ péngyǒu hái hé wǒ dà chǎole yí jià.

Wèn: Nánshēng wèishénme gǎndào bù kāixīn?

여자: 넌 신나보이지 않아, 무슨 귀찮은 일이 있었나요?

남자: 어제 8시에 콘서트 티켓을 구매하려고 했는데, 나 어제 알람시계 맞추는 것을 잊고 늦게 일어나서 여자 친구와 내가 크게 싸우기도 했다.

질문: 남자는 왜 안 좋아하나요?

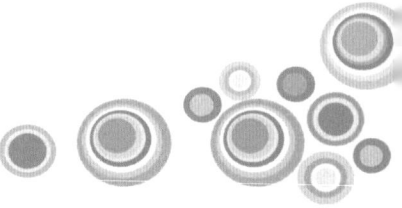

16. 男:虽然你人在北京，但我也一直一直想着你，好像你一直在首尔，在我身边一样。

    女:你也一直就像在我身边一样。

    问:男的现在在什么地方？

    Nán: Suīrán nǐ rén zài běijīng, dàn wǒ yě yì zhí yì zhí xiǎngzhe nǐ, hǎoxiàng nǐ yì zhí zài shǒu'ěr, zài wǒ shēnbiān yíyàng.

    Nǚ: Nǐ yě yì zhí jiù xiàng zài wǒ shēnbiān yíyàng.

    Wèn: Nán de xiànzài zài shénme dìfāng?

    남자: 당신은 베이징에 있지만 항상 서울에 있고 내 옆에 있는 것처럼 항상 당신을 생각해.

    여자: 너도 항상 내 곁에 있는 것 같아.

    질문: 남자는 지금 어디에 있나요?

17. 女:等下你没事了吧？看电影吗？

    男:我本来和朋友约了去打羽毛球，但他好像加班来不了，那我就听你的和你一起吧！

    问:男士接下来会干什么？

    Nǚ: Děng xià nǐ méishìle ba? Kàn diànyǐng ma?

    Nán: Wǒ běnlái hé péngyǒu yuēle qù dǎ yǔmáoqiú, dàn tā hǎoxiàng jiābān lái bù liǎo, nà wǒ jiù tīng nǐ de hé nǐ yì qǐ ba!

    Wèn: Nánshì jiē xiàlái huì gànshénme?

    여자: 있다가 별일 없겠지? 영화 보나요?

    남자: 나는 원래 친구들과 배드민턴을 치러 가기로 약속했는데, 하지만 그가 야근을 해서 할 수 없을 것 같아. 그럼 너와 함께 있겠다고 얘기해볼게!

    질문: 남자는 무엇을 하려고 하나요?

18. 男:我觉得李雷不错！

    女:我也觉得他这人挺老实的，说话做事都很温柔，就是有时候太固执了，有点执拗。

    问:女的对李雷什么态度？

    Nán: Wǒ juéde lǐ léi búcuò!

    Nǚ: Wǒ yě juéde tā zhè rén tǐng lǎoshí de, shuōhuà zuòshì dōu hěn wēnróu, jiùshì yǒu shíhou tài gùzhíle, yǒudiǎn zhíniù.

Wèn: Nǚ de duì lǐ léi shénme tàidù?

남자: 나는 리레가 괜찮다고 생각해!

여자: 나도 그 사람 꽤 얌전한 사람이라고 생각해. 말하는 게 대체로 부드럽지만 때로는 너무 고집이 세서 약간 집요하다.

질문: 이레에 대한 여자의 태도는?

19. 女:抱歉，先生，我们营业的时间是在工作日。

男:那我明天再来。

问:对话发生在星期几?

Nǚ: Bàoqiàn, xiānshēng, wǒmen yíngyè de shíjiān shì zài gōngzuò rì.

Nán: Nà wǒ míngtiān zàilái.

Wèn: Duìhuà fāshēng zài xīngqī jǐ?

여자: 죄송합니다, 선생님, 저희는 영업시간이 끝났습니다.

남자: 그럼 내일 다시 올게요.

질문: 대화는 무슨 요일에 일어났나요?

20. 男:你最喜欢的手机品牌是什么?

女:我原来只用苹果，后来试了试小米和华为，发现华为还挺好用，就一直用这个了。

问:女士最喜欢的手机品牌是什么?

Nán: Nǐ zuì xǐhuān de shǒujī pǐnpái shì shénme?

Nǚ: Wǒ yuánlái zhǐ yòng píngguǒ, hòulái shìle shì xiǎomǐ hé huáwéi, fāxiàn huáwéi hái tǐng hǎo yòng, jiù yìzhí yòng zhègele.

Wèn: Nǚshì zuì xǐhuān de shǒujī pǐnpái shì shén me?

남자: 당신이 가장 좋아하는 휴대폰 브랜드는 무엇입니까?

여자: 나는 원래 iphone 만 썼는데, 나중에 샤오미와 화웨이를 시험해 봤는데 화웨이가 꽤 쓸 만하다는 것을 깨닫고 계속 이것을 사용하였다.

질문: 여자가 가장 좋아하는 휴대폰 브랜드는?

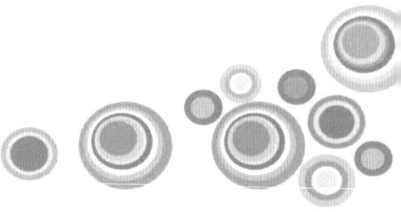

第二部分 제2부분

21. 男：今晚请您尝尝正宗的中国菜。您有没有什么忌口的东西啊?

    女：一般的都没什么问题。不过，我不太喜欢香菜。

    男：那您能吃辣的吗?

    女：能啊，我很喜欢吃辣的。韩国菜有的也比较辣。

    问：女的不吃什么?

    Nán:Jīn wǎn qǐng nín cháng cháng zhèng zōng de zhōng guó cài.Nín yǒu méi yǒu shén me jì kǒu de dōng xī a?

    Nǚ:Yìbān de dōu méi shén me wèn tí.Bú guò,wǒ bú tài xǐ huān xiāng cài 。

    Nán:Nà nín néng chī là de ma?

    Nǚ:Néng a,wǒ hěn xǐ huān chī là de.Hán guó cài yǒu de yě bǐ jiào là 。

    Wèn:Nǚ de bù chī shén mc?

    남자: 오늘 저녁 제대로 된 중국 음식을 드셔 보세요. 못먹는 것 없으십니까?

    여자: 웬만한 건 아무 문제 없어요. 하지만, 저는 고수를 별로 좋아하지 않아요.

    남자: 그럼 매운 거 드시겠어요?

    여자: 매운 거 되게 좋아해요. 어떤 한국 음식은 또한 맵다.

    문제: 여자는 안 먹는 것이 뭐에요?

22. 男：这种情况持续多长时间了?

    女：从早上开始就这样了。我自己买了点治胃疼的药吃了，可是没什么效果。

    男：你这是急性肠炎。是不是吃了什么不干净的东西啊?

    女：哎呀！我早上走得急，来不及吃饭，就在外面的小摊儿上吃了一碗馄饨。

    问：女的怎么了?

    Nán:Zhè zhǒng qíng kuàng chí xù duō cháng shí jiān le ?

    Nǚ:Cóng zǎo shàng kāi shǐ jiù zhè yàng le.Wǒ zì jǐ mǎi le diǎn zhì wèi téng de yào chī le,kě shì méi shén me xiào guǒ 。

    Nán:Nǐ zhè shì jí xìng cháng yán.Shì búshì chī le shén me bù gān jìng de dōng xī a?

    Nǚ:Āi ya!Wǒ zǎo shàng zǒu de jí,lái bù jí chī fàn,jiù zài wài miàn de xiǎo tān ér shàng chī le yì wǎn hún

tún。

Wèn:Nǚ de zěn me le?

남자: 이 상황이 얼마나 오래 지속됐나요?

여자: 아침부터 그랬어요. 나 혼자 위 통증을 치료하는 약을 좀 사서 먹었는데 별로 효과가 없었어요.

남자: 당신은 급성 장염이에요. 뭔가 불결한 걸 먹은 거 아니예요?

여자: 나는 아침에 급해서 밥을 먹을 겨를도 없이 밖의 노점에서 훈톤 한 그릇을 먹었어요.

문제: 여자가 왜 그래요?

23. 女：老张，你这是上哪儿去啊？

男：今天是周末，我陪我太太去打乒乓球。

女：嗬，你们家的业余生活还挺丰富的嘛！

男：嗨，我太太喜欢打乒乓球，我喜欢下象棋，我儿子喜欢游泳，真是众口难调啊。

问：男的喜欢什么？

Nǚ:Lǎo zhāng,nǐ zhè shì shàng nǎ ér qù a?

Nán:Jīn tiān shì zhōu mò,wǒ péi wǒ tài tài qù dǎ pīng pāng qiú.

Nǚ:Hē,nǐ men jiā de yè yú shēng huó hái tǐng fēng fù de ma！

Nán:Hāi,wǒ tài tài xǐ huān dǎ pīng pāng qiú,wǒ xǐ huān xià xiàng qí,wǒ ér zi xǐ huān yóu yǒng,zhēn shì zhòng kǒu nán tiáo a.

Wèn:Nán de xǐ huān shén me?

여자: 장형, 어디 가는 거야?

남자: 오늘 주말인데, 우리 아내와 탁구 치러 갈게.

여자: 허, 너희 집은 취미생활이 꽤 많구나.

남자: 어이, 내 아내는 탁구 치는 걸 좋아해. 나는 장기 두는 것을 좋아하고, 우리 아들은 수영하는 것을 좋아하기 때문에, 정말 중구난방이야.

문제: 남자는 뭘 좋아해요?

24. 女：你就别和我客气了，赶紧躺下吧！

男：那您随便坐，我就不招呼您了。

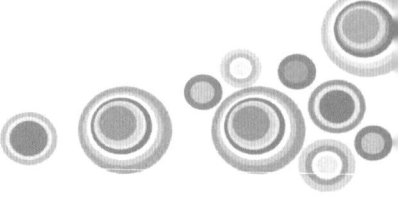

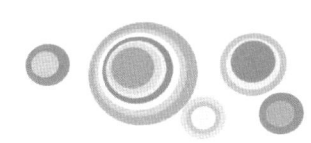

女：今早刚到公司就听说你出了交通事故。这不，我急匆匆地就跑来了。

男：其实也不是什么特别大的事故，就是和前面的车追尾了。

问：男的怎么了？

Nǚ:Nǐ jiù bié hé wǒ kè qì le,gǎn jǐn tǎng xià ba!

Nán:Nà nín suí biàn zuò,wǒ jiù bù zhāo hū nín le 。

Nǚ:Jīn zǎo gāng dào gōng sī jiù tīng shuō nǐ chū le jiāo tōng shì gù.zhè bù,wǒ jí cōng cōng de jiù pǎo lái le 。

Nán:Qí shí yě búshì shén me tè bié dà de shì gù,jiù shì hé qián miàn de chē zhuī wěi le 。

Wèn:Nán de zěn me le?

여자: 나한테 사양 말고 얼른 누워!

남자: 그럼 편하게 앉으세요. 그냥 인사 안 할께요.

여자: 오늘 아침에 회사에 도착하자마자 교통사고를 당했다고 들었어요. 이건 아니지, 난 급하게 달려왔어요.

남자: 사실 큰 사고도 아닌데 앞차와 추돌한 거죠.

문제: 남자한테 무슨 일이 생겼어요?

25. 男：姑娘你眼光真好，这件衣服卖的特别好！

女：就这一种颜色吗？

男：这是今年的流行色，驼色，别家都没有这个颜色的。

女：嗯，样式、颜色什么的都挺好，就是腰这儿有点儿肥。

问：这段对话发生在什么地方？

Nán:Gū niáng nǐ yǎn guāng zhēn hǎo,zhè jiàn yī fú mài de tè bié hǎo !

Nǚ:Jiù zhè yì zhǒng yán sè ma?

Nán:Zhè shì jīn nián de liú xíng sè,tuó sè,bié jiā dōu méi yǒu zhè gè yán sè de 。

Nǚ:Ňg,yàng shì、yán sè shén me de dōu tǐng hǎo,jiù shì yāo zhè ér yǒu diǎn ér féi。

Wèn:Zhè duàn duì huà fā shēng zài shén me dì fāng?

남자: 아가씨 정말 안목이 좋으시군요. 이 옷은 특히 잘 팔립니다!

여자: 이 색상만요?

남자: 올해 유행하는 컬러인데, 베이지색, 다른데 이것 없어요.

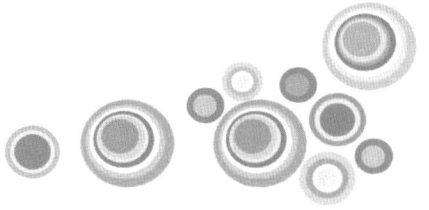

여자: 네, 스타일, 색깔은 다 좋은데, 허리만 여기가 좀 헐렁해요.

문제: 이 대화는 어디서 발생했어요?

26. 女：上周的文学鉴赏课上老师讲了什么内容啊？

男：上周讲的是罗贯中的《三国演义》。

女：那你最喜欢里面的哪个人物？我猜是诸葛亮吧？

男：虽然诸葛亮料事如神，不过我个人还是更喜欢赵子龙，智勇双全，那才叫让人佩服！

问：男的喜欢哪个人物？

Nǚ:Shàng zhōu de wén xué jiàn shǎng kè shàng lǎo shī jiǎng le shén me nèi róng a?

Nán:Shàng zhōu jiǎng de shì luó guàn zhōng de 《sān guó yǎn yì》.

Nǚ:Nà nǐ zuì xǐ huān lǐ miàn de nǎ gè rén wù?Wǒ cāi shì zhū gě liàng ba?

Nán:Suī rán zhū gě liàng liào shì rú shén,Bú guò wǒ gè rén hái shì gèng xǐ huān zhào zǐ lóng,zhì yǒng shuāng quán,nà cái jiào ràng rén pèi fú！

Wèn:Nán de xǐ huān nǎ gè rén wù?

여자: 지난주 문학감상시간에 선생님이 무슨 내용을 말씀하셨어요?

남자: 지난주 나관중의 삼국지연의에 대해 말했어요.

여자: 그럼 어떤 캐릭터가 제일 마음에 드세요? 제갈량이라고 제가 짐작하죠?

남자: 비록 제갈량이 감칠맛이 나지만, 나는 개인적으로 조자룡을 더 좋아하고 지용을 겸비하고 있으니, 그것은 정말 사람을 탄복하게 하는 것이다.

문제: 남자는 어떤 캐릭터를 좋아해요?

27. 女：老张，你听说了吗？三楼小王的孩子参加了钢琴辅导班。

男：你是不是看见别人家的孩子参加这个班那个班的，你也心里痒痒，想让东东参加啊。

女：那当然啦。做父母的，谁不想自己的孩子优秀啊。我们可不能让孩子输在起跑线上！

问：女的是什么意思？

Nǚ:Lǎo zhāng,nǐ tīng shuō le ma?Sān lóu xiǎo wáng de hái zi cān jiā le gāng qín fǔ dǎo bān.

Nán:Nǐ shì búshì kàn jiàn bié rén jiā de hái zi cān jiā zhè gè bān nà gè bān de,nǐ yě xīn lǐ yǎng yǎng,xiǎng ràng dōng dōng cān jiā a.

Nǚ:Nà dāng rán la.zuò fù mǔ de,shéi bù xiǎng zì jǐ de hái zi yōu xiù a.wǒ men kě bù néng ràng hái zi shū zài qǐ pǎo xiàn shàng！

Wèn:Nǚ de shì shén me yì sī?

여자: 자기야, 들었어요? 3층 왕 씨의 아이가 피아노 레슨에 참가했다.

남자: 혹시 남의 집 아이가 이 반에 참가하는 걸 보고 계시지, 당신도 마음이 근질근질해서 동동이가 참가하게 하려고 하는구나.

여자: 그럼요. 부모로서, 누가 자기 자식이 우수하다고 생각하지 않겠어요? 우리는 아이를 출발선에서 지게 해서는 안 된다!

문제: 여자의 말은 무슨 뜻인가요?

28. 女：你开完会回家路过百货公司的时候能不能给我带一支粉底液啊？我把牌子和色号记下来给你。

男：嗨，又让我帮你跑腿儿。我真弄不明白你那些东西都是干什么用的。

女：哎呀，现在这一支眼看就要用完了，我又抽不出时间去百货店。

男：好吧，你可得写仔细一点儿，买错了我可不负责。

问：女的让男的干什么？

Nǚ:Nǐ kāi wán huì huí jiā lù guò bǎi huò gōng sī de shí hòu néng bù néng gěi wǒ dài yì zhī fěn dǐ yè a?Wǒ bǎ pái zi hé sè hào jì xià lái gěi nǐ.

Nán:Hāi,yòu ràng wǒ bāng nǐ pǎo tuǐ ér.wǒ zhēn nòng bù míng bái nǐ nà xiē dōng xī dōu shì gàn shén me yòng de.

Nǚ:Āi ya,xiàn zài zhè yì zhī yǎn kàn jiù yào yòng wán le,wǒ yòu chōu bù chū shí jiān qù bǎi huò diàn.

Nán:Hǎo ba,nǐ kě děi xiě zǐ xì yì diǎn ér,mǎi cuò le wǒ kě bú fù zé.

Wèn:Nǚ de ràng nán de gàn shén me?

여자: 회의 끝나고 백화점에 들렀을 때 파운데이션 하나 갖다 주시겠어요? 내가 표지판과 색 번호를 적어서 너에게 줄게.

남자: 어이, 또 심부름 시켜 주게. 나는 네가 그런 것들을 다 무슨 용도로 쓰는지 정말 이해할 수 없다.

여자: 아이고, 이제 곧 쓰려고 하는데, 백화점에 갈 시간을 못 내겠어요.

남자: 좋아요, 좀 자세히 써야겠어요, 잘못 사시면 제가 책임지지 않을게요.

문제: 여자가 남자한테 뭘 시켰어요?

29. 男：张秘书，今天有什么特殊的日程安排吗？

女：原定的上午日程没有变化，九点半您要去参加市场分析研讨会。

男：知道了，相关的资料都准备好了吗？

女：都准备好了，放在您办公桌上了。中午十二点，您还要参加一个宴会。

问：市场分析研讨会是几点？

Nán:Zhāng mì shū,jīn tiān yǒu shén me tè shū de rì chéng ān pái ma?

Nǚ:yuán dìng de shàng wǔ rì chéng méi yǒu biàn huà,jiǔ diǎn bàn nín yào qù cān jiā shì chǎng fēn xī yán tǎo huì.

Nán:Zhī dào le,xiāng guān de zī liào dōu zhǔn bèi hǎo le ma?

Nǚ:Dōu zhǔn bèi hǎo le,fàng zài nín bàn gōng zhuō shàng le.zhōng wǔ shí èr diǎn,nín hái yào cān jiā yígè yàn huì.

Wèn:Shì chǎng fēn xī yán tǎo huì shì jǐ diǎn?

남자: 장 비서님, 오늘 특별한 스케줄 있으세요?

여자: 원래 오전 일정에 변함이 없어서 9시 반에 시장 분석 세미나에 가실 겁니다.

남자: 알았어, 관련된 자료는 다 준비됐어?

여자: 모두 준비되어 귀하의 책상 위에 놓여 있습니다. 낮 12시에 당신은 또 하나의 연회에 참석해야 합니다.

문제: 시장분석 세미나는 몇 시에요?

30. 男：社长您好。我想跟您汇报一下公司上半年预算执行情况。

女：你详细地给我讲一讲。

男：年初由于新产品的投产较多，投资额超过了计划的5%

女：是吗？不过可以接受。

问：男的汇报的是什么？

Nán:Shè zhǎng nín hǎo.wǒ xiǎng gēn nín huì bào yíxià gōng sī shàng bàn nián yù suàn zhí xíng qíng Kuàng.

Nǚ:Nǐ xiáng xì de gěi wǒ jiǎng yì jiǎng

Nán : Nián chū yóu yú xīn chǎn pǐn de tóu chǎn jiào duō,tóu zī é chāo guò le jì huà de 5%

Nǚ:Shì ma?Bú guò kě yǐ jiē shòu.

Wèn: Nán de huì bào de shì shén me?

남자: 사장님 안녕하세요. 회사의 상반기 예산 집행 상황을 보고하고 싶습니다.

여자: 자세한 건 말씀해 주세요.

남자: 연초에 신제품의 투입이 많아서 투자액이 계획의 5퍼센트를 초과했습니다.

여자: 그래요? 하지만 받아들일 수 있어요.

문제: 남자가 보고한 것은 뭐에요?

31~32

女：您好，这里是月华饭店。

男：您好，这个星期五，也就是8号，是我的孩子的生日，所以我想订个位置，给他庆祝生日。

女：好的，请问你们有几位?

男：一共六位，四个大人和两个小孩。其中一个小孩比较小，只有三岁，所以还请您提前准备一个宝宝安全座椅。

女：没问题，请问您要预约几点?

男：现在还不是很确定，如果不堵车的话，我们大概在6点到7点之间到。

女：好的，请问您贵姓?

男：姓肖。

女：好的，肖先生。为您预订了6位，8号，周五的晚餐。因为您带着小孩子，所以我们单独为您定了一个安静的包间，希望您和孩子能喜欢。

男：是的，非常感谢你。

女：不客气。另外，我们正在搞活动，所以您和孩子来的时候，我们会赠送您一个生日蛋糕。期待您的光临。再见~

31.一共有几个大人参加周五的这场晚餐？

32.餐厅没有为肖先生做什么？

Nǚ: Nín hǎo, zhèlǐ shì yuè huá fàndiàn.

Nán: Nín hǎo, zhège xīngqīwǔ, yě jiùshì 8 hào, shì wǒ de háizi de shēngrì, suǒyǐ wǒ xiǎng dìng gè wèizhì, gěi tā qìngzhù shēngrì.

Nǚ: Hǎo de, qǐngwèn nǐmen yǒu jǐ wèi?

Nán: Yígòng liù wèi, sì gè dàrén hé liǎng gè xiǎohái. Qízhōng yíge xiǎohái bǐjiào xiǎo, zhǐyǒu sān suì, suǒyǐ

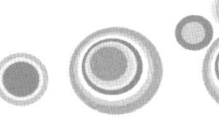
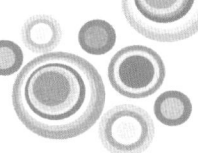

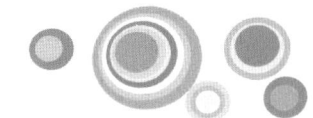

hái qǐng nín tíqián zhǔnbèi yíge bǎobao ānquán zuò yǐ.

Nǚ: Méi wèntí, qǐngwèn nín yào yùyuē jǐ diǎn?

Nán: Xiànzài hái búshì hěn quèdìng, rúguǒ bù dǔchē dehuà, wǒmen dàgài zài 6 diǎn dào 7 diǎn zhī jiān dào.

Nǚ: Hǎo de, qǐngwèn nín guìxìng?

Nán: Xìng xiāo.

Nǚ: Hǎo de, xiāo xiānshēng. Wèi nín yùdìngle 6 wèi,8 hào, zhōu wǔ de wǎncān. Yīnwèi nín dàizhe xiǎo háizi, suǒyǐ wǒmen dāndú wèi nín dìngle yígè ānjìng de bāojiān, xīwàng nín hé hái zǐ néng xǐhuān.

Nán: Shì de, fēicháng gǎnxiè nǐ.

Nǚ: Bú kèqì. Lìngwài, wǒmen zhèngzài gǎo huódòng, suǒyǐ nín hé háizi lái de shíhòu, wǒmen huì zèngsòng nín yígè shēngrì dàngāo. Qīdài nín de guānglín. Zàijiàn~

31. Yí gòng yǒu jǐ gè dàrén cān jiā zhōu wǔ de zhè chǎng wǎncān?

32. Cāntīng méiyǒu wéi xiāo xiānshēng zuò shénme?

여자: 안녕하세요, 여기는 월화호텔입니다.

남자: 안녕하세요, 이번 금요일, 즉 8일입니다. 제 아이의 생일이라서 자리를 예약해서 생일을 축하하고 싶어요.

여자: 네. 실례지만 몇 분이십니까?

남자: 모두 여섯 명이고, 네 명의 어른과 두 명의 어린 아이. 그 아이들 중 한 명은 아주 어린 편이고 세 살밖에 되지 않기 때문에 아기 안전 시트를 미리 준비해 주시기 바랍니다.

여자: 괜찮습니다. 몇시에 예약하시겠습니까?

남자: 아직 확실치 않아요. 차가 막히지 않으면 우리는 대개 6시에서 7시 사이에 도착할 거예요.

여자: 네. 실례지만 성함이 어떻게 되십니까?

남자: 성이 쇼입니다.

여자: 당신이 어린아이를 데리고 있기 때문에 우리는 당신과 아이가 좋아할 수 있는 조용한 가방을 따로 마련해 드립니다.

남자: 네, 대단히 감사합니다.

여자: 천만에요. 또 저희가 이벤트를 하고 있어서 당신과 아이가 오시면 저희가 생일 케이크를 하나 드릴게요. 왕림해 주시기를 기대합니다. 안녕히 계세요~

31. 모두 몇 명의 어른들이 금요일 저녁 식사에 참석합니까?

32. 레스토랑은 쇼씨를 위해 무엇을 하지 않았는가?

33~35

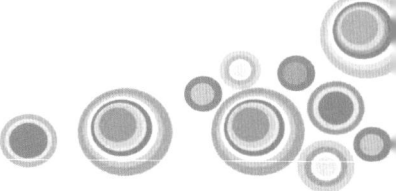

梦想中国语 模拟考试

男：您好！我是小陈，请问有什么可以帮忙的吗？

女：您好，我是101栋201的住户，家里突然停电了，是发生什么事了吗？

男：是这样的，市里电路出现故障，所以导致我们小区临时停电，市供电局已经派工作人员进行抢修了。请您耐心等待一段时间。

女：那怎么楼道里的灯还亮着，电梯也在运行着呢？

男：那是因为我们配备了发电机，在停电或者其它紧急情况下，发电机会自动启动，以保障公共照明、供水及电梯的正常使用，为居民提供基本的生活保障。

女：原来是这样，那太辛苦你们了。谢谢。

男：不客气。这是我们应该做的。

33.哪里的电路出现了故障？

34.小区配备了什么使电梯还能够正常使用？

35.男的的职业可能是什么？

Nán: Nín hǎo! Wǒ shì xiǎo chén, qǐngwèn yǒu shén me kěyǐ bāngmáng de ma?

Nǚ: Nín hǎo, wǒ shì 101 dòng 201 de zhùhù, jiālǐ túrán tíngdiànle, shì fāshēng shénme shìle ma?

Nán: Shì zhèyàng de, shì lǐ diànlù chūxiàn gùzhàng, suǒyǐ dǎozhì wǒmen xiǎoqū línshí tíngdiàn, shì gōngdiàn jú yǐjīng pài gōngzuò rényuán jìnxíng qiǎngxiūle. Qǐng nín nàixīn děngdài yíduàn shíjiān.

Nǚ: Nà zěnme lóudào lǐ de dēng hái liàngzhe, diàntī yě zài yùnxíng zhene?

Nán: Nà shì yīnwèi wǒmen pèibèile fādiàn jī, zài tíngdiàn huòzhě qítā jǐnjí qíngkuàng xià, fādiàn jīhuì zìdòng qǐdòng, yǐ bǎozhàng gōnggòng zhàomíng, gòngshuǐ jí diàntī de zhèngcháng shǐyòng, wèi jūmín tígōng jīběn de shēnghuó bǎozhàng.

Nǚ: Yuánlái shì zhèyàng, nà tài xīnkǔ nǐmenle. Xièxiè.

Nán: Bú kèqì. Zhè shì wǒmen yīnggāi zuò de.

33. Nǎlǐ de diànlù chūxiànle gùzhàng?

34. Xiǎoqū pèibèile shénme shǐ diàntī hái nénggòu zhèngcháng shǐyòng?

35. Nán de de zhíyè kěnéng shì shénme?

남자: 안녕하세요? 저는 샤오천입니다. 무엇을 도와드릴까요?

여자: 안녕하세요.101동 201동의 세입자인데 집에 갑자기 정전이 돼서 무슨 일이라도 생긴 건가요?

남자: 이런, 하필 시의 회로가 고장 나서 우리 동네에 임시 정전이 발생하여 시 전력 공급국이 이미 인원을 파견하여 응급 수리를 하였습니다. 한동안 기다려 주십시오.

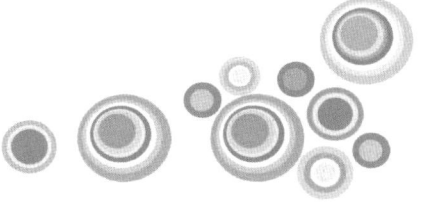

여자: 근데 왜 복도에 불이 켜져 있고 엘리베이터도 운행 중입니까?

남자: 전기가 끊기거나 다른 비상시에는 자동으로 발전기가 가동돼 공공조명, 급수, 승강기의 정상 사용을 보장하고 주민들에게 기본적인 생활을 보장해주기 때문입니다.

여자: 그렇군요. 그것은 당신들에게 너무 수고스러운 일이네요. 감사합니다.

남자: 천만에요. 이것은 우리가 해야 하는 것입니다.

33. 어디의 회로가 고장 났습니까?

34. 아파트 단지에 엘리베이터가 제대로 이용될 수 있도록 무엇이 구비되어 있는가?

35. 남성의 직업은 아마도 무엇인가?

第36-38题根据下面一段话

　　中医是中国的传统医术。中医的治疗方法有很多种。其中，最有名的应该算是针灸了。针灸是使用一根根和头发丝一样细的银针扎在病人的身上。朋友说，自己针灸的样子很像一只刺猬。虽然看起来很"可怕"，但它可以通过针扎来刺激人的身体穴位，治疗疾病。中国有句老话叫做"良药苦口利于病"，说的就是中医大夫使用各种草药制作的中药，虽然这种药的味道很苦，但是能够使人恢复健康。外国朋友们都觉得中医非常"神奇"。

　　36. 中医是什么？
　　37. 针灸为什么可以治病？
　　38. "良药苦口利于病"是什么意思？

　　Zhōngyī shì zhōngguó de chuántǒng yīshù。Zhōngyī de zhìliáo fāngfǎ yǒu hěnduōzhǒng。Qízhōng, zuì yǒumíng de yīnggāi suànshì zhēnjiǔle。Zhēnjiǔ shì shǐyòng yīgēngēn hé tóufàsī yīyàng xì de yínzhēn zhāzài bìngrén de shēnshàng。Péngyǒu shuō, zìjǐ zhēnjiǔ de yàngzi hěnxiàng yīzhī cìwèi。Suīrán kànqǐlái hěn "kěpà", dàn tā kěyǐ tōngguò zhēn zhā lái cìjī rén de shēntǐ xuéwèi, zhìliáo jíbìng。Zhōngguó yǒujù lǎohuà jiàozuò "Liángyào kǔkǒu lìyúbìng", shuōde jiùshì zhōngyī dàifū shǐyòng gèzhǒng cǎoyào zhìzuò de zhōngyào, suīrán zhèzhǒng yào de wèidào hěnkǔ, dànshì nénggòu shǐrén huīfù jiànkāng。Wàiguó péngyǒumen dōujuéde zhōngyī fēicháng "shénqí"。

　　36. Zhōngyī shìshénme？
　　37. Zhēnjiǔ wèishénme kěyǐ zhìbìng
　　38. "Liángyào kǔkǒu lìyúbìng" shìshénme yìsī？

　　중국의학은 중국의 전통 의학이다. 중국의학의 치료방법은 여러 가지가 있다. 그 중 제일 유명한 방법은 침구요법이다. 침구요법은 머리카락 같은 바늘로 환자 몸에 침을 놓는다. 친구는 치료받는 모습을 보면 마치 고슴도치 같다고 얘기했다. 무섭게 보이지만, 환자의 정혈을 자극해 질병을 치료한다. 중국은 "좋은 약은 입에 쓰지만 병에 이롭다."는 말이 있다. 중의사는 각종 약초를 사용하여 중의약을 만든다. 약을 먹으면 쓰지만 빠르게 다시 건강한 상태로 회복시킬 수 있다. 외국 친구는 항상 중의사는 신기하다고 생각한다.

　　36. 중국의학은 뭐예요?

　　37. 어떻게 침구요법은 치료할 수 있어요?

　　38. "좋은 약은 입에 쓰지만 병에 이롭다."이 말은 어떤 의미인가요?

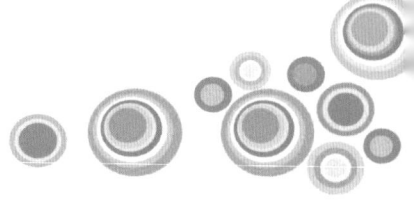

第39-41题根据下面一段话

珍妮是个总爱低着头的小女孩，她一直觉得自己长得不够漂亮。有一天，她到饰物店去买了只绿色蝴蝶结，店主不断赞美她戴上蝴蝶结挺漂亮，珍妮虽不信，但是挺高兴，不由昂起了头，急于让大家看看，出门与人撞了一下都没在意。珍妮走进教室，迎面碰上了她的老师，"珍妮，你昂起头来真美！"老师爱抚地拍拍她的肩说。

那一天，她得到了许多人的赞美。她想一定是蝴蝶结的功劳，可往镜前一照，头上根本就没有蝴蝶结，一定是出饰物店时与人一碰弄丢了。自信原本就是一种美丽，而很多人却因为太在意外表而失去很多快乐。

39. 珍妮去了哪里？
40. 老师对珍妮说了什么？
41. 关于珍妮我们能够知道的是？

Zhēnnī shìgè zǒngài dīzhetóu de xiǎonǚhái, tā yìzhí juéde zìjǐ zhǎngde bùgòu piàoliàng。Yǒu yìtiān, tā dào shìwùdiàn qù mǎile zhī lǜsè húdiéjié, diànzhǔ bùduàn zànměi tā dàishàng húdiéjié tǐng piàoliàng, zhēnnī suī búxìn, dànshì tǐng gāoxìng, bùyóu ángqǐle tóu, jíyú rang dàjiā kànkàn, chūmén yǔrén zhuàngle yīxià dōu méizàiyì。Zhēnnī zǒujìn jiàoshì, yíngmiàn pèngshàngle tāde lǎoshī,"Zhēnnī, nǐ ángqǐtóulái zhēnměi！"Lǎoshī àifǔdì pāipāi tāde jiān shuō。

Nàyìtiān, tā dédàole xǔduōrén de zànměi。Tā xiǎng yídìngshì húdiéjié de gōngláo, kě wǎng jìngqián yīzhào, tóushàng gēnběn jiù méiyǒu húdiéjié, yídìng shì chū shìwùdiàn shí yǔrén yīpèng nòngdiūle。Zìxìn yuánběn jiùshì yīzhǒng měilì, ér hěnduōrén què yīnwèi tàizàiyì wàibiǎo ér shīqù hěnduō kuàilè。

39. Zhēnnī qùle nǎlǐ?
40. Lǎoshī duì zhēnnī shuōle shénme?
41. Guānyú zhēnnī women nénggòu zhīdào de shì?

지니는 자기가 잘 못 생겼다고 생각해서 머리를 항상 숙인다. 어느 날, 지니는 악세서리 샵에 가서 초록색 나비 리본을 샀다. 샵 주인은 나비리본을 껴서 예쁘다고 지니에게 칭찬을 했다. 지니는 믿지 않았지만 마음 속으로는 기뻤다. 다른 사람에게 보여주고 싶어서 머리를 들었다. 너무 급해서 샵에서 나갈 때 자신도 모르게 다른사람이랑 부딪혔다. 지니는 교실로 들어가 선생님을 만났다. 선생님은 지니에게 "지니야, 머리를 든 모습이 참 이쁘네요"라고 말 했다.

그날에 지니는 많은 칭찬을 받았다. 그는 이것은 다 나비리본 덕분이라고 생각했지만 거울을 보니 나비리본은 없어졌다. 아마 샵에서 나갈 때 잃어버린 것 같다. 자신감은 아름다운 일 중의 하나다. 그렇지만, 많은 사람은 외모만 추구하고 즐거움을 많이 잃었다.

39. 지니는 어디로 갔어요?

40. 선생님은 지니에게 무엇을 얘기했어요?

41. 지니에 대해 어떤 것을 알 수 있어요?

第42-45题根据下面一段话

随着年龄的增长，童话早已满足不了我对书的渴望，我开始接触文学小说，《钢铁是怎样炼成的》让我学到了保尔柯察金面对困难、挫折时毫不畏惧的革命精神，使我常联想到自己，现实生活中，我们总是因为学习上的困难而烦恼，但这相比保尔所遇到的困难，又算得了什么呢？我们又有什么理由唉声叹气呢？《水浒传》让我体会到了梁山好汉的肝胆热血与豪情，告

诉我们一定要学习那些正直、路见不平拔刀相助的人,一定不可成为嚣张跋扈、以大欺小的人;《骆驼祥子》为我们描绘了北京一个人力车夫的悲苦命运,在祥子未堕落前,他身上有着许多劳动人民的良好品质,但最终却抵不过黑暗社会的重重打击,走上堕落的道路,迷失了自我。老舍先生用鲜红生动的笔法,为我们淋漓尽致地展现了劳苦人民的悲惨生活,引起我们的阵阵同情,让我们的心灵得到震撼。

书让我们不再孤单;书让我们不再迷茫。

42. 关于童话作者的态度是?
43. 关于《水浒传》我们知道了?
44. 关于《骆驼祥子》我们知道了?
45. 本文没有提到的书是什么?

Suízhe niánlíng de zēngzhǎng, tónghuà zǎoyǐ mǎnzú bùliǎo wǒ duì shū de kěwàng, wǒ kāishǐ jiēchù wénxué xiǎoshuō, 《gāngtiě shì zěnyàng liànchéngde》ràng wǒ xuédàole bǎoěr kēchájīn miànduì kùnnán、cuòzhé shí háobù wèijù de gémìng jīngshén, shǐ wǒ cháng liánxiǎngdào zìjǐ, xiànshí shēnghuózhōng, wǒmen zǒngshì yīnwèi xuéxí shàng de kùnnán ér fánnǎo, dàn zhè xiāngbǐ bǎoěr suǒ yùdàode kùnnán, yòu suàndéliǎo shénmene? Wǒmen yòu yǒushénme lǐyóu āishēngtànqìne?《Shuǐhǔzhuàn》ràng wǒ tǐhuìdào le liángshān hǎohàn de gāndǎn rèxuè yǔ háoqíng, gàosù women yídìng yào xuéxí nàxiē zhèngzhí、lùjiànbùpíng bádāoxiāngzhù de rén, yídìng bùkě chéngwéi xiāozhāngbáhù、yǐdàqīxiǎo de rén;《luòtuóxiángzi》wèi women miáohuìle běijīng yí gè rénlìchēfū de bēikǔ mìngyùn, zài xiángzi wèi duòluò qián, tā shēnshàng yǒuzhe xǔduō láodòng rénmín de liánghǎo pǐnzhì, dàn zuìzhōng què dǐbùguò hēiàn shèhuìde chóngchóng dǎjī, zǒushàng duòluò de dàolù, míshī le zìwǒ。Lǎoshě xiānsheng yòng xiānhóng shēngdòng de bǐfǎ, wèi women línlíjìnzhì de zhǎnxiànle lǎokǔrénmín de bēicǎn shēnghuó, yǐnqǐ women de zhènzhèn tóngqíng, ràng women de xīnlíng dédào zhènhàn。

Shū rang women bùzài gūdān; shū rang wǒmen bùzài mímáng。

42. Guānyú tónghuà zuòzhě de tàidùshì?
43. Guānyú《shuǐhǔzhuàn》wǒmen zhīdàole?
44. Guānyú《luòtuóxiángzi》wǒmen zhīdàole?
45. Běnwén méiyǒu tídào de shū shìshénme?

나이가 많아질수록 동화책은 당신이 가진 책에 대한 욕구를 만족하지 못한다. 나는 문학소설과 만남을 시작한다. <강철은 어떻게 단련되었는가?>에서 나는 보이가 용감하게 어려움에 맞선다는 정신을 보면서 항상 나 자신에 대한 생각을 한다. 현실생활에서 우리는 공부때문에 곤란할 때가 많이 있다. 그런데 보이와 비교하면 아무것도 아니다. 우리는 한탄할 이유가 없다. <수호전>을 통해 나는 량산 영웅들의 열정을 느끼고 정직하고 남의 일을 돕기를 즐기는 사람이 되어야 한다고 생각한다. 또한 불호령을 내리거나 자기가 강하다고 약자를 업신여기지 말아야 한다. <루워투워시앙쯔>는 베이징 시민의 생활을 배경으로 인력거꾼 시앙쯔의 험난하고 비참한 인생을 묘사했다. 시앙쯔가 타락하기 전에는 부지런한 노동자였다. 그렇지만 어두운 사회의 타격으로 인해 자아도 잃었다. 라오셔씨는 생생한 묘사를 통해 우리에게 나이가 들어 가는 인민의 비참한 생활을 유감없이 보여주었다. 우리의 동정심을 불러일으키며 우리의 마음을 놀라게 했다.

책은 우리를 더 이상 외롭지 않게 하고, 책은 우리를 더 이상 혼란에 빠뜨리지 않게 한다.

42.동화책에 대해서 작가는 어떤 생각을 가지고 있어요?
43.<수호전>에 대해서 우리는 어떤 것을 알 수 있어요?

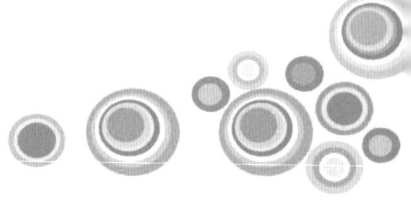

44. <루워투워시앙쯔>에 대해서 우리는 어떤 것을 알 수 있어요?

45. 문장에 언급하지 않은 책은 어떤 책이에요?

2. 阅读 읽기

第一部分 제1부분

46-48

　　中国有个古老的成语，名为"朝三暮四"。以前，一个人很喜欢养猴子，但是后来，他养的猴子越来越多，导致家里的钱不够花了。所以，他打算限制猴子们的食物，但是他又怕猴子们生气，不听话，于是他想出了一个好主意。有一天，他对猴子们说："因为我最近手头不太宽裕，所以以后每天早上3个橡实，晚上4个橡实。"猴子听了，个个勃然大怒，吵闹不止。于是养猴人又说："这样好了，每天早上4个，晚上3个。"猴子们都高兴了，拍手称好。虽然总数没变，但感觉上却不同。其实现实生活中，我们周围也有这种短视的人。

　　Zhōng guó yǒu gè gǔ lǎo de chéng yǔ，míng wéi "zháo sān mù sì".yǐ qián，yí gè rén hěn xǐ huān yǎng hóu zǐ，dàn shì hòu lái，tā yǎng de hóu zǐ yuè lái yuè duō，dǎo zhì jiā lǐ de qián bú gòu huā le.Suǒ yǐ，tā dǎ suàn xiàn zhì hóu zǐ men de shí wù，dàn shì tā yòu pà hóu zǐ men shēng qì，bú tīng huà，yú shì tā xiǎng chū le yí gè hǎo zhǔ yì.Yǒu yī tiān，tā duì hóu zǐ men shuō："yīn wèi wǒ zuì jìn shǒu tóu bú tài kuān yù，suǒ yǐ yǐ hòu měi tiān zǎo shàng 3gè xiàng shí，wǎn shàng 4gè xiàng shí."Hóu zǐ tīng le，gè gè bó rán dà nù，chǎo nào bù zhǐ.Yú shì yǎng hóu rén yòu shuō："zhè yàng hǎo le，měi tiān zǎo shàng 4gè，wǎn shàng 3gè."Hóu zǐ men dōu gāo xìng le，pāi shǒu chēng hǎo.Suī rán zǒng shù méi biàn，dàn gǎn jué shàng què bú tóng.qí shí xiàn shí shēng huó zhōng，wǒ men zhōu wéi yě yǒu zhè zhǒng duǎn shì de rén.

　　중국에는 "조삼모사"라는 오래된 성어가 있다. 예전에는 한 사람이 원숭이를 기르는 것을 좋아했지만 나중에는 그가 기르는 원숭이가 많아져 집안의 돈이 모자랐다. 그래서, 그는 원숭이들의 음식을 제한하려고 했지만, 그는 또한 원숭이들이 화를 낼까봐 좋은 아이디어를 생각해냈다. 어느 날 그는 원숭이들에게 제가 요즘 그다지 넉넉하지 않기 때문에 앞으로 매일 아침 도토리 3개, 저녁 4개를 주겠다고 말했다. 원숭이들은 모두 기뻐서 손뼉을 치며 좋다고 말했다. 총수는 그대로지만 느낌은 다르다. 사실 실생활에서 우리 주변에도 이런 근시안적인 사람들이 있다.

49-52

　　态度是决定着我们的选择和行动.在这个意义上说，态度是我们最好的朋友，也会是我们最大的敌人.我承认，我们不能左右风的方向，但我们可以调整风帆——选择我们的态度.

　　如果你们中间有谁曾经自己骗自己，请就此停止，因为那些不觉得自己重要的人，都是自暴自弃的普通人.任何时候都不要贬低自己，你最先要做的就是选出自己的各种资产——优点.这要问你自己："我有哪些优点？"在分析自己的优点时，不能太客气.你们要专注自己的长处，告诉自己你比你想象的还要好.

　　你要让自己的眼光注视到更远的未来，对自己充满期待，而不能只将眼光局限于现状.要随时记住这个问题："重要人物会不会这么做呢？"做到这些的话，成为重要的伟大人物也就离你们不远了.

Tài dù shì jué dìng zhe wǒ men de xuǎn zé hé xíng dòng .Zài zhè gè yì yì shàng shuō ，tài dù shì wǒ men zuì hǎo de péng yǒu ， yě huì shì wǒ men zuì dà de dí rén .Wǒ chéng rèn ， wǒ men bù néng zuǒ yòu fēng de fāng xiàng， dàn wǒ men kě yǐ tiáo zhěng fēng fān ——xuǎn zé wǒ men de tài dù .

Rú guǒ nǐ men zhōng jiān yǒu shuí céng jīng zì jǐ piàn zì jǐ ， qǐng jiù cǐ tíng zhǐ ，yīn wèi nà xiē bú jué dé zì jǐ zhòng yào de rén ， dōu shì zì bào zì qì de pǔ tōng rén .Rèn hé shí hòu dōu bú yào biǎn dī zì jǐ ， nǐ zuì xiān yào zuò de jiù shì xuǎn chū zì jǐ de gè zhǒng zī chǎn ——yōu diǎn。Zhè yào wèn nǐ zì jǐ ："wǒ yǒu nǎ xiē yōu diǎn ？"Zài fēn xī zì jǐ de yōu diǎn shí ， bù néng tài kè qì .Nǐ men yào zhuān zhù zì jǐ de cháng chù ， gào sù zì jǐ nǐ bǐ nǐ xiǎng xiàng de hái yào hǎo .

Nǐ yào ràng zì jǐ de yǎn guāng zhù shì dào gèng yuǎn de wèi lái ， duì zì jǐ chōng mǎn qī dài ， ér bù néng zhǐ jiāng yǎn guāng jú xiàn yú xiàn zhuàng .Yào suí shí jì zhù zhè gè wèn tí ："zhòng yào rén wù huì bú huì zhè me zuò ne？"Zuò dào zhè xiē de huà，chéng wéi zhòng yào de wěi dà rén wù yě jiù lí nǐ men bù yuǎn le .

태도는 우리의 선택과 행동을 결정짓는다. 그런 의미에서 태도는 우리의 가장 친한 친구이자 가장 큰 적이 될 것이다. 우리가 바람의 방향을 좌우할 수는 없지만 그러나 우리는 윈드라이버를 조정할 수 있다——우리의 태도를 택할 수 있다.

만약 여러분 중 누군가가 스스로 자신을 속인 적이 있다면, 이것을 멈추세요, 왜냐하면 자신이 중요하다고 생각하지 않는 사람들은 자포자기한 보통 사람들이기 때문이다. 언제나 자신을 비하하지 말고, 당신이 가장 먼저 해야 할 일은 자신의 각종 자산을 골라내는 것이다——장점. 당신 자신에게 물어야 한다:"나는 어떤 장점이 있나요?" 자신의 장점을 분석할 때 너무 정중해서는 안 된다. 당신들은 자신의 장점에 집중하여 당신이 생각하는 것보다 더 나은 것을 스스로에게 알려야 한다.

더 먼 미래를 내다보고 자신에게 기대를 걸어야지 현실에만 눈을 돌려서는 안 된다."중요 인물들이 그렇게 하지 않을까?" 이것을 해내면 중요한 위대한 인물이 되는 것도 그리 멀지 않다.

53-56

弱连接是与你交往时间短，不常联系，没有太多的感情基础和投入，没有什么互利互惠的行为，没有家族血缘关系的人.如果要找这类人帮忙，需要自己主动发起行动去"激活"关系，比如校友、老师、孩子同学的家长、家人的朋友等等.你有用心地管理几百甚至上千的弱连接人脉吗？其实这些弱连接人脉因为背景的差异化和多样性，可能给你提供更多的跨公司、跨领域、跨行业甚至跨地域的机会.

美国沃顿商学院的格兰特教授发现，将近17%的人从强连接那里发现了工作机会，而28%的人是从弱连接那里发现工作机会的.所以弱连接起到了重要的架桥作用.弱连接关系往往可以给你带来意想不到的机会，所以不要忽视弱连接关系的维护.

Ruò lián jiē shì yǔ nǐ jiāo wǎng shí jiān duǎn ， bù cháng lián xì ， méi yǒu tài duō de gǎn qíng jī chǔ hé tóu rù， méi yǒu shén me hù lì hù huì de xíng wéi ， méi yǒu jiā zú xuè yuán guān xì de rén .rú guǒ yào zhǎo zhè lèi rén bāng máng ， xū yào zì jǐ zhǔ dòng fā qǐ xíng dòng qù "jī huó "guān xì， bǐ rú xiào yǒu、lǎo shī、 hái zǐ tóng xué de jiā zhǎng、jiā rén de péng yǒu děng děng .Nǐ yǒu yòng xīn de guǎn lǐ jǐ bǎi shèn zhì shàng qiān de ruò lián jiē rén mài ma？ Qí shí zhè xiē ruò lián jiē rén mài yīn wèi bèi jǐng de chā yì huà hé duō yàng xìng ， kě néng gěi nǐ tí gòng gèng duō de kuà gōng sī、kuà lǐng yù、kuà háng yè shèn zhì kuà dì yù de jī huì .

Měi guó wò dùn shāng xué yuàn de gé lán tè jiào shòu fā xiàn, jiāng jìn 17% de rén cóng qiáng lián jiē nà lǐ fā xiàn le gōng zuò jī huì, ér 28% de rén shì cóng ruò lián jiē nà lǐ fā xiàn gōng zuò jī huì de. Suǒ yǐ ruò lián jiē qǐ dào le zhòng yào de jià qiáo zuò yòng. Ruò lián jiē guān xì wǎng wǎng kě yǐ gěi nǐ dài lái yì xiǎng bú dào de jī huì, suǒ yǐ bú yào hū shì ruò lián jiē guān xì de wéi hù.

약한 연결은 당신과 교제 기간이 짧고, 자주 연결되지 않으며, 감정적인 기반과 몰입이 많지 않으며, 호혜적인 행위나 가족 혈연관계가 없는 사람입니다. 이런 사람을 찾아서 돕자면, 스스로 나서서 관계를 "활성화"할 필요가 있다. 예를 들면, 교우, 선생님, 아이 급우의 학부모, 가족의 친구 등등. 수백 내지 천에 이르는 약한 연결 인맥을 신경 써서 관리하고 계십니까? 사실 이런 약한 연결인맥들은 배경의 차이와 다양성 때문에 당신에게 회사, 영역, 업종, 그리고 심지어는 지역을 넘나들 수 있는 더 많은 기회를 제공할지도 모릅니다.

미국 와튼 경영대학의 그랜트 교수는 거의 17%가 강한 연결로부터 일할 기회를 발견한 반면 28%는 약한 연결로부터 일할 기회를 발견했다는 것을 발견했습니다. 그래서 약한 연결이 중요한 가교 역할을 합니다. 약한 연결 관계는 종종 당신에게 예상치 못한 기회를 줄 수 있기 때문에 약 연결 관계 유지를 소홀히 하지 마세요. 여러분 모두가 이를 중시해 주셨으면 합니다.

57-60

我看过这样一个故事: 女孩有两个追求者,一个很有钱,可以买很多东西送给她;另一个没有钱,但有大把时间可以陪伴她.她问母亲:"您觉得哪个男孩是真的爱我?"母亲说:"你不要接受有钱男孩的礼物,只要他多陪伴你;也不要接受没钱男孩的陪伴,告诉他你想要个礼物."

女孩虽然有疑问,但还是这么做了.有钱男孩听到"陪伴"两个字,便不耐烦了:"我给你花不完的钱,你还不满足吗?"没钱男孩听完便嘲讽:"女人真是虚荣,总是喜欢要礼物." 看一个人有多喜欢你,不是看他拥有的东西是否舍得给你,而是看他是否愿意给你珍惜的部分. 我见过成功企业家推掉酒局,穿着高级西装,带着妻子、孩子去逛菜市场;也见过北漂青年省吃俭用, 攒钱带着喜欢的姑娘去买衣服.

Wǒ kàn guò zhè yàng yí gè gù shì: Nǚ hái yǒu liǎng gè zhuī qiú zhě, yí gè hěn yǒu qián, kě yǐ mǎi hěn duō dōng xī sòng gěi tā; lìng yí gè méi yǒu qián, dàn yǒu dà bǎ shí jiān kě yǐ péi bàn tā. Tā wèn mǔ qīn: "nín jué dé nǎ gè nán hái shì zhēn de ài wǒ?" Mǔ qīn shuō: "nǐ bú yào jiē shòu yǒu qián nán hái de lǐ wù, zhī yào tā duō péi bàn nǐ; yě bú yào jiē shòu méi qián nán hái de péi bàn, gào sù tā nǐ xiǎng yào gè lǐ wù."

Nǚ hái suī rán yǒu yí wèn, dàn hái shì zhè me zuò le. Yǒu qián nán hái tīng dào "péi bàn" liǎng gè zì, biàn bú nài fán le: "wǒ gěi nǐ huā bù wán de qián, nǐ hái bù mǎn zú ma?" Méi qián nán hái tīng wán biàn cháo fěng: "nǚ rén zhēn shì xū róng, zǒng shì xǐ huān yào lǐ wù." Kàn yí gè rén yǒu duō xǐ huān nǐ, bú shì kàn tā yōng yǒu de dōng xī shì fǒu shě dé gěi nǐ, ér shì kàn tā shì fǒu yuàn yì gěi nǐ zhēn xī de bù fèn. Wǒ jiàn guò chéng gōng qǐ yè jiā tuī diào jiǔ jú, chuān zhe gāo jí xī zhuāng, dài zhe qī zǐ、hái zǐ qù guàng cài shì chǎng; yě jiàn guò běi piāo qīng nián shěng chī jiǎn yòng, zǎn qián dài zhe xǐ huān de gū niáng qù mǎi yī fú.

나는 이런 이야기를 보았다: 소녀는 두 명의 추종자가 있는데, 한명은 매우 돈이 많아서 그녀에게 줄 많은 물건을 살 수 있고, 다른 한명은 돈이 없지만, 함께 할 수 있는 많은 시간이 있다. 그녀는 어머니에게 "어떤 소년이 정말로 나를 사랑한다고 생각합니까?"라고 물었다. 어머니는 "돈 많은 남자애들한테 선물을 받지 말고, 그에게 너와 많이 함께하라고만 할 뿐이다, 돈 없는 남자애들과 함께하지도 마, 그에게 네가 선물을 원한다고 말해라."고 했다.

소녀는 의문점이 있었지만 그렇게 했다. 돈 많은 소년은 "함께" 라는 두 글자를 들으면 짜증이 난다: "내가 다 쓰지도 못할 돈을 주는데 아직도 만족하지 않니?" 돈 없는 소년은 듣고 "여자는 정말 허영심이 많아. 항상 선물을 달라고 하는 걸 좋아해." 라고 비아냥거렸다. 한 사람이 얼마나 당신을 좋아하는지 보는 것은 그가 가진 것을 기꺼이 주는가가 아니라 그가 당신에게 소중히 여기는 부분을 주는가를 보는 것이다. 성공한 사업가가 술판을 밀치고 고급 양복을 입고 부인과 아이들을 데리고 채소를 사러 가고, 베이징에서 일하는 청년들이 검소하게 먹고, 돈을 모아 좋아하는 처녀들을 데리고 옷을 사는 것을 본 적이 있다.

第二部分 제 2 부분

61. Shí cù cóng bèi dìngwèi wéi dānchún de suānxìng tiáowèi pǐn, dào huǎnjiě píláo, tiáojié xuèyā, pífū měiróng děng gōngnéng dédào rènzhèng, qí xiāoliàng yílù shàngshēng. Yǎngzhàng zhèxiē, shí cù chǎnyè yìzhí shìtú shǐ qí wèidào hé xiāngqì duōyàng huà, tuòkuān xuǎnzé fànwéi, kāifā shí cù yǐnliào děng, zhèxiē dōu shì wèi shí cù dàzhònghuà suǒ zuò de nǔlì. Yīncǐ, shí cù de shìchǎng zhànyǒu lǜ wěnbù shàngshēng. Chúle jiànkāng huò měiróng yǐwài, qīngjié huò xǐdí děng rìcháng shēnghuó zhōng de yìngyòng dù tígāo yě cùjìnle shí cù xiāoliàng de shàngshēng.
A shí cù bú jùyǒu bǎojiàn gōngnéng
B shí cù de shìchǎng guīmó zài kuòdà
C shí cù de shǐyòng wúfǎ dàzhònghuà
D shí cù zài rìcháng shēnghuó zhōng yìngyòng dù dī
식초는 단순한 산성 드레싱으로 자리매김한 뒤 피로회복, 혈압조절, 피부미용 등의 기능을 인정받아 매출이 늘었다. 이를 등에 업고 식초 산업이 발전했다. 맛과 향을 다양화하고 선택의 폭을 넓히고 식초 음료를 개발하는 등 식초 대중화를 위한 노력들이다 .이에 따라 식초의 시장점유율은 꾸준히 상승하고 있다. 건강이나 미용 외에도 청소나 세탁 등 일상생활에서 활용도가 높아진 것도 식초 판매 증가를 부추겼다.
A 식초는 보건 기능을 하지 않는다
B 식초의 시장 규모가 커지고 있다
C 식초의 사용은 대중화되지 않는다
D 식초는 일상생활에서 활용도가 낮다

62. Wúlùn shì shéi dōu yǒu qǐngqiú bāngzhù de qíngkuàng, rúguǒ zhǐyǒu wǒ zìjǐ, huì hěn lèyì bāngzhù nàgèrén. Xiāngfǎn, zhōuwéi rén hěnduō de shíhòu "shéi huì bāngmáng ne", zǒng huì yóuyù yíxià. Dànshì, rúguǒ zhōuwéi rén hé wǒ yíyàng de xiǎngfǎ, nàgèrén zuìzhōng huì yīnwèi méi néng dédào bāngzhù ér chǔyú wéijī zhī zhōng. Rúguǒ zhè qíngkuàng cúnzài hěnduō rén zhī jiān, yīnwèi duìyú tuīxiè zérèn de zhuàngkuàng, huì shǐ běnrén juéchá de zérèngǎn jiǎnshǎo.
A xūyào bāngzhù de shíhòu, búyào chóuchú yīnggāi yào qǐngqiú bāngzhù.
B chǔyú wéijī zhī shí, wèile huòjiù, yīnggāi gàozhī hěnduō rén bǐjiào hǎo.
C yǒu hěnduō rén shí, guānyú mǒu xiē shìqíng de juéchá de zérèngǎn huì jiàngdī.
D rénmen guānyú zìshēn de xíngwéi, duìyú biérén de tàidù fǎnyìng huì hěn mǐngǎn.

누구에게나 도움을 요청하는 경우가 있는데 저 혼자라면 기꺼이 그 사람을 도와줄 거예요. 반면 주변 사람이 많을 때는 누가 도와줄까라며 머뭇거린다. 하지만 주변 사람들이 저와 같은 생각을 한다면, 그 사람은 결국 도움을 받지 못해 위기에 처하게 됩니다. 이 상황이 여러 사람 사이에 있다면 책임을 떠넘기는 상황에 대한 책임감이 줄어들기 때문이다.
A 도움이 필요할 때 주저하지 말고 도움을 요청해야 합니다.
B 위기에 처했을 때는 구조를 위해 많은 사람에게 알리는 것이 좋다.
C 많은 사람이 있는 경우, 어떤 것에 대한 감지의 책임감이 낮아진다.
D 사람들은 자신의 행동에 대한 다른 사람들의 태도에 민감하게 반응한다.

63. Gǔdài luómǎ shíqí shí, núlì shēnfèn bèi jiěfàng de rénmen dàizhe de yuánzhuī de dútè de màozi, zhè màozi jùyǒu dútè de xiàngzhēng. Měiguó dúlì nàhǎnguò de rénmen jiāng yuánzhuī de màozi, guà dàole tóng xiàng shàng, yǐhòu fàguó gémìng shí, rénmín yě dàizhe màozi dà hǎn zìyóu.
A zhè màozi shì luómǎ de xiàngzhēng
B zhè màozi shì zìyóu de yìyì
C suǒyǒu shìwù dōu yǒu dútè de xiàngzhēng xìng
D suǒyǒu shìwù dōu yǒu dútè de yòngchù

고대 로마시대에 노예 신분이 해방된 사람들이 가지고 있던 원뿔의 독특한 모자, 이 모자는 독특한 상징을 가지고 있다. 미국의 독립을 외쳤던 사람들은 원뿔의 모자를 동상에 걸었고, 이후 프랑스 혁명 때도 인민들은 모자를 쓰고 자유를 외쳤다.
A 이 모자는 로마의 상징이다
B 이 모자는 자유의 의미이다
C 모든 사물은 독특한 상징성을 가지고 있다
D 모든 사물은 독특한 쓸모가 있다

64. Zuìjìn dúzì qù kàn yǎnchū de rén zài zēngduō. Yìbān rènwéi yào gēn péngyǒu huò liànrén yìqǐ kàn de tícái, rú yīnyuè jù, xìjù děng, yěyǒu yuè lái yuè duō de rén xuǎnzé yígerén qù kàn. Jù yí xiàng diàochá xiǎnshì, měi shí gèrén zhōng jiù yǒuyíge rén dúzì kàn yǎnchū. Dúzì qù kàn yǎnchū de rén dōu shuō bú yòng zàiyì tóng qù de rén, kěyǐ jízhōng jīnglì yú yǎnchū běnshēn, zhèyàng hěn hǎo.
A yíge rén kàn yǎnchū de hǎochù shì kěyǐ zhuānxīn kàn yǎnchū.
B yīnyuè jù yào hé péngyǒu yìqǐ kàn
C huàjù yào hé liànrén yìqǐ kàn
D dúzì kàn yǎnchū hěn jìmò

최근 혼자 공연을 보러 가는 사람이 늘고 있다. 보통 친구나 연인과 함께 봐야 한다고 생각하는 소재, 예를 들어 뮤지컬 연극 등도 혼자 보는 사람이 늘고 있다. 한 조사에 따르면 열 명 중 한 명은 혼자서 공연을 본다. 혼자 공연을 보러 가는 사람들은 같이 가는 사람을 신경 쓰지 않고 공연 자체에 집중할 수 있다는 게 좋아요.
A 혼자 공연을 보는 것의 이점은 공연을 열심히 볼 수 있다는 것입니다.
B 뮤지컬은 친구들이랑 봐야한다
C 연극은 연인과 함께 봐야한다
D 혼자 공연을 보는건 쓸쓸하다

65 Gǒu hé māo yī guānxì bù hǎo ér wénmíng. Liǎng zhǒng dòngwù guānxì bù hǎo de lǐyóu shì duìyú tóngyíge biǎoxiàn de lǐjiě bùtóng. Gǒu bǎ qián tuǐ shēn chūqù de yìsi shì xiǎng yāoqǐng duìfāng yìqǐ wánshuǎ, dànshì māo huì jiāng zhè zhǒng xíngdòngwù rènwéi shì gōngjí de xìnhào.

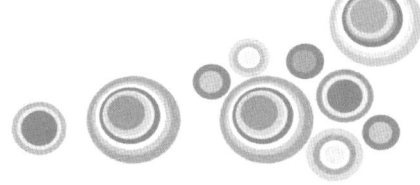

A dòng wù duì tóng yíge biǎoxiàn de lǐjiě xiāngtóng
B gǒu rènwéi shēn qián tuǐ shì gōngjí
C māo rènwéi shēn qián tuǐ shì gōngjí
D māo gǒu guānxì róngqià

개와 고양이는 사이가 좋지 않은 것으로 유명하다. 두 동물 관계가 좋지 않은 이유는 같은 표현에 대한 이해가 다르기 때문이다.개가 앞다리를 내미는 것은 상대를 초대해 함께 놀자는 뜻이지만 고양이는 이런 행동을 공격의 신호로 착각한다.

A 동물들은 같은 표현에 대한 이해가 같다
B 개는 앞다리를 뻗는 것이 공격이라고 생각한다
C 고양이는 앞다리를 뻗는 것이 공격이라고 생각한다
D 고양이와 개는 사이가 좋다.

66. Yíge nóngfū gēn tā de lǎn érzi shuō tián lǐ cángzhe bǎowù, shuō wán jiù qùshìle. Érzi wèile zhǎo bǎowù, nǔlì wā dì, dànshì shénme yě méi zhǎodào. Érzi suīrán shīwàng, dànshì juéde zìjǐ fèilì wā de dì kěxí, jiù zài nàlǐ bōle zhǒng. Suízhe shíjiān de liúshì, bò de zhǒng jié chūle hěnduō guǒshí, érzi zhè cái míngbáile fùqīn de yòngxīn.

A nóngtián li yǒu cáibǎo
B érzi wā dì shì wèile bōzhòng
C nóngtián shōuchéng hěn hǎo
D fùqīn gěi liǎo er zi hěn dà yì bǐ yíchǎn

한 농부가 그의 게으른 아들에게 밭에 보물이 숨겨져 있다고 말하고는 죽었다. 아들은 보물을 찾으려고 땅을 파려고 노력했지만 아무것도 찾지 못했다. 아들은 실망했지만 애써 파헤친 땅이 아까워 파종을 했다. 시간이 지나면서 씨를 뿌려 열매를 많이 맺자 아들은 아버지의 마음을 알게 됐다.

A 농지에 보물이 있다
B 아들은 씨를 뿌리기 위해 땅을 파헤쳤다
C 농지는 작황이 좋았다
D 아버지는 아들에게 큰 유산을 주었다

67 Zuì kāishǐ shàngwǎng jiārù huìyuán shè dìng mìmǎ de shíhòu, zhǐyào sì gè shùzì zú yǐ. Kě zuìjìn wèile qiánghuà ānbǎo, hái yào jiārù tèxū wèntí. Bùjǐn rúcǐ, hái yào dìngqí biàngēng mìmǎ. Yīncǐ, yònghù bùjǐn jǐn yīnwèi fùzá de wèntí, hái huì yīnwèi wàngjì xiūgǎi de mìmǎ ér bèi gǎn yālì. Suǒyǐ bù yìng gāi zhǐshì duì yònghù yāoqiú gè rén xìnxī bǎohù, qǐyè yě yào jījí tóuzī ānbǎo jìshù de kāifā.

A yònghù huì yīnwèi mìmǎ biàngēng ér gǎndào yālì.
B qǐyèyìng gāi dūcù yònghù gēnggǎi mìmǎ
C bù yìng gāi yāoqiú yònghù bǎohù gè rén xìnxī
D wèile jiāqiáng ānbǎo gēnghuànle mìmǎ wèi shù

처음 접속해 회원 가입을 할 때 네 숫자만 있으면 된다. 그러나 최근엔 보안 강화를 위해 특수문자도 포함해야 한다. 뿐만 아니라 정기적으로 암호를 변경해야 한다.따라서 사용자는 복잡한 문제뿐만 아니라 수정된 암호를 잊어버려 스트레스를 받게 된다. 따라서 사용자에 대한 개인정보 보호만 요구할 것이 아니라 기업들도 보안기술 개발에 적극 투자해야 한다.

A 사용자는 암호 변경으로 인해 스트레스를 받게 된다.
B 기업은 사용자에게 비밀번호를 바꾸도록 독촉해야 한다
C 사용자에게 개인 정보 보호를 요구하지 않아야 한다
D 보안 강화를 위해 비밀번호 자릿수를 변경한다

68 Yíbùfèn rén huì xiāojí kàndài fēngkuáng xǐhuān yǎnyìrén de qīngshàonián, yīnwèi tāmen juéde nàxiē qīngshàonián hūshì xuéxiào shēnghuó, bù fēn zhǔ cì, wútiáojiàn de zhǐshì zhuīxīng. Dàn wǒmen bù yìng gāi zhǐshìfǒudìng de kàndài qīngshàonián zhuīxīng zhè jiàn shì. Yīnwèi zhuīxīng bùjǐn kěyǐ jiāo dào zhìqù xiāngtóu de péngyǒu, hái néng cóng xuéxí huò kǎoshì de yālì zhōng jiětuō chūlái. Suǒyǐ wǒmen bùnéng zhǐshì fǒudìng kàndài tāmen, yào nǔlì qù lǐjiě tāmen

A suǒyǒu rén dōu bù xǐhuān yìrén
B zhuīxīng yídìng huì dǎozhì chéngjī xiàjiàng
C zhuīxīng bùnéng shìfàng yālì
D yào duì xǐhuān yì rén de qīngshàonián bào yǒu lǐjiě zhī xīn.

일부는 연예인을 열광적으로 좋아하는 청소년들을 부정적으로 볼 것이다, 왜냐하면 그 청소년들은 학교 생활을 소홀히 하고, 주를 가리지 않고 무조건 스타만 좇는다고 생각하기 때문이다. 그러나 청소년이 덕질하는 것을 부정적으로만 볼 일은 아니다. 의기투합하는 친구를 사귀는 것은 물론 공부나 시험의 스트레스에서 벗어날 수 있기 때문이다. 그러므로 우리는 단지 그들을 부정적으로만 볼 수 없으며, 그들을 이해하려고 노력해야 한다.

A 모든 사람들이 연예인을 싫어한다
B 덕질하면 반드시 성적이 떨어진다
C 덕질이 스트레스를 배출하지 못한다
D 연예인을 좋아하는 청소년들에게 이해심을 가져야 한다.

69 Yánjiū jiéguǒ biǎomíng, gēn guòqù xiāng bǐ, zuìjìn rénmen shǒuzhǐjiǎ zhǎng de gèng kuàile. 80 nián qián de rén yíge yuè shǒu zhǐjiǎ kěyǐ zhǎng cháng 3 háomǐ, dànshì xiànzài de rén huì zhǎng cháng 3.5 háomǐ. Zài shǒu zhǐjiǎ zhōuwéi jìnxíng cìjī xìng de huódòng, xìbāo huódòng huì biàn de huóyuè, shǒu zhǐjiǎ yě zhǎng de yuè kuài. Yánjiū rényuán shuō, suízhe zuìjìn yòng shǒu zhǐ jiān chù pèng diànnǎo huò shǒujī píngmù děng gōngjù de shìqíng yuè lái yuè duō, shǒu zhǐjiǎ de shēngzhǎng sùdù yě shòudàole yǐngxiǎng.

A yánjiūle rénlèi zhǐjiǎ de shēngzhǎng sùdù
B xiànzài rén de zhǐjiǎ bǐ yǐqián de rén cháng
C rúguǒ zhǐ jiān shòudào cìjī zhǐjiǎ zhǎng de jiù kuài
D 80 nián qián de rén zhǐjiǎ zhǎng de hěn màn

연구 결과에 따르면 과거에 비해 요즘 사람들의 손톱이 더 빨리 자란다고 한다. 80년 전만 해도 한 달에 손톱 길이가 3mm 정도 자랐지만 지금은 3.5mm까지 자란다. 손톱 주변에서 자극적인 활동을 하면 세포 활동이 활발해지고 손톱도 빨리 자란다. 연구원들은 최근 컴퓨터나 휴대폰 스크린과 같은 도구를 손끝으로 만지는 일이 많아지면서 손톱의 성장 속도에도 영향을 미치고 있다고 말한다.

A 인간 손톱의 성장 속도를 연구했다
B 현재는 사람의 손톱이 이전의 사람보다 길다
C 손끝에 자극을 받으면 손톱이 빨리 자란다
D 80년 전 사람들은 손톱이 아주 천천히 자랐다

70 Wēibōlú yìbān yòng lái jiārè shíwù. Dàn wēibōlú bìng búshì zhíjiē jiārè, ér shì lìyòng shíwù zhōng hányǒu de shuǐ fèn zi de huódòng lái jiārè. Wēibōlú zhōng de diànbō chù dá shíwù hòu, shíwù lǐ de shuǐ fèn zi jiù huì zhèndòng, cóng'ér fārè. Dàn bīng kuài jiēshòu wēibōlú de diànbō yǐhòu què bú huì rónghuà, zhè shì yīnwèi bīng kuài lǐ de shuǐ fèn zi dōu bèi dòng zhùle.

A wēibōlú shì zhíjiē jiārè de
B lìyòng rèliàng jiārè shíwù
C bīng kuài róngdiǎn gāo bú huìhuà

D bīng kuài lǐ de shuǐ fèn zi bú huì huódòng

전자레인지는 일반적으로 음식을 데우는데 사용된다. 그러나 전자레인지는 직접 가열하는 것이 아니라 음식에 포함된 물 분자의 활동을 이용하여 가열하는 것이다. 전자레인지에 전파가 음식에 닿으면 음식에 있는 물 분자가 진동해 열이 난다. 하지만 얼음 덩어리가 전자레인지 전파를 받으면 녹지 않는 것은 얼음 속의 물 분자가 얼어 있기 때문이다.

A 전자레인지는 직접 가열하는 것이다
B 열량을 이용하여 음식을 데운다
C 얼음은 녹는점이 높아서 녹지 않는다
D 얼음의 물 분자는 움직이지 않는다

第三部分 제3부분

第71-74题

　　Wǒ yìzhí zhēncángzhe yìzhāng zhōngxué tóngxuéde duōrén hézhào.Nàlǐmiàn méiyǒuwǒ,yǒude zhǐshì chūshēn fùyùjiātíngde háizi.Jǐshínián guòqùle,wǒ yīrán zhēncángzhe tā. Nàshì yìtiān xiàwǔ,tiānqì búcuò,lǎoshī gàosù wǒmenshuō,yǒuyíwèishèyǐngshī pǎolái yāoqiú pāi xuéshēng shàngkèshí de qíngjǐngzhào.Wǒ hěnshǎo zhàoxiàng,duì yígè qióngkǔjiāde háizi láishuō,zhàoxiàng shìzhǒng shēchǐ.Shèyǐngshī gāngyī chūxiàn,wǒ biànxiǎngxiàngzhe yàobèi shèrù jìngtóude qíngjǐng,duōdiǎnwēixiào、duōdiǎnzìrán,ràngxiàoguǒ kànshàngqù shuàiyìdiǎn,shènzhì kāishǐ xiǎngxiàng huíjiā gàosù mǔqīn:"Māmā,wǒzhàoxiàngle！Shì shèyǐngshīpāide,bàngjíle！" Wǒ yòngyīshuāng xīngfènde yǎnjīng zhùshìzhe nàwèi shèyǐngshī,xīwàngtā zǎodiǎn bǎwǒ lājìn xiàngjīlǐ.

　　Dàn wǒ shīwàngle,nàgè shèyǐngshī hǎoxiàng shìgè wéiměizhǔyìzhě,tā zhíqǐshēn,yòngshǒu zhǐzhewǒ,duì wǒde lǎoshī shuō:"Nǐnéng ràngnàwèi xuéshēng líkāi tāde zuòwèima？Tāde chuāndài shízàishì tàihánsuānle."Wǒshìgè ruòxiǎo bìngqiě tīngmìngyú lǎoshīde xuéshēng,wǒ wúlìkàngzhēng,wǒ zhǐnéng mòmòde zhànqǐshēn,wèi nàxiē chuāndàizhěngqíde fùjiāzǐdì zhìzào měijǐng.Zàinàyīshùnjiān wǒ gǎnjué wǒdeliǎn zàifārè,dàn wǒ méiyǒu dòngnù,yěméiyǒu zìāizìlián,gèngméiyǒu bàoyuàn wǒde fùmǔ wèishénme bùràngwǒ chuāndé tǐmiànxiē,shìshíshàng tāmen yǐjīng jiéjìnquánlìde ràngwǒ yǒu jīhuì jiēshòu liánghǎode jiàoyù.

　　Kànzhe zàinàwèi shèyǐngshī diàodòngxiàde pāishèchǎngmiàn,wǒzài xīndǐ zuànjǐnle shuāngquán,wǒ xiàngzìjǐ zhèngzhòng fāshì:zǒngyǒuyìtiān,nǐ huì chéngwéi shìjièshàng zuìfùyǒuderén！Ràngshèyǐngshī gěinǐ zhàoxiàng suàndéliǎoshénme！Ràngshìjièshàng zuìzhùmíngde huàjiā gěinǐ huàxiàng cáishì nǐde jiāoào！Dàoxiànzài,wǒ nàshíde shìyán yǐjīng biànchéngle xiànshí！Rúguǒshuō nàgè shèyǐngshī bǎ yígè qiónghǎizi jīlìchéngle shìjièshàng zuìfùyǒuderén,sìhū bìngbùguòfèn.

　　나는 줄곧 중학교 동창 여러 사람들이 함께 찍은 사진을 간직하고 있다. 그 안에는 내가 없고, 어떤 이는 부유한 집안 출신의 아이일 뿐이다. 수십 년이 지났지만 나는 여전히 그것을 간직하고 있다. 그 날은 어느 오후였고, 날씨도 좋았고, 선생님께서는 어떤 사진사가 달려와서 학생들에게 수업할 때의 광경 사진을 찍어달라고 했다고 우리에게 말씀하셨다. 나는 사진을 거의 찍지 않는데 가난한 집 아이에게 사진 찍는 것은 사치이다. 사진사가 나타나자마자 카메라에 찍히는 모습을 상상하면서, 미소를 많이 짓고, 자연스러운 모습으로, 좀 더 멋있게 보이게 하고, 심지어 집에 가서 어머니께 말씀드리는 상상도 하기 시작했다."엄마, 나 사진 찍었어요! 사진사들이 찍어 준 건데, 훌륭해!" 나는 흥분된 눈으로 그 사진가를 지켜보았고 그가 나를 일찍 카메라 안으로 끌어들였으면 했다.

　　하지만 실망했어요, 그 사진사는 심미주의자인 것 같아요, 그는 몸을 똑바로 일으켜서, 손가락으

로 저를 가리키며, 제 선생님에게 "그 학생이 그 자리를 떠나게 할 수 있나요? 그의 옷차림은 정말 초라하다"고 말했다. 나는 약하고 선생님의 말씀을 잘 듣는 학생인데, 나는 싸울 힘이 없어 묵묵히 일어나 단정하게 차려입은 부잣집 자제들에게 아름다운 배경을 만들어 줄 수밖에 없었다. 그 순간 저는 제 얼굴이 달아오르는 것을 느꼈지만, 저는 화를 내지 않았고, 자애롭지도 않았다. 제 부모님이 왜 저를 좀 점잖게 차려 입히지 않았는지 원망하지도 않았고, 사실 그들은 제게 좋은 교육을 받을 수 있도록 최선을 다했다.

그 사진작가가 촬영하는 장면을 보면서 나는 가슴속에 두 주먹을 움켜쥐었고, 나는 언젠가 세상에서 가장 부유한 사람이 될 것이라고 스스로에게 엄숙하게 맹세했다. 사진사 너에게 사진을 찍어달라고 하는 것은 무엇인가! 세상에서 가장 유명한 화가가 너에게 초상화를 그리도록 하는 것이 너의 자랑이야! 이제 내 그 때 맹세는 현실이 되었어! 그 사진작가가 가난한 아이 하나를 세상에서 가장 부유한 사람이 되도록 동기부여했다면 그리 지나친 것 같지는 않다.

第75-78题

Zài yícì tǎolùn huìshàng, yíwèi zhùmíng de yǎnshuōjiā méijiǎng yījù kāichǎngbái, shǒulǐ quègāo jǔzhe yìzhāng 100yuán de chāopiào. Miànduì huìyì shìlǐ de 200gèrén, tāwèn : " shéi yào zhè 100yuán ? " Yīzhīzhī shǒu jǔ le qǐlái. Tā jiēzhe shuō : " Wǒ dǎsuàn bǎ 100yuán sònggěi nǐmen zhōngde yíwèi, dàn zàizhèzhīqián, qǐng zhǔnxǔ wǒzuò yī jiànshì. " Tā shuōzhe jiāng chāopiào róuchéng yītuán, ránhòu wèn : " Shéi háiyào ? " Réng yǒurén jǔqǐ shǒu lái. Tāyòushuō : " Nàme, jiǎrú wǒ zhèyàngzuò yòuhuì zěnmeyàng ne ? " Tābǎ chāopiào rēngdào dìshàng, yòu tàshàng yīzhī jiǎo, bìngqiě yòngjiǎo niǎntā, ránhòu tā shíqǐ chāopiào, chāopiào yǐ biànde yòuzāng yòuzhòu. " Xiànzài shéi háiyào ? " Háishì yǒurén jǔqǐ shǒu lái.

"Péngyǒumen, nǐmen yǐjīng shàngle yītáng hěn yǒuyìyì de kè. Wúlùn wǒ rúhé duìdài nàzhāng chāopiào, nǐmen háishì xiǎngyào tā, yīnwèi tā bìng méi biǎnzhí, tā yījiù zhí 100yuán. Rénshēng lùshàng, wǒmen huìwú shùcì bèi zìjǐde juédìng huò pèngdào de nìjìng jīdǎo, qīlíng shènzhì niǎndé fēnshēnsuìgǔ. Wǒmen juéde zìjǐ sìhū yīwénbùzhí. Dàn wúlùn fāshēng shénme, huò jiāngyào fāshēng shénme, zài shàngdì de yǎnzhōng, nǐmen yǒngyuǎn búhuì sàngshī jiàzhí. Zàitā kànlái, āngzāng huò jiéjìng, yīzhuó qízhěng huò bù qízhěng, nǐmen yīránshì wújiàzhībǎo."

한 토론회에서 한 저명한 연설가가 한마디 없이 100원짜리 지폐 한 장을 들고 있다. 회의실에 있던 200명을 보고 "누가 100위안을 원하느냐"고 물었다. 한 쪽 손을 들었다. 그는 "100원을 너희들 중 한 명에게 줄 생각이지만, 그 전에 한 가지만은 허락해 달라"며 지폐를 구겨 뭉치게 한 뒤 "누가 더 달라고?"라고 물었다. 여전히 누군가가 손을 들었다. 그는 또 "그렇다면, 내가 이렇게 하면 어떻게 될까?"라고 말했다. 그는 지폐를 땅에 던져 놓고 한쪽 발을 디디고 발로 밟아 돈을 주었는데, 지폐는 이미 더럽고 구겨졌다. '지금 누가 더 달라고?" 여전히 누군가가 손을 들었다.

"친구들, 너희들은 이미 매우 의미 있는 수업을 받았다. 내가 그 지폐를 어떻게 대하든 너희들은 여전히 그것을 원한다. 그것이 결코 평가절하되지 않았기 때문에 그것은 여전히 100위안의 가치가 있다. 인생의 길에서 우리는 수없이 자신의 결정이나 역경에 치여 넘어질 것이다. 우리는 우리 자신이 한 푼의 가치도 없는 것처럼 느낀다. 그러나 무엇이 일어나든지, 곧 무엇이 일어나든지, 하나님의 눈에서 보면 너희는 영원히 가치를 잃지 않을 것이다. 그가 보기에 더럽거나 깨끗하거나 옷차림이 단정하거나 고르지 못하더라도 너희들은 여전히 값을 매길 수 없는 보물이다."

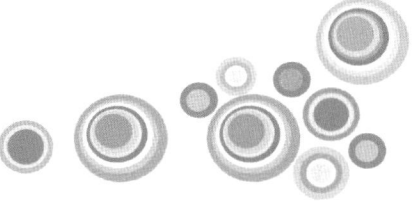

第79-82题

1965nián, yíwèi hánguó xuésheng dào jiànqiáo dàxué zhǔxiū xīnlǐxué. Zài hē xiàwǔ chá de shíhòu, tā chángdào xuéxiào de kāfēitīng huò cházuò tīng yìxiē chénggōng rénshì liáotiān. Zhèxiē chénggōng rénshì bāokuò nuòbèiěrjiǎng huòdézhě, mǒu yìxiē lǐngyù de xuéshù quánwēi hé yìxiē chuàngzào le jīngjì shénhuà de rén, zhèxiē rén yōumò fēngqù, jǔzhòngruòqīng, bǎ zìjǐde chénggōng dōu kànde fēicháng zìrán hé shùnlǐchéngzhāng. Shíjiān chángle, tā fāxiàn, zài guónèi shí, tābèi yìxiē chénggōng rénshì qīpiàn le. Nàxiē rén wèile ràng zhèngzài chuàngyè de rén zhīnánértuì, pǔbiàn bǎ zìjǐde chuàngyè jiānxīn kuādà le, yějiùshìshuō, tāmen zàiyòng zìjǐde chénggōng jīnglì xiàhǔ nàxiē háiméiyǒu qǔdé chénggōng de rén.

Zuòwéi xīnlǐxì de xuésheng, tā rènwéi hěnyǒu bì yàoduì hánguó chénggōng rénshì de xīntài jiāyǐ yánjiū. 1970nián, tābǎ《chénggōng bìngbùxiàng nǐxiǎngxiàngde nàmenán》zuòwéi bìyèlùnwén, tí jiāogěi xiàndài jīngjì xīnlǐ xuéde chuàngshǐrén wēiěr-bùléidēng jiàoshòu. Bùléidēngjiàoshòu dúhòu, dàwéi jīngxǐ, tā rènwéi zhè shìgè xīnfāxiàn, zhèzhǒng xiànxiàng suīrán zàidōngfāng shènzhì zài shìjiègèdì pǔbiàncúnzài, dàn cǐqián háiméiyǒu yígèrén dàdǎn de tíchūlái bìng jiāyǐ yánjiū. Jīngxǐ zhīyú, tā xiěxìngěi tāde jiànqiáo xiàoyǒu——dāngshí zhèng zuòzài hánguó zhèngtán dì yībǎ jiāo yǐshàng de rén——piáozhèng xī. Tāzài xìnzhōng shuō,"Wǒbù gǎnshuō zhèbù zhù zuòduì nǐ yǒuduō dàde bāngzhù, dànwǒ gǎn kěndìng tābǐ nǐde rènhé yígè zhènglíng dōunéng chǎnshēng zhèndòng."

Hòu láizhè běnshū guǒrán bàn suízhe hánguó de jīngjì qǐ fēile. Zhè běnshū gǔwǔ le xǔduōrén. Hòulái, zhèwèi qīngnián yě huòdéle chénggōng, tā chéngle hánguó zhùmíng qìchē gōngsī de zǒngcái.

1965년 한 한국 학생이 케임브리지대에서 심리학을 전공했다. 오후에 차를 마실 때 학교 카페나 다방을 찾아 성공담을 들었다. 노벨상 수상자, 어떤 분야의 학문적 권위, 그리고 경제신화를 일궈낸 이들도 포함돼 있다. 이 사람들은 유머러스하고, 생각이 가벼우며, 자신의 성공을 아주 자연스럽고 순리적으로 본다. 시간이 오래되어 그는 국내에 있을 때 몇몇 성공한 사람들에게 속았다는 것을 알게 되었다. 그 사람들은 창업을 하고 있는 사람들이 어려움을 알도록 하기 위해서, 보편적으로 자신의 창업고를 과장하는 것은 자신의 성공담으로 아직 성공하지 못한 사람들을 접주는 것이다.

심리학과 학생인 그는 한국의 성공한 사람들의 마음가짐에 대한 연구가 필요하다고 생각했다. 1970년 그는 '성공은 당신이 상상하는 것만큼 어렵지 않다'를 졸업 논문으로 현대경제심리학의 창시자인 윌 브레던 교수에게 제출했다. 브레이든 교수는 읽고 크게 놀랐고 그는 이것이 새로운 발견이라고 생각했다. 이런 현상은 동양은 물론 세계 곳곳에서도 흔하지만 그동안 단 한 명도 과감하게 제기해 연구한 사람은 없었다. 놀람 끝에 그는 캠브리지 동문인 당시 한국 정치의 첫 번째 자리에 앉아 있던 박정희에게 편지를 썼다. 그는 편지에서 "나는 이 글이 당신에게 얼마나 도움이 되는지 감히 말할 수 없지만, 당신의 어떤 영혼보다 더 큰 울림을 줄 수 있다고 장담한다."

그 후 이 책은 과연 한국의 경제와 함께 이륙했다. 이 책은 많은 사람들을 고무시켰다. 나중에, 이 청년도 성공을 거두었고 그는 한국의 유명 자동차 회사의 회장이 되었다.

第83-86题

Àiměi dàgài yě suànshì rénde tiānxìng ba. Yǔzhòu jiān, měide dōngxī hěnduō, huā zàiqízhōng zhàn zhòngyàode dìwèi. Ài huāde mínzú yě hěnduō, déguó zàiqízhōng zhàn zhòngyàode dìwèi.

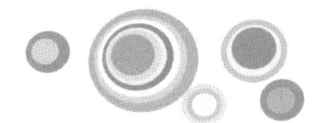

梦想中国语 模拟考试

Sì wǔshí niánqián , wǒ zài déguó liú xuéde shíhòu , céng duōcì duì déguó rénài huāde chéngdù gǎndào chījīng . Jiājiāhùhù dōuzài yǎnghuā . Tāmende huā bùxiàng zài zhōngguó nàyàng , yǎng zài wūzi lǐ , tāmen shìbǎ huādōu zāi zhòngzài línjiē chuānghù de wàimiàn . Huāduǒ dōu cháo wàikāi , zài wūzi lǐ zhǐnéng kàndào huāde jǐliáng . Wǒ céngwèn guò wǒde nǚfángdōng : Nǐ zhèyàng yǎnghuā shìgěi biérén kànde ba ! Tā xiàozhe shuō : " zhèngshìzhèyàng ! "

Zhèngshì zhèyàng , yě quèshí búcuò . Zǒuguò rènhé yìtiáojiē , táitóu xiàngshàngkàn , jiājiāhùhù de chuāngzi qián dōushì zhǒng mǎnle huā . Xǔduō chuāngzi liánjiē zàiyìqǐ , huì chéngle yígè huāde hǎiyáng , ràng wǒmen kànde rén hǎoxiàng jìnrù le shān lùshàng , yìngjiēbùxiá . Měi yìjiā dōushì zhèyàng , zài wūzi lǐ de shíhòu , zìjǐde huā shì ràng biérén kànde ; zǒuzài jiēshàng de shíhòu , zìjǐ yòukàn bié réndē huā . Rénrén wèiwǒ , wǒwéi rénrén . Zhèshì yìzhǒng jìngjiè .

Jīntiān wǒyòu dàole déguó , gāng yíxià huǒchē , yíngjiē wǒmen de rén wènwǒ : " nǐ líkāi déguó zhèyàng jiǔ , dé guóyǒu shénme biànhuà méiyǒu ? " Wǒshuō : " biànhuàshìyǒude , dànshì měilì bìngméiyǒu gǎibiàn . " Wǒshuō " měilì "zhǐde dōngxī hěnduō , qízhōng yě bāohánzhe měilì de huā . Wǒ zǒuzài jiēshàng , táitóu yíkàn , yòushì jiājiāhùhù de chuāngkǒu shàng dōu kāi mǎnle xiānhuā .

아름다움을 사랑하는 것도 아마 인간의 천성이라 할 수 있겠지요. 세계에는, 미적인 것들이 많고, 그 안에서 꽃이 중요한 위치를 차지하고 있다. 꽃을 사랑하는 민족도 많고 독일이 그 중에서도 중요한 위치를 차지하고 있다.

40~50년 전 독일 유학 시절 독일인들이 꽃을 얼마나 사랑하는지 놀라곤 했다. 집집마다 꽃을 기르고 있다. 그들의 꽃은 중국에서처럼 집에서 기르지 않는다. 그들은 꽃을 모두 길가의 창문 밖에 심었다. 꽃들이 모두 바깥쪽으로 피어 방 안에서는 꽃의 등줄기만 보일 뿐이다. 나는 내 여자 집주인에게 : 네가 이렇게 꽃을 기르는 것은 다른 사람에게 보여 주는 거지! 그녀는 웃으며 말했다. "바로 이런 거야!"

바로 그렇기도 하고, 확실히 좋기도 하다. 어느 거리를 지나다 고개를 들어 보니 집집마다 창문 앞에 꽃이 가득 심어져 있었다. 많은 창문들이 연결되어 하나의 꽃의 바다처럼 합쳐졌다. 보고 있는 사람들에게 산길에 들어선 것 같은 느낌을 주어 쉴 틈이 없다. 집집마다 그렇다. 집 안에 있을 때는 자기 꽃을 남에게 보여 주고, 거리를 걸을 때는 자기 꽃을 본다. 사람은 나를 위하고, 나는 사람을 위한다. 이것은 일종의 경계이다.

오늘 제가 또 독일에 도착했을 때, 방금 기차에서 우리를 맞이한 사람이 저에게 "당신이 독일을 떠난 지 이렇게 오래되었는데 독일에 무슨 변화가 있었어요?"라고 물었다. 저는 "변화는 있지만 아름다움은 변하지 않았다." 저는 "아름다움"이 가리키는 것이 많은데, 거기에는 아름다운 꽃도 포함되어 있다. 내가 길을 가다가 고개를 들어 보니 또 집집마다 창문에 온통 꽃이 피었다.

第87-90题

Wēinísī shì shìjiè wénmíng de shuǐshàng chéngshì , hédào zònghéngjiāocuò , xiǎotǐng chéngle zhǔ yàodejiāotōnggōngjù , děngyú dà jiēshàng de qìchē . Wēinísī de xiǎotǐng yǒu èr sānshí yīngchǐ cháng , yòu zhǎi yòu shēn , yǒudiǎn xiàng dúmùzhōu . Chuántóu hé chuán shāo xiàngshàng qiàoqǐ , xiàng guàzài tiānbiān de xīnyuè , xíngdòng qīngkuài línghuó , fǎngfú tián gōu lǐ de shuǐshé .

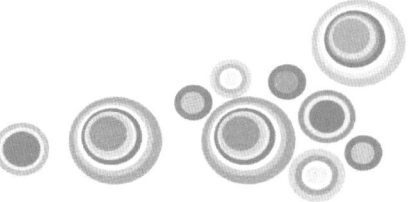

Wǒmen zuòzài chuán cānglǐ, pí diànzi ruǎnruǎn dexiàng shāfā yìbān. Xiǎotǐng chuānguò yí zuòzuò shíqiáo, wǒmen dǎkāi chuānghù, wǎngwǎng zhōuwéi dejǐngsè, gēn láiwǎng de chuánzhī dǎzhāohū, yǒu shuōbùwán de kāixīn.

Chuánfū de jiàshǐ jìshù tèbié hǎo. Xíngchuán de sùdù jíkuài, láiwǎng chuánzhī hěnduō, tā kànqǐlái què yìdiǎn dōubù cōngmáng. Shāngrén dài ledàbāo de huòwù, cōngcōng de zǒuxià xiǎotǐng, yánhé zuòshēngyì. Rénmen zài xiǎotǐng lǐ gāoshēng tánxiào. Yǒude lǎorén shǒushàng ná le běn shèngjīng, zuòzhe xiǎotǐng qù jiàotáng.

베네치아는 세계적으로 유명한 수상도시로, 수로가 종횡으로 교차하고 있으며, 보트는 주요 교통수단이 되어 거리의 자동차와 같다. 베니스의 작은 배는 길이가 20~30피트이고 좁고 깊어서 카누와 약간 닮았다. 뱃머리와 뱃사공이 하늘가에 떠 있는 초승달처럼 경쾌하고 유연해 밭고랑의 물뱀을 방불케 한다.

우리는 선실에 앉아 있었고 가죽 깔개는 푹신푹신해서 소파 같았다. 작은 배가 돌다리를 건너면, 우리는 창문을 열고, 종종 주위의 경치를 보며 오가는 배들에게 인사하며, 끝없는 기쁨을 느낀다.

뱃사람의 운전 기술이 특히 좋다. 배가 워낙 빨라 오가는 배가 많은데도 그가 보기에는 오히려 조금도 서두르지 않는다. 상인은 큰 가방의 화물을 가지고 급히 보트에서 내려 강을 따라 장사를 했다. 사람들이 보트 안에서 큰 소리로 담소를 나누고 있다. 어떤 노인은 성경책을 손에 들고 보트를 타고 교회에 갔다.

3. 写作 쓰기

第一部分 제1부분

91	我们为什么要爱护动物？	Wǒmen wèishénme yào àihù dòngwù?	우리는 왜 동물을 사랑해야 하나요?
92	我最爱惜的东西是我的手机。	Wǒ zuì àixī de dōngxī shì wǒ de shǒujī.	내가 가장 아끼는 물건은 내 핸드폰이다.
93	出国之前需要办理护照。	Chūguó zhīqián xūyào bànlǐ hùzhào.	출국하기 전에 여권을 만들야 한다.
94	老师的职责是耐心地把知识传授给学生。	Lǎoshī de zhízé shì nàixīn de bǎ zhīshi chuánshòu gěi xuéshēng.	선생님의 책임은 학생에게 인내심을 가지고 지식을 가르치는 것이다.
95	我们班的男女比例是 2:1。	Wǒmen bān de nánnǚ bǐlì shì 2:1.	우리 반의 남녀 비율은 2:1.
96	淡水是人类生存的必需品。	Dànshuǐ shì rénlèi shēngcún de bìxūpǐn.	민물은 인간에 생존의 필수품이다.
97	学习外语时，努力和敢说是非常必要的。	Xuéxí wàiyǔ shí, nǔlì hé gǎn shuō shì fēicháng bìyào de.	외국어를 공부할 때 꾸준한 노력과 말하기 연습이 매우 필요하다.

| 98 | 经常旅游可以增长见闻。 | Jīngcháng lǚyóu kěyǐ zēngzhǎng jiànwén. | 자주 여행하면 견문을 늘릴 수 있다. |

第二部分 제2부분

99. 这次的舞蹈比赛竞争格外激烈，虽然我辛苦准备了四个月，可惜最后还是没能顺利晋级。不过没关系，我并不后悔，在赛场上我碰见了非常优秀有实力的选手，所以自己还需要继续努力，在每一次的失败中总结，积累经验。

Zhè cì de wǔdǎo bǐsài jìngzhēng géwài jīliè, suīrán wǒ xīnkǔ zhǔnbèile sì gè yuè, kěxí zuìhòu háishì méi néng shùnlì jìnjí. Bùguò méiguānxì, wǒ bìng bù hòuhuǐ, zài sàichǎng shàng wǒ pèngjiànle fēicháng yōuxiù yǒu shílì de xuǎnshǒu, suǒyǐ zìjǐ hái xūyào jìxù nǔlì, zài měi yīcì de shībài zhōng zǒngjié, jīlěi jīngyàn.

이번 댄스 경연대회는 특히 경쟁이 심해서 제가 4개월 동안 힘들게 준비했지만 아쉽게도 최종 순위에 오르지 못했습니다.하지만 괜찮아요. 후회는 없어요.경기장에서 아주 훌륭하고 실력 있는 선수를 만났기 때문에, 나는 계속 노력해야 한다.매번의 실패에서 총결산하여 경험을 쌓다.

100. 刘老师是我的中文老师。她的中文说得很好，她的韩国语也说得很好，因为她在韩国住了十几年了。刘老师有很多爱好，她很喜欢看报纸，她每天早上上班之后做的第一件事情是读报纸，读报纸的时候她很开心。除了韩语报纸，她还喜欢读中文报纸。

Liú lǎoshī shì wǒ de zhōngwén lǎoshī. Tā de zhōngwén shuō de hěn hǎo, Tā de hánguó yǔ yě shuō de hěn hǎo, yīnwèi tā zài hánguó zhùle shí jǐ niánle. Liú lǎoshī yǒu hěnduō àihào, tā hěn xǐhuān kàn bàozhǐ, tā měitiān zǎoshang shàngbān zhīhòu zuò de dì yī jiàn shìqíng shì dú bàozhǐ, dú bàozhǐ de shíhòu tā hěn kāixīn. Chúle hányǔ bàozhǐ, tā hái xǐhuān dú zhōngwén bàozhǐ.

류 선생님은 나의 중국어 선생님이다.그녀는 중국어를 아주 잘 하고 한국어도 잘한다. 왜냐하면 그녀는 한국에서 십여 년을 살았다. 류 선생님은 많은 취미가 있다. 신문을 즐겨 보기 때문에 매일 아침 출근 후에 하는 첫 번째 일은 바로 신문을 읽는 것이다. 신문을 읽을 때 아주 즐거워한다. 그녀는 한국어 신문 이외에 중국어 신문을 즐겨 읽는다.

梦想中国语 模拟考试

新汉语水平考试

HSK（五级）3

注　意

一、HSK（五级）分三部分：

1. 听力（45 题，约 30 分钟）

2. 阅读（40 题，45 分钟）

3. 书写（10 题，40 分钟）

二、听力结束后，有 5 分钟填写答题卡。

三、全部考试约 125 分钟（含考生填写个人信息时间 5 分钟）。

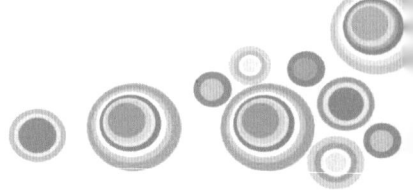

一. 听力

第一部分

第 1-20 题：请选出正确答案。

1. A 拖地
   B 洗碗
   C 收拾房间
   D 洗衣服

2. A 带钥匙
   B 带伞
   C 带钱包
   D 带手机

3. A 中午
   B 下午
   C 晚上
   D 早上

4. A 640元
   B 720元
   C 700元
   D 680元

5. A 奶绿
   B 椰果奶茶
   C 珍珠奶绿
   D 椰果奶绿

6. A 点了外卖
   B 做好了
   C 吃过了
   D 有剩饭

7. A 起晚了
   B 出车祸了
   C 路上堵车
   D 没车

8. A 减肥
   B 不想吃
   C 怕辣
   D 没胃口

9. A 8点
   B 9点
   C 10点
   D 7点

10. A 1个月
    B 2个月
    C 3个月
    D 4个月

11. A 猫咪
    B 宝宝
    C 老公
    D 宠物狗

12. A 聚餐
    B 唱歌
    C 按摩
    D 送儿子上辅导班

13. A 中秋节
    B 春节
    C 元宵节
    D 端午节

14. A 有魅力
    B 善良
    C 做事勤勉
    D 人缘好

15. A 美食很多
    B 网上很火
    C 店面精致
    D 网红很多

16. A 11点
    B 12点
    C 9点
    D 2点

17. A 男士朋友的
    B 老师
    C 妈妈
    D 爸爸

18. A 向前50米
    B 向左50米
    C 向右100米
    D 直走100米处

19. A 今天下午
    B 今天中午
    C 明天上午
    D 明天下午

20. A 经理
    B 教师
    C 驾驶员
    D 警察

第二部分

第 21-45 题：请选出正确答案。

21. A. 张家岗
    B. 张家界
    C. 湖北省
    D. 湖南省

22. A. 预订房间
    B. 预订机票
    C. 预订饭店
    D. 预订门票

23. A. 音响
    B. 电脑
    C. 键盘
    D. 中关村

24. A. 一直记得
    B. 不想过
    C. 很冷清
    D. 没有特点

25. A. 进行业务企划案报告
    B. 帮助女的
    C. 做业务企划案
    D. 和女的谈话

26. A. 洪水
    B. 干旱
    C. 地震
    D. 沙尘暴

27. A. 查余额
    B. 充话费
    C. 查通话记录
    D. 开通漫游

28. 市场需求量增大
    B. 产品质量出问题
    C. 生产环节有纰漏
    D. 产品销售不出去

29. A. 施工现场出事故了
    B. 美国进口设备刚到
    C. 不放心
    D. 就是想看看

30. A. 最为器重
    B. 款式不好
    C. 功能不全
    D. 价格有点高

31. A 四元
    B 五元
    C 六元
    D 七元

32. A 不喜欢吃辣
    B 不能吃辣
    C 天太热
    D 对辣过敏

33. A 轮船
    B 绿皮火车
    C 高铁
    D 飞机

34. A 儿子
    B 干儿子
    C 侄子
    D 弟弟

35. A 叉烧饭
    B 糖醋肉
    C 板鸭
    D 菠萝包

36. A 旅游胜地各具特色
    B 中国很大
    C 中国物价便宜
    D 中国交通方便

37. A 泰山
    B 青海湖
    C 西藏
    D 以上都是

38. A 品尝各具特色的美食
    B 参观古代城墙
    C 欣赏湖景
    D 学习武术

39. A 狄更斯
    B 莎士比亚
    C 欧亨利
    D 鲁迅

40. A 窗外有一棵光秃秃的树
    B 病人最后去世了
    C 画家送了病人一幅画
    D 病人能看见窗外的树

41. A 世界上没有奇迹
    B 希望一直存在
    C 希望对人类没有价值
    D 我们可以没有希望

42. A 生活不掌握在自己手里
    B 我们只能当生活的读者
    C 我们要做真实的自己
    D 我们做不了生活的主角

43. A 法网公开赛

    B 美网公开赛

    C 世界锦标赛

    D 奥运会

44. A 教练

    B 运动员

    C 新闻工作者

    D 裁判员

45. A 要积累生活经验

    B 要做真实的自己

    C 要学会画画

    D 要慎重选择职业

二、阅读

第一部分

第 46-60 题：请选出正确答案。

46-48.

乌鸦口渴得要命，飞到一只大水罐旁，水罐里没有很多水，他想尽了办法，仍喝不到。于是，他就使出全身力气去推，想把罐推倒，倒出水来，而大水罐却推也推不动。这时，乌鸦想起了他曾经使用的办法，用口<u>46</u>着石子投到水罐里，随着石子的<u>47</u>，罐里的水也就逐渐地升高了。最后，乌鸦高兴地喝到了水，解了口渴。这故事说明，<u>48</u>。

46. A 靠   B 叼   C 放   D 倚

47. A 增多   B 减少   C 变化   D 增量

48. A 人比人气死人 B 天上掉馅饼   C 吉人自有天相 D 智慧往往胜过力气

49-52.

在网上看过一个话题，最不舍得删掉的一张照片是什么？有个女生发了自己妈妈做饭的照片，照片里的妈妈站在一个小板凳上，有些<u>虚弱</u>地拿着锅铲下厨。女生说，她的妈妈当时已经生病晚期了，但是还是<u>强打</u>精神，到厨房为自己下了一碗面。没过多久，妈妈去世了，这也就成了妈妈的最后一张照片。

以前经常去一个朋友家，觉得他家里人的<u>手艺</u>特别好，做的卤味牛肉真是一绝。后来，阿姨生病去世了，再去他家的时候，冷清得让人想哭。一个失去了<u>生活气息</u>的家，真的让人感觉不是滋味。

49. A 精神   B 难过   C 虚弱   D 幸福

50. A 打开   B 回复   C 收起   D 强打

51. A 手艺   B 性格   C 情绪   D 手工

52. A 阳光   B 生活气息   C 朋友   D 浪漫回忆

53-56.

微信作为一款为人们交流提供平台的社交软件，在<u>53</u>之初并没有被太多的人重视，看下微信的发展起点，我们会发现，这款如今几乎要和身份证一样普及的软件仅仅是起始于2010年10月的一个腾讯旗下的小团队合作。但是其后续发展却54了所有人的预料，因为它弥补了QQ所触及不到的领域。

和微信一起发展起来的，还有与微信配套的一些游戏以及公共平台。微信的<u>病毒式</u>散播使得许多明星也纷纷加入到这个团队里来，因为这是一个很好地宣传自己的平台，明星微信由此<u>应运而生</u>，各路明星都在这个平台上与自己的粉丝进行着互动。

53.	A 诞生	B 开始	C 造成	D 成功
54.	A 变成	B 相似	C 达到	D 出乎
55.	A 短程	B 近距离	C 病毒式	D 点阵式
56.	A 应运而生	B 乘风破浪	C 波及	D 一路顺风

57-60.

狮子爱上了农夫的女儿，向她求婚。农夫<u>57</u>将女儿许配给野兽，但又惧怕狮子，一时无法拒绝，于是他急中生智，心生一计。狮子再次来请求农夫时，他便说，他认为狮子娶自己的女儿<u>58</u>，但狮子必须先拔去牙齿，剁掉爪子，否则不能把女儿嫁给他，因为姑娘惧怕这些东西。狮子利令智昏，色迷心窍，很<u>59</u>地接受了农夫的要求。从此，那农夫就瞧不起狮子，毫不惧怕他。狮子再来时，农夫就用棍子打他，把他绑起来了。

这故事说明，有些人轻易相信别人的话，<u>60</u>，结果，轻而易举地被原来恐惧他们的人击败了。

57.	A 希望	B 痛心	C 不忍	D 生气
58.	A 不适合	B 不配	C 很适合	D 很失望
59.	A 懊悔	B 难过	C 轻易	D 失望
60.	A 利用别人的长处		B 相信自己	
	C 拒绝别人		D 抛弃自己特有的长处	

第二部分

第 61-70 题：请选出与试题内容一致的一项。

61 最近，以一部分大企业为中心，正在形成"企业碎片"。这种模式来源于想要把意思决定单纯化的意图。在这期间，大企业因其庞大的机构，需要经历复杂的裁决流程。但最近随着市场环境突变，意思决定的速度变成了企业的竞争力。因此，企业把子公司当作独立的公司分离出来，通过让渡各个公司的决定权限来迅速应对市场变化。
A 企业机构庞大决定问题很复杂
B 子公司没有决定权
C 企业碎片是想要把意思决定阶段单纯化
D 执行力决定了企业竞争力

62 染料混合或上二遍色的话就会变得浑浊。所以19世纪的画家发明了通过点点来表现颜色的"点描法"。举例来说，湿润地点一个红点和一个蓝点，从稍远的地方看，这两个点混合在了一起，看起来就像是紫色。这样出来的颜色比单纯混合染料得来的颜色给人一种更明亮温柔的感觉。因此，点描法成为绘画的代表性技法，连现代的画家也常常使用这种画法。
A 用这样的技法画画能给人一种温柔的感觉。
B 燃料需要上两遍色
C 现代画家放弃了点描法
D 单纯混合染料更明亮

63 生物因为对环境的变化很敏感，所以起到了环境污染指标的作用。一个例子就是喇叭花是大气污染的指标，如果喇叭花上有了白色的斑点，就意味着空气受到了污染。此外，鱼也反映了水污染的程度。如果有香鱼，就意味是干净的一级水；如果有泥鳅，就意味着是不太干净的三级水。像这样，即使没有复杂的测定装备，通过指标生物也能了解该地区的污染程度。
A 喇叭花是水污染的指标
B 污染程度需要有专业设备测定
C 通过水里生活的鱼的种类可以得知水是否被污染了。
D 有泥鳅证明水质干净

64 政府正在实行提供患者医药品处方履历的"医药品安全使用服务"。这个制度可以让医疗机构在给患者开药之前，能在网上查到他们在其他机构都开过哪些药，其目的是避免吃不能一起吃的药，或者反复吃同一种药产生的副作用。可以期待通过这个制度，恰当的医药品处方会增进国民的健康。

A 这项服务泄露了病人隐私

B 这项服务可能降低医疗成本

C 这项服务有助于药师了解病人用药情况

D 为了防止医药品的不当处方而实施了这个制度。

65 现代人在很多情况下通过统计来了解事实，但统计也不能绝对地反映事实。比如假设黄瓜的价格1月份是5元/斤，2月份是8元/斤，而现在是7元/斤。以现在的黄瓜价格为统计对象，如果以1月份为基准就是大幅上升，而如果以2月份为基准就是大幅下降。

A 统计可以绝对地反映事实

B 统计会随着基准设定的不同而被多样性地解读。

C 以2月份为基准现在的黄瓜价格上升

D 以1月份为基准现在黄瓜价格平稳

66 候鸟根据品种的不同，数万乃至数十万的鸟结成一群以一定的队形飞行。这个时候，处于队形排头位置的就是头鸟，它承担着让队伍安定前进的作用。为了达到这样的目的，头鸟需要在队伍的最前方顶着强劲的风飞行，因此需要具备能够找到最好航线和高度的能力。此外，头鸟还要有不管发生什么危机状况都能快速应对的判断力。

A 候鸟的头鸟需要具备经验和判断力。

B 跟随的鸟需要保护头鸟

C 头鸟起着导航的作用

D 头鸟决定目的地

67 某些人获得了经济上的宽裕之后也感到无聊了。人们倾向于把这种无聊不当回事儿，但是无聊感会成为阻碍一个人幸福生活的因素。因为那些钱或名誉多到不用羡慕别人的人会因为无聊感而做出脱离社会的举动，甚至当无聊感恶化的时候还会发展成为忧郁症。所以无聊感并不是能够让人视而不见的微不足道的事情。

A 经济宽裕意味着精神生活丰富

B 无聊感与忧郁症没有关系

C 不要看轻无聊感，要认识到它的深刻性。

D 无聊感会让人更加幸福

68 有的人道歉的时候没有用真心，十分敷衍。而且人们在道歉的时候只是强调意图是友善的，而回避与该行为对应的责任。但是，道歉必须成为对某件事的结果负责的行为。不管是善意的还是恶意的，如果自己的行为给对方带来痛苦的话，就要对此负责，这才是真正的道歉。道歉的人首先要知道的就是这个事情。

A 道歉是直面责任的行为

B 我们无需为善意的事道歉

C 善意的道歉不会给人带来痛苦

D 对事情的结果负责是真正的道歉。

69 一个研究组弄明白了没有气味的无味状态的条件。人的鼻子在各种气味当中主要闻一些浓度高的气味。但是将不同气味的粒子以相同的量混合的时候，人的鼻子却闻不到什么气味。对此，研究人员正着手研究去除恶臭的技术，旨在在恶臭中加入其它等量的气味，使得恶臭的味道根本感觉不到。这个技术一经被开发，便可帮助缓解那些在严重恶臭环境中工作的人的难处。

A 人的鼻子很灵敏

B 将不同的气味按比例混合就闻不到气味了

C 这个发现没有任何意义

D 这个技术已经十分成熟

70 我们现在已经进入了机器代替人类认知领域的第二机械时代。我们不能断定如此飞跃发展的机械时代让我们的生活变得更加润泽还是更加疏远。但是很明显的事实是急速的技术发展极大地改变了现在的产业构造。随着产业构造的变化，自然而然工作的变动性也变大了。所以可以预见的是现在65%的小学生未来都将从事现在没有的工作。

A 科学的发展让我们的生活变得更加滋润

B 技术对产业的影响微不足道

C 未来机器将完全代替人力

D 机械时代工作的变动性变大了

第三部分

第 71-90 题：请选出正确答案。

第71-74题

春天又到了。每逢这时候，我就会不由自主地想起我的刘老师，想起他放上天空的风筝。

刘老师教我们历史课。他个子不高，微微发胖的脸上有一双时常眯起来的慈祥的眼睛，一头花白的短发更衬出他的忠厚。他有一条强壮的右腿，而左腿，膝盖以下被全部截去了，靠一根圆木拐杖支撑着。

每到春天放学后，刘老师便在校园的操场上，放起他亲手制作的风筝。

他的风筝各式各样：有简单的"豆腐块儿"，有长长的蜈蚣，最精妙的是黑色的燕子风筝。他的腿自然不便于奔跑，但他却决不肯失去亲手把风筝送上蓝天的欢乐。放飞风筝的时候，他笑着，叫着，挂着拐杖，蹦跳着，指着天上的风筝，同看风筝的同学们说笑。放风筝让他感到充实和幸福，因为他感到了生命的力量。

我已经近三十年没见到刘老师了。然而他永远在我的记忆里，放起一只又一只理想的风筝。

71 现在是什么季节？

A 春天   B 夏天

C 秋天   D 冬天

72 刘老师教什么科目？

A 国文课   B 手工课

C 历史课   D 地理课

73 春天放学后，刘老师喜欢干什么？

A 在办公室批改同学们的作业   B 去集市上卖风筝

C 在操场上看同学们放风筝   D 在操场上放亲手做的风筝

74 作者想要表达的感情是？

A 讨厌刘老师   B 思念并感恩刘老师

C 同情刘老师   D 对刘老师感到抱歉

第75-78题

在我们的一生中，有很多书在等着我们去读，可是，要读完所有的书是根本做不到的，这就要求我们对读物进行认真地选择。

我们可以选择哪些读物呢？

第一，可以选读一些优秀、经典的名著。读了这些书，我们就会明白，什么样的文章才是真正出色的文章。

第二，可以选读一些名人传记。读这些书，我们仿佛是在与古往今来优秀的人们交谈，这对我们的成长是非常有意义的。

第三，可以选读一些科普类的书。这类书很有趣，可以学到各方面的科学知识。

此外，还可选择一些工具书，如字典、词典、百科全书等。

选择什么样的书，往往因人而异。我们可以根据自己的兴趣爱好来选书，一个人的兴趣爱好也是可以通过读书来培养的。选择合适的书是一种本领，掌握了这种本领，就能帮助你用有限的时间去读更多的好书，去获取更多的知识。

75 上文告诉我们什么？

A 怎样挑选读物　　　　　　　　B 怎样挣到买书的钱

C 怎样读完一本书　　　　　　　D 怎样开书店

76 上文中，哪些是不能选择的读物？

A 名著　　　　　　　　　　　　B 搞笑漫画书

C 名人传记　　　　　　　　　　D 科普类书籍、工具书

77 上文中提出了几种可以选择的读物？

A 一种　　　　　　　　　　　　B 两种

C 三种　　　　　　　　　　　　D 四种

78 与上文思想不符的观点是？

A 不可能读完所有的书　　　　　B 一个人的兴趣爱好可以通过读书来培养

C 选择合适的书是一种没用的本领　D 我们应该学会选择合适的书

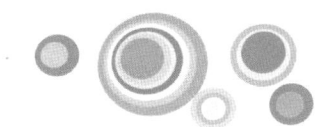

梦想中国语 模拟考试

第79-82题

加拿大的魁北克有一条南北走向的山谷。山谷没有什么特别之处，惟一能引人注意的是，它的西坡长满各种各样的树，而东坡却只有雪松。没人知道这个奇景是怎么形成的。

1983年的冬天，大雪纷飞，有两个旅行者来到了这个山谷。他们支起帐篷，望着满天飞舞的大雪，突然惊奇地发现，由于特殊的风向，山谷东坡的雪总比西坡的雪来得大。当雪积到一定程度时，雪松那富有弹性的枝丫就开始向下弯曲，于是积雪便从树枝上滑落，待压力减轻，刚弯下去的树枝又立即反弹过来，雪松依旧保持着苍翠挺拔的身姿。就这样，反复地积，反复地弯，反复地落，反复地……不论雪下得多大，雪松始终完好无损。

谜底终于被揭开了：东坡雪大，其他那些树，因为没有雪松这个本领，树枝都被积雪压断了渐渐地丧失了生机。而西坡雪小，树上少量的积雪根本就压不断树枝，所以除了雪松之外，其他的树种，也都存活了下来。

他们由此得到了一个启示——对于外界的压力，可以通过正面抗争去战胜它，但有时也需要像雪松那样先弯曲一下，作适当的让步，以求反弹的机会。

弯曲不是倒下和毁灭，而是为了生存和更好地发展。

79 上文中的山谷在哪里？

A 泰国 B 加拿大
C 美国 D 中国

80 山谷引人注意的地方是？

A 东坡只有雪松的奇景 B 各种各样美丽的树木
C 东西坡植被完全相同 D 各种各样的自然野生动物

81 旅行者们揭开的谜底是？

A 西坡雪大，其他树木无法存活 B 东坡雪大，只有雪松可以存活
C 西坡雪大，因此有多种植物 D 东坡雪大，因此有多种植物

82 这个故事告诉我们什么道理？

A 永远不能屈服于压力 B 面对困难应该迎难而上、勇往直前
C 适当让步是一种生存策略 D 弯曲就意味着倒下和毁灭

第83-86题

同学们,今天,我想跟大家谈一谈"合作"的话题。

我们任何人在这个世界上都不是孤立存在的,都要和周围的人发生各种各样的关系。你是学生,就要和同学一起学习,一起游戏;你是上班族,就要和同事一起工作;你是军人,就要和战友一起生活,一起训练。

总之,不论你从事什么职业,也不论你在何时何地,都离不开与别人的合作。

什么是合作呢?顾名思义,合作就是互相配合,共同把事情做好。世界上有许多事情,只有通过人与人之间的相互合作才能完成。人们常说:小合作有小成就,大合作有大成就,不合作就很难有什么成就。这是非常宝贵的人生道理,我们应该牢牢记住。

现代社会是一个充满竞争的社会,但同时也是一个更加需要合作的社会。只有学会与别人合作,我们才能取得更大的成功。

83 上文的主题是?

A 友谊 B 竞争
C 合作 D 奋斗

84 与上文内容不符的是?

A 任何人在世界上都不是孤立的 B 我们都离不开与别人的合作
C 现代社会是一个充满竞争的社会 D 现代社会已经没那么需要合作了

85 文中体到"非常宝贵的人生道理"是什么?

A 想要成就,就必须学会合作 B 与人合作也不一定会成功
C 与人竞争才是成功的最好办法 D 这是一个竞争激烈的社会

86 上文最有可能是谁说的?

A 学校老师 B 公司总裁
C 小说作家 D 综艺主持人

第87-90题

知识又叫做"学问",这是很有道理的。知识是学来的,也是问来的。"问"常常是打开知识殿堂的金钥匙,是通向成功之门的铺路石。

我们面对的是一个五彩缤纷的世界。这个世界日新月异,我们应该遇事多问几个"为什么",学会从平常事物中发现问题。有了问题,可随时随地请教别人,只要他确实能给你帮助,不管他年长年幼,地位高低,都可以成为你的老师,都应该向他请教。古人说的"能者为师"就是这个道理。

学问、学问,既要学又要问。学与问是相辅相成的,只有在学中问,在"问"中学,才能求得真知。我们从小养成了勤学好问的习惯,就好比插上了两只强健有力的翅膀。到那时,知识的天空将任你翱翔,宇宙的奥妙将任你探求,你将真正成为学习的主人。

87 上文提到,知识又叫做什么?

A 学问　　　　　　　　　　B 学习

C 常识　　　　　　　　　　D 学识

88 怎样成为学习的主人?

A 将所有知识全部背熟　　　B 学会提问,在"问"中学

C 进入最优秀的学校　　　　D 跟随最优秀的老师

89 与上文内容不符的是?

A 有了问题,可随时随地请教别人　　B 学与问是相辅相成的

C 只有年长的人才能成为老师　　　　D 我们应该学会从平常事物中发现问题

90 划线句子用了什么方法强调"问"的重要性?

A 反问　　　　　　　　　　B 感叹

C 比喻　　　　　　　　　　D 重复

三、书写

第一部分

91. 工作的 失误 时候 是 不可避免的

92. 高级 她的 汉语 达到了 已经 水平

93. 值得 地方 每个人 都有 学习的 他人

94. 我 经常 MP3 的时候 上大学 播放器 使用

95. 手机里 100多张 我的 保存了 照片

96. 我 经典 和 喜欢 流行 音乐 老歌

97. 健康的 一个 怎样 拥有 才能 身体

98. 不免 让我 回忆起 熟悉的 歌 往事

第二部分

第 99-100 题：写短文

99. 请结合下列词语（要全部使用），写一篇80字左右的短文。

毕业、 舍不得、 祝福、 顺利、 感动

100.请结合这张图片写一篇80字左右的短文。

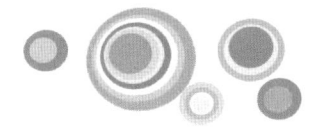

<HSK 5급 실전 모의고사 3> 답안

一、听力

第一部分 답안

1. C	2. B	3. D	4. A	5. D
6. A	7. C	8. A	9. C	10. C
11. D	12. C	13. A	14. C	15. D
16. C	17. A	18.	19. A	20. B

第二部分 답안

21. B	22. A	23. C	24. D	25. B
26. D	27. A	28. B	29. C	30. D
31. C	32. C	33. D	34. C	35. D
36. A	37. D	38. A	39. C	40. D
41. B	42. C	43. A	44. C	45. B

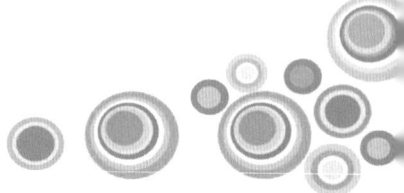

二、阅读

第一部分 답안

46. B	47. A	48. D	49. C	50. D
51. A	52. B	53. A	54. D	55. C
56. A	57. C	58. C	59. C	60. D

第二部分 답안

61. C	62. A	63. C	64. D	65. B
66. A	67. C	68. D	69. B	70. D

第三部分 답안

71. A	72. C	73. D	74. B	75. A
76. B	77. D	78. C	79. B	80. A
81. B	82. C	83. C	84. D	85. A
86. A	87. A	88. B	89. C	90. C

三、写作

第一部分 답안

91. 酒后不可以驾车。

92. 哪家饭店的菜都不如妈妈做的菜好吃。

93. 我喜欢看明星采访节目。

94. 对待学习应采取认真仔细的态度。

95. 我买衣服的时候吃过亏。

96. 我们应该充分利用时间。

97. 我能出色地完成老师布置的任务。

98. 爸爸要去中国出席一个重要的国际会议。

第二部分 답안

99. （仅供参考）

　　一眨眼我们就要大学毕业了，舍不得朝夕相处了四年的同学老师，舍不得离开美丽的校园，有趣的课堂，总之有太多的舍不得。所以在这最后的时光，我们彼此祝福对方，收到了很多的感动，也希望大家以后都能工作顺利，前程似锦。

100. （仅供参考）

　　她又收到了他的信，她非常开心，他在军队里，和女朋友见面不容易，所以他们就用通信的方式联系，她每天都会去看信箱有没有他的信，有时候一周一封，有时候一个月一封，再坚持一年他退役之后，他们就能结婚了。

<HSK 5급 실전 모의고사 3> 본문 및 해석

1. 听力 듣기

第一部分 제1부분

第 1 到 20 题，请选出正确答案，现在开始第 1 题：

1. 女:房间那么乱，快去收拾一下，要不然我就得收拾你了。

   男:我等下就收拾。

   问:女士让男士做什么？

   Nǚ: Fángjiān nàme luàn, kuài qù shōushiyíxià, yào bùrán wǒ jiù děi shōushí nǐle.

   Nán: Wǒ děng xià jiù shōushi.

   Wèn: Nǚshì ràng nánshì zuò shénme?

   여자: 방이 저렇게 어지러우니 빨리 치워. 그렇지 않으면 내가 때릴 거야.

   남자: 저는 기다렸다가 치우겠습니다.

   질문: 여자가 남자에게 시킨 일은?

2. 男:天气预报说今天会有小到中雨，你可别忘了带伞，或者雨衣也记得带着。

   女:放心吧！带着呢！

   问:男士叮嘱女士干什么？

   Nán: Tiānqì yùbào shuō jīntiān huì yǒu xiǎo dào zhōng yǔ, nǐ kě bié wàngle dài sǎn, huòzhě yǔyī yě jìdé dàizhe.

   Nǚ: Fàngxīn ba! Dài zhe ne!

   Wèn: Nánshì dīngzhǔ nǚshì gànshénme?

   남자: 일기예보에서 오늘은 가랑비가 계속 온다고 한다. 너는 우산을 가지고 가는 것을 잊지 마라, 또는 비옷도 가지고 가는 것을 잊지 말아라.

   여자: 안심해! 가지고 있네요!

   질문: 남자가 여자에게 당부하는 것은?

3. 女:你快去把垃圾桶倒一下，再不倒就要漫出来了。

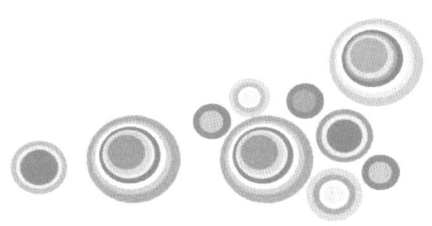

男:早上不是刚倒吗?

问:上一次倒垃圾桶是在什么时间?

Nǚ: Nǐ kuài qù bǎ lā jī tǒng dào yíxià, zàibú dào jiù yào màn chūláile.

Nán: Zǎoshang búshì gāng dào ma?

Wèn: Shàng yícì dào lā jī tǒng shì zài shénme shíjiān?

여자: 너 빨리 가서 쓰레기통 좀 치워라. 더 이상 그렇지 않으면 넘쳐날 거야.

남자: 아침에 금방 치우지 않았어요?

질문: 지난번에 쓰레기통을 옮긴 것은 언제인가?

4. 男:这件衬衫多少钱?

女:先生您真是好眼光！这件原价800，现在是活动期间，给您打八折。

问:衬衫的价格是多少?

Nán: Zhè jiàn chènshān duōshǎo qián?

Nǚ: Xiānshēng nín zhēnshi hǎo yǎnguāng! Zhè jiàn yuánjià 800, xiànzài shì huódòng qījiān, gěi nín dǎ bā zhé.

Wèn: Chènshān de jiàgé shì duōshǎo?

남자: 이 셔츠 얼마예요?

여자: 정말 안목이 좋으시군요. 이 제품 원가는 800으로, 지금은 행사 기간이므로 20% 할인해 드리겠습니다.

질문: 셔츠 가격은?

5. 女:要一杯奶绿加珍珠。

男:抱歉，女士！我们的珍珠已经售罄了，换成椰果可以吗?

问:女的最后喝了什么?

Nǚ: Yào yībēi nǎi lǜ jiā zhēnzhū.

Nán: Bàoqiàn, nǚshì! Wǒmen de zhēnzhū yǐjīng shòu qìngle, huàn chéng yē guǒ kěyǐ ma?

Wèn: Nǚ de zuìhòu hēle shénme?

여자: 크림에 펄 한 잔 주세요.

남자: 죄송합니다,여사님! 우리 펄이 매진됐는데 코코넛으로 바꿔도 될까요?

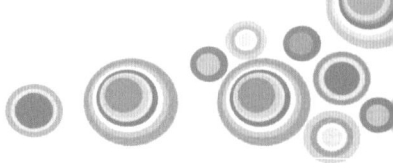

질문: 여자는 마지막으로 뭘 마셨나요?

6. 男:早点起床，过了八点就买不到早点了。

   女:别担心，我昨天晚上就提前订好了早点，会有人送过来的。

   问:女士为什么不担心买不到早餐?

   Nán: Zǎodiǎn qǐchuáng,guòle bā diǎn jiù mǎi bú dào zǎodiǎnle.

   Nǚ: Bié dānxīn, wǒ zuótiān wǎnshàng jiù tíqián dìng hǎole zǎodiǎn, huì yǒurén sòng guòlái de.

   Wèn: Nǚshì wèi shénme bù dānxīn mǎi bú dào zǎocān?

   남자: 일찍 일어나,8시가 지나면 아침 식사를 못 사요.

   여자: 걱정 마세요. 나는 어제 저녁 일찍 예약을 해 놓았는데, 누군가가 보내 줄 거야.

   질문: 여자들은 왜 아침을 못 살 것이라는 걱정을 하지 않는가?

7. 女:如果你上班再迟到，老板可就要炒你鱿鱼了。

   男:我也不想迟到啊! 我七点就开车过来了，谁能想到前面车撞起来了，让我堵这堵了一个小时呢

   问:男士为什么迟到?

   Nǚ: Rúguǒ nǐ shàngbān zài chídào, lǎobǎn kě jiù yào chǎo nǐ yóuyúle.

   Nán: Wǒ yě bùxiǎng chídào a! Wǒ qī diǎn jiù kāichē guòláile, shéi néng xiǎngdào qiánmiàn chē zhuàng qǐláile, ràng wǒ dǔ zhè dǔle yíge xiǎoshí ne

   wèn: Nánshì wèi shénme chídào?

   여자: 만약 네가 출근에 더 늦는다면, 보스는 너를 해고할 거야.

   남자:나도 늦고 싶지 않아!나는 7시에 바로 차를 몰고 왔는데, 누가 앞차가 부딪힐 줄 생각이나 했겠는가? 날 한 시간 동안 막아놨잖아.

   질문: 남자는 왜 늦었나?

8. 男:新开的那家披萨店挺火的，咱们要不要一起去尝尝?

   女:披萨热量比得上三四碗饭吧，我还想瘦到八十斤呢，我才不去。

   问:女士为什么没有答应男士的请求?

   Nán: Xīn kāi de nà jiā pīsà diàn tǐng huǒ de, zánmen yào bùyào yìqǐ qù cháng cháng?

Nǚ: Pīsà rèliàng bǐ de shàng sānsì wǎn fàn ba, wǒ hái xiǎng shòu dào bāshí jīn ne, wǒ cái bú qù.

Wèn: Nǚshì wèi shénme méiyǒu dāyìng nánshì de qǐngqiú?

남자: 새로 생긴 피자집이 아주 핫한데 우리 같이 한번 먹어볼까?

여자: 피자 열량이 밥 서너 공기나 되는 거겠지. 나는 여든 근까지 살을 빼고 싶다. 나는 이제 가지 않겠다.

질문: 여성이 왜 남성의 부탁을 들어주지 않았나?

9. 女:比赛就要开始了，你快去准备一下,比赛完估计就十一点了，我们去吃夜宵。

男:还早呢，现在才八点，还有两个小时呢。

问:比赛什么时候开始？

Nǚ: Bǐsài jiù yào kāishǐle, nǐ kuài qù zhǔnbèi yíxià, bǐsài wán gūjì jiù shí yì diǎnle, wǒmen qù chī yèxiāo.

Nán: Hái zǎo ne, xiànzài cái bā diǎn, hái yǒu liǎng gè xiǎoshí ne.

Wèn: Bǐsài shénme shíhòu kāishǐ?

여자: 경기가 곧 시작되니, 빨리 가서 준비하세요. 경기가 끝나면 11시가 될 것 같아. 우리 야식 먹으러 가자.

남자: 아직 일러요. 이제 겨우 8시인데 아직 2시간이나 남았네요.

질문: 경기는 언제 시작하나?

10. 男:我刚来公司，初来乍到的对一切都懵懵懂懂，还希望前辈以后多多指教！

女:哪里哪里，我也是比你早来三个月。

问:女士在公司工作了多久?

Nán: Wǒ gāng lái gōngsī, chūláizhàdào de duì yíqiè dōu měngměngdǒngdǒng, hái xīwàng qiánbèi yǐhòu duōduō zhǐjiào!

Nǚ: Nǎlǐ nǎlǐ, wǒ yěshì bǐ nǐ zǎolái sān gè yuè.

Wèn: Nǚshì zài gōngsī gōngzuòle duōjiǔ?

남자:저는 회사에 갓 와서 처음하는 모든 것에 대해 어리벙해서, 선배님이 앞으로 많은 지도를 해주시기를 바랍니다!

여자: 천만에, 나도 너보다 3개월 먼저 왔어.

질문: 여자분은 얼마나 오랫동안 회사에서 일하셨죠?

11. 女:你看见我家小明了吗?

　　男:刚刚还看见它在那边啃骨头,一转眼就没见了。

　　问:女士在寻找什么?

　　Nǚ: Nǐ kànjiàn wǒjiā xiǎomíngle ma?

　　Nán: Gānggāng hái kànjiàn tā zài nà biān kěn gú tóu, yī zhuàn yǎn jiù méi jiànle.

　　Wèn: Nǚshì zài xúnzhǎo shénme?

　　여자: 우리 소명이 보이니?

　　남자: 방금 그쪽에서 뼈를 갉아먹는 걸 봤는데, 눈 깜짝할 사이에 사라졌어요.

　　질문: 여자분은 누구를 찾으세요?

12. 男:别忘了,周六下午,我们部门要在火锅店一起聚餐,之后再去唱个歌啊。

　　女:好,我到时候送完儿子上辅导班就去!

　　问:女士周六下午不干什么?

　　Nán: Bié wàngle, zhōu liù xiàwǔ, wǒmen bùmén yào zài huǒguō diàn yìqǐ jùcān, zhīhòu zài qù chàng gè gē a.

　　Nǚ: Hǎo, wǒ dào shíhòu sòng wán érzi shàng fǔdǎo bān jiù qù!

　　Wèn: Nǚshì zhōu liù xiàwǔ bú gān shén me?

　　남자: 토요일 오후에 우리 부서가 샤브샤브집에서 함께 회식한다는 거 잊지마. 나중에 또 노래 한번해볼게요.

　　여자: 좋아요. 내가 그때 아들을 학원 보내고 갈게!

　　질문: 여자 토요일 오후에 뭐해요?

13. 女:你怎么一下子买这么多月饼啊,还全是五仁味道的?

　　男:过节嘛!单位发的!

　　问:今天是什么日子?

　　Nǚ: Nǐ zěnme yīxià zi mǎi zhème duō yuèbǐng a, hái quán shì wǔ rén wèidào de?

　　Nán: Guòjié ma! Dānwèi fā de!

　　Wèn: Jīntiān shì shén me rìzi?

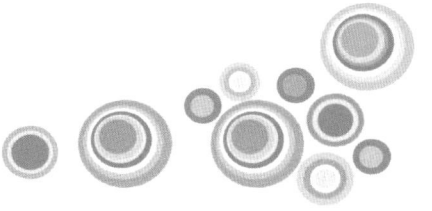

여자: 월병을 한꺼번에 이렇게 많이 사다니. 게다가 전부 五仁(다섯 가지의 소) 맛이라니!

남자: 명절이잖아요. 직장에서 무료 받았어요!

질문: 오늘이 무슨 날인가요?

14. 男:听说同事们一致同意选你为模范员工！你做事这么勤勉是该被评个称号了。

女:太感谢了，主要还是因为同事们对我太好了！

问:女士为什么被评称号?

Nán: Tīng shuō tóngshìmen yīzhì tóngyì xuǎn nǐ wéi mófàn yuángōng! Nǐ zuòshì zhème qínmiǎn shì gāi bèi píng gè chēnghàole.

Nǚ: Tài gǎnxièle, zhǔyào háishì yīnwèi tóngshìmen duì wǒ tài hǎole!

Wèn: Nǚshì wèi shén me bèi píng chēnghào?

남자: 동료들이 당신을 모범 사원으로 뽑기로 합의했다고 들었어요! 당신이 이렇게 부지런히 일한다면 칭호를 받아야 해요.

여자: 너무 고마워요. 주로 동료들이 나한테 너무 잘해준 덕분이에요!

질문: 여자는 왜 그런 칭호를 받았나요?

15. 女:这条就是有名的网红街，你可以品尝到各种各样的美食，在微博、小红书上都很火。

男:这里我上周来过一次，这里店面布置也很精致。

问:关于网红街哪一项不正确?

Nǚ: Zhè tiáo jiùshì yǒumíng de wǎng hóng jiē, nǐ kěyǐ pǐncháng dào gè zhǒng gè yàng de měishí, zài wēi bó, xiǎo hóng shū shàng dū hěn huǒ.

Nán: Zhèlǐ wǒ shàng zhōu láiguò yīcì, zhèlǐ diànmiàn bùzhì yě hěn jīngzhì.

Wèn: Guānyú wǎng hóng jiē nǎ yí xiàng bù zhèngquè?

여자: 이 거리가 바로 유명한 매홍거리이다. 당신은 다양한 음식을 맛볼 수 있다. 웨이보에, 작은 빨간 책들이 매우 뜨겁다.

남자: 여기 제가 지난주에 한 번 왔는데, 여기도 가게 배치가 아주 정교해요.

질문: 온라인 지도와 관련해서 어떤 것이 부정확한가?

16. 男:别磨叽了，收拾东西赶紧出发吧，不然错过这班车又要等12点的那班。

女:11点才发车,还有2个小时呢!

问:现在是几点?

Nán: Bié mó jīle, shōushí dōngxī gǎnjǐn chūfā ba, bùrán cuòguò zhè bānchē yòu yào děng 12 diǎn de nà bān.

Nǚ:11 diǎn cái fāchē, hái yǒu 2 gè xiǎoshí ne!

Wèn: Xiànzài shì jǐ diǎn?

남자:꾸물거리지 말고 물건을 치우고 서둘러 출발하라. 그렇지 않으면 이 버스를 놓치고 또 12시 버스를 기다려야 한다.

여자: 11시에야 출발하는데 2시간이나 남았네요!

질문: 지금 몇 시인가?

17. 女:先生, 这是你的手机吗? 和我的一个型号, 手机壳也一样, 我差点就拿错了!

男:哦不, 这是我朋友的。

问:女士的手里拿的是谁的手机?

Nǚ: Xiānshēng, zhè shì nǐ de shǒujī ma? Hé wǒ de yíge xínghào, shǒujī ké yě yíyàng, wǒ chàdiǎn jiù ná cuòle!

Nán: Ó bù, zhè shì wǒ péngyǒu de.

Wèn: Nǚshì de shǒu lǐ ná de shì shéi de shǒujī?

여자: 선생님, 이게 당신의 휴대폰입니까? 내 핸드폰과 같은 모델인데 케이스도 같아서 내가 잘 못 가질 뻔 했어요!

남자: 아니, 이건 내 친구의 휴내폰입니다..

질문: 여자가 손에 들고 있는 것은 누구의 휴대전화인가?

18. 男:你好, 请问博物馆怎么走呢?

女:沿着这条路直走100米, 然后它在你的左手边, 旁边挨着龙门客栈。

问:龙门客栈怎么走?

Nán: Nǐ hǎo, qǐngwèn bówùguǎn zěnme zǒu ne?

Nǚ: Yánzhe zhè tiáo lù zhí zǒu 100 mǐ, ránhòu tā zài nǐ de zuǒshǒu biān, pángbiān āizhe lóngmén kèzhàn.

Wèn: Lóngmén kèzhàn zěnme zǒu?

남자: 안녕하세요. 실례지만 박물관은 어떻게 가면 되나요?

여자: 이 길을 따라 100 미터 직진하세요. 그곳은 당신의 왼쪽 방향에 있고, 그 옆에는 용문 여인숙이 붙어 있어요.

질문: 용문 여인숙에 어떻게 가나요?

19. 女:天气预报显示，今天下午有中雨，晚上会来台风，明天一天都会下暴雨。

男:那我得带把伞了。

问:什么时候会有中雨?

Nǚ: Tiānqì yùbào xiǎnshì, jīntiān xiàwǔ yǒu zhōng yǔ, wǎnshàng huì lái táifēng, míngtiān yìtiān dūhuì xià bàoyǔ.

Nán: Nà wǒ děi dài bǎ sǎnle.

Wèn: Shén me shíhòu huì yǒu zhōng yǔ?

여자: 일기예보에 따르면, 오늘 오후에 비가 많이 오고 밤에 태풍이 올 거야. 내일하루 종일 폭우가 쏟아진다.

남자: 그럼 우산을 가지고 가야겠네요.

질문: 언제 비가 많이 오나요?

20. 男:你孩子最近上课经常开小差，做家长的要多和孩子沟通。

女:实在是让您费心了。

问:男士的职业是什么?

Nán: Nǐ háizi zuìjìn shàngkè jīngcháng kāixiǎochāi, zuò jiāzhǎng de yāo duō hé háizi gōutōng.

Nǚ: Shízài shì ràng nín fèixīnle.

Wèn: Nánshì de zhíyè shì shén me?

남자: 당신 아이는 요즘 수업을 자주 듣는데, 가장이 되는 사람은 아이와 많이 소통해야 한다.。

여자:정말 신경이 쓰여요.

질문: 남자의 직업은?

第二部分 제2부분

21. 男：你听说了吗？咱们系的同学准备自发组织去旅行。

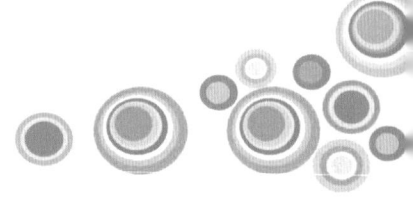

女：是吗？我还不知道呢。去哪儿啊？

男：好像是去张家界。

问：他们准备去哪儿？

Nán:Nǐ tīng shuō le ma?Zán men xì de tóng xué zhǔn bèi zì fā zǔ zhīqù lǚ xíng 。

Nǚ:Shì ma?Wǒ hái bù zhī dào ne. Qù nǎ ér a?

Nán:Hǎo xiàng shìqù zhāng jiā jiè 。

Wèn:Tā men zhǔn bèiqù nǎ ér?

남자: 얘기 들었어? 우리 과 학생들은 자발적으로 여행을 조직하려고 한다.

여자: 그래요? 아직 모르겠어요. 어디로 가는 거죠?

남자: 장가계로 가는 것 같아요.

문제: 그들은 어디로 갈 생각인가요?

22. 男：您好，这里是客房预订部。

女：我想预订这个星期五的客房，有双人间吗？

男：请问您需要几间？

女：需要两间

问：女的在干什么？

Nán:Nín hǎo,zhè lǐ shì kè fáng yù dìng bù 。

Nǚ:Wǒ xiǎng yù dìng zhè gè xīng qī wǔ de kè fáng,yǒu shuāng rén jiān ma?

Nán:Qǐng wèn nín xū yào jǐ jiān?

Nǚ: Xū yào liǎng jiān

Wèn:Nǚ de zài gàn shén me?

남자: 안녕하세요. 여기는 객실 예약부예요.

여자: 이번 금요일 객실을 예약하고 싶은데 더블룸이 있어요?

남자: 몇 칸이나 필요하십니까?

여자: 방 두 개가 필요해요

문제: 여자는 뭐하고 있어요?.

23. 男：文思，这么巧啊！

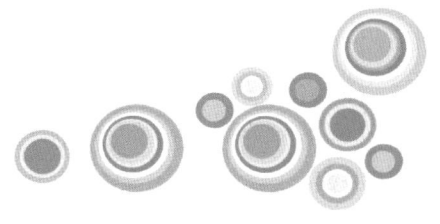

女：是啊，你也出来逛街吗？

男：嗯，家里的音响坏了，今天来看看有没有合适的，再买一台。

女：我正好也要去中关村买电脑键盘，要不我们一起去？

问：女的要去买什么？

Nán:Wén sī,zhè me qiǎo a！

Nǚ:Shì a,nǐ yě chū lái guàng jiē ma？

Nán:Ňg,jiā lǐ de yīn xiǎng huài le,jīn tiān lái kàn kàn yǒu méi yǒu hé shì de , zài mǎi yī tái 。

Nǚ:Wǒ zhèng hǎo yě yàoqù zhōng guān cūn mǎi diàn nǎo jiàn pán,yào bù wǒ men yìqǐqù？

Wèn:Nǚ de yàoqù mǎi shén me？

남자: 문사, 공교롭네!

여자: 너도 쇼핑하러 나왔니?

남자: 네, 집에 오디오가 고장나서 오늘 어디 있는지 보러 왔어요. 적당한 게 없어서 한 대 더 사요.

여자: 나도 마침 중관춘에 가서 컴퓨터 자판을 사야겠어. 아니면 우리 같이 가지 않을래?

문제: 여자는 뭘 사러 갔어요?

24. 女：东东，下个星期就是你的生日了，准备怎么过啊？

男：生日？嗨，最近我事儿特别多，忙得脚打后脑勺，你不说我差点儿忘了。

女：今年是你的本命年。为了庆祝你的生日，咱们得多找几个朋友一起热闹热闹啊。

男：年年过生日，年年都是一个样。热闹是热闹，可是总觉得没什么特点，缺了点儿什么。

问：男的对自己生日怎么样想的？

Nǚ:Dōng dōng,xià gè xīng qī jiù shì nǐ de shēng rì le,zhǔn bèi zěn me guò a？

Nán:Shēng rì?Hāi,zuì jìn wǒ shì ér tè bié duō,máng de jiǎo dǎ hòu nǎo sháo,nǐ bù shuō wǒ chà diǎn ér wàng le 。

Nǚ:Jīn nián shì nǐ de běn mìng nián.wèi le qìng zhù nǐ de shēng rì,zán men děi duō zhǎo jǐ gè péng yǒu yìqǐ rè nào rè nào a 。

Nán:Nián nián guò shēng rì,nián nián dōu shì yígè yàng.rè nào shì rè nào,kě shì zǒng jué de méi shén me tè diǎn,quē le diǎn ér shén me 。

Wèn:Nán de duì zì jǐ shēng rì zěn me yàng xiǎng de？

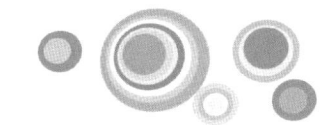

여자: 동동아, 다음주면 니 생일인데 어떻게 보낼 거야?

남자: 생일? 어이, 요즘 난 일이 엄청 많아서 뒤통수를 치는데 넌 내가 말 안 하면 하마터면 잊을 뻔했어요.

여자: 올해가 당신의 본명년이에요. 당신의 생일을 축하하기 위해서, 우리는 몇 명의 친구를 더 찾아 같이 시끌벅적한데요.

남자: 해마다 생일을 보내면 해마다 똑같아요. 흥청망청 떠들지만, 그런데 자꾸 뭔가 특징이 없는 것 같아서 뭔가가 빠진거 같아요.

문제: 남자는 자기 생일에 대해 어떻게 생각해요?

25. 男：乐乐，你今天一整天坐立不安的，有什么事儿吗？

女：其实也没什么。我明天就要在公司同事面前进行业务企划案报告了，心里特别没底。

男：哦，原来你是紧张了啊。要不要我这个"过来人"帮帮你啊？

女：真的？那真是谢天谢地了！

问：男的要干什么？

Nán:Lè lè,nǐ jīn tiān yì zhěng tiān zuò lì bù ān de,yǒu shén me shì ér ma?

Nǚ:Qí shí yě méi shén me.wǒ míng tiān jiù yào zài gōng sī tóng shì miàn qián jìn xíng yè wù qǐ huà àn bào gào le,xīn lǐ tè bié méi dǐ 。

Nán:Ò,yuán lái nǐ shì jǐn zhāng le a.yào bú yào wǒ zhè gè " guò lái rén " bāng bāng nǐ a?

Nǚ:Zhēn de?Nà zhēn shì xiè tiān xiè dì le ！

Wèn:Nán de yào gàn shén me?

남자: 락락, 너 오늘 하루 종일 안절부절 못했는데 무슨 일 있니?

여자: 사실 별거 아니에요. 나는 내일 회사 동료 앞에서 업무 기획 안보를 할 것이다. 고소를 했더니 속이 특히 무거웠다.

남자: 어, 긴장하셨군요. 제가 도와드릴까요? 过来人 (어떤 일을 경험한 사람)

여자: 정말? 그거 정말 고맙네!

문제: 남자가 뭘 할 거예요?

26. 男：乐乐，这几天天气越来越暖和啦。真的感觉到春天来了！

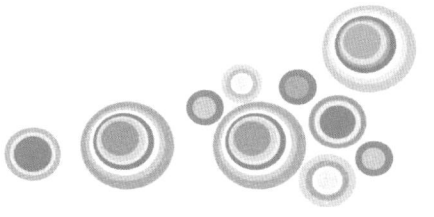

女：是啊，不过不知道今年会不会和去年一样，发生沙尘暴呢？

男：沙尘暴？就是天上下沙子吗？

女：准确地说，那不是沙子，而是沙尘，也就是说，除了沙子还有比沙子更加细小的尘土颗粒。

问：去年发生了什么？

Nán:Lè lè,zhè jǐ tiān tiān qì yuè lái yuè nuǎn huò la.zhēn de gǎn jué dào chūn tiān lái le！

Nǚ:Shì a,Bú guò bù zhī dào jīn nián huì bú huì héqù nián yí yàng,fā shēng shā chén bào ne?

Nán:Shā chén bào?Jiù shì tiān shàng xià shā zi ma?

Nǚ:Zhǔn què de shuō,nà búshì shā zi,ér shì shā chén,yě jiù shì shuō,chú le shā zi hái yǒu bǐ shā zi gèng jiā xì xiǎo de chén tǔ kē lì 。

Wèn:Qù nián fā shēng le shén me?

남자: 락락, 요 며칠 날씨가 점점 따뜻해지네. 정말 봄이 온걸 느꼈어！

여자: 그래, 하지만 올해는 작년과 마찬가지로 황사가 일어날지 몰라?

남자: 황사? 하늘에서 모래가 떨어지는 건가요？

여자: 정확히 말하면, 그건 모래가 아니라 모래먼지, 말하자면 모래 말고도 모래보다 더 작은 먼지 알갱이.

문제: 지난해 무엇이 일어났어요？

27. 女：你好，麻烦你给我查一下这个号码的余额。

男：好的，请稍等。您的话费还剩29元。请问要充值吗？

女：不会吧？我上个星期刚交了100元，这才没几天，也没有过漫游，怎么就剩29了呢？

男：您要是觉得有什么问题，我可以把通话记录打出来给您看看。 请您出示一下身份证。

问：女的一开始想要干什么？

Nǚ:Nǐ hǎo,má fán nǐ gěi wǒ chá yíxià zhè gè hào mǎ de yú é 。

Nán:Hǎo de,qǐng shāo děng.Nín de huà fèi hái shèng 29 yuán.qǐng wèn yào chōng zhí ma?

Nǚ:Bú huì ba?Wǒ shàng gè xīng qī gāng jiāo le 100 yuán,zhè cái méi jǐ tiān,yě méi yǒu guò màn yóu,zěn me jiù shèng 29 le ne?

Nán:Nín yào shì jué de yǒu shén me wèn tí,wǒ kě yǐ bǎ tōng huà jì lù dǎ chū lái gěi nín kàn kàn.Qǐng nín chū shì yíxià shēn fèn zhèng 。

Wèn:Nǚ de yī kāi shǐ xiǎng yào gàn shén me?

여자: 안녕하세요, 이 번호의 잔고를 알아봐 주세요.

남자: 네, 잠시만요. 요금은 29원 남았습니다.충전해 드릴까요?

여자: 설마 나 저번주에 100원 냈는데 이게 며칠 안됐는데 로밍도 안했는데 왜 29만 남았지?

남자: 무슨 문제가 있으시면 통화기록을 찍어서 보여 드리겠습니다. 신분증 좀 보여 주세요.

문제: 여자가 처음엔 뭘 하려고 했어요?.

28. 男：我有点担心产品质量跟不上。

女：您是怕市场需求量增大导致产品出现质量问题？

男：是啊，我就是担心这一点。

女：您放心，我们会把好生产这一关，绝对不会出现任何疏忽。

问：男的怕什么？

Nán:Wǒ yǒu diǎn dān xīn chǎn pǐn zhì liàng gēn bù shàng 。

Nǚ:Nín shì pà shì chǎng xū qiú liàng zēng dà dǎo zhì chǎn pǐn chū xiàn zhì liàng wèn tí?

Nán:Shì a,wǒ jiù shì dān xīn zhè yì diǎn 。

Nǚ:Nín fàng xīn,wǒ men huì bǎ hǎo shēng chǎn zhè yī guān,jué duì bú huì chū xiàn rèn hé shū hū 。

Wèn:Nán de pà shén me?

남자: 제품의 질이 따라가지 못할까 봐 조금 걱정이에요.

여자: 시장 수요 증가로 품질에 문제가 생길까봐요?

남자: 글쎄요, 저는 바로 이 점이 걱정이에요.

여자: 안심하세요. 우리는 생산이라는 관문을 잘 만들 것이며 절대 어떠한 소홀함도 없을 것입니다.

문제: 남자는 뭘 무서워해요?

29. 男：李社长，您有什么事，这么着急找我?

女：你现在有时间吗？陪我去施工现场看看吧。

男：施工现场出了事故吗？

女：不是，昨天从美国进口的设备到了，我有点不放心。

问：女的为什么要去施工现场？

Nán: Lǐ shè zhǎng, nín yǒu shén me shì, zhè me zháo jí zhǎo wǒ?

Nǚ: Nǐ xiàn zài yǒu shí jiān ma? Péi wǒ qù shī gōng xiàn chǎng kàn kàn ba。

Nán: Shī gōng xiàn chǎng chū le shì gù ma?

Nǚ: Bú shì, zuó tiān cóng měi guó jìn kǒu de shè bèi dào le, wǒ yǒu diǎn bù fàng xīn。

Wèn: Nǚ de wèi shén me yào qù shī gōng xiàn chǎng?

남자: 이사장님, 무슨 일로 저를 이렇게 급하게 찾으세요?

여자: 너 지금 시간 있어? 공사 현장에 같이가자.

남자: 공사 현장에서 사고가 났어요?

여자: 아니, 어제 미국에서 수입한 장비가 도착해서 좀 마음이 놓이지 않아.

문제: 여자는 왜 공사장에 갔어요?

30. 男：你看上哪一款了？

女：你最器重的那一款

男：你真有眼光。

女：这款产品无论从款式上还是功能上，都无可挑剔，就是价格有点高。

问：女的觉得这款产品怎么样？

Nán: Nǐ kàn shàng nǎ yī kuǎn le?

Nǚ: Nǐ zuì qì zhòng de nà yī kuǎn

Nán: Nǐ zhēn yǒu yǎn guāng。

Nǚ: Zhè kuǎn chǎn pǐn wú lùn cóng kuǎn shì shàng hái shì gōng néng shàng, dōu wú kě tiāo tī, jiù shì jià gé yǒu diǎn gāo。

Wèn: Nǚ de jué de zhè kuǎn chǎn pǐn zěn me yàng?

남자: 어떤 것을 보았습니까?

여자: 네가 가장 좋아하는 그 아이템

남자: 안목이 있으시군요.

여자: 이 모델은 디자인적으로나 기능적으로나 흠잡을 데 없는데 가격이 약간 비싸다.

문제: 여자는 이 제품을 어떻게 생각해요?

31~32

男：您好，欢迎光临。

女：您好。

男：我们这里有凉皮、凉面、凉粉，请问您需要哪一种？

女：凉粉吧。

男：好的，您是需要大份还是小份呢？大份的六元，小份的是四元。

女：麻烦您给我来个小份的凉粉。

男：好的，辣多点还是少点？

女：天太热了，辣少点吧。

男：好的，稍等片刻。

31.大份的凉粉多少元？

32.女的为什么要辣少点？

Nán: Nín hǎo, huānyíng guānglín.

Nǚ: Nín hǎo.

Nán: Wǒmen zhè li yǒu liángpí, liáng miàn, liángfěn, qǐngwèn nín xūyào nǎ yì zhǒng?

Nǚ: Liángfěn ba.

Nán: Hǎo de, nín shì xūyào dà fèn háishì xiǎo fèn ne? Dà fèn de liù yuán, xiǎo fèn de shì sì yuán.

Nǚ: Máfan nín gěi wǒ lái gè xiǎo fèn de liángfěn.

Nán: Hǎo de, là duō diǎn háishì shǎo diǎn?

Nǚ: Tiān tài rèle, là shǎo diǎn ba.

Nán: Hǎo de, shāo děng piànkè.

31. Dà fèn de liángfěn duōshǎo yuán?

32. Nǚ de wèishéme yào là shǎo diǎn?

남자: 안녕하세요. 환영합니다.

여자: 안녕하세요.

남자: 우리한테는 냉피,냉면,묵이 있어요. 어떤 것이 필요하십니까?

여자: 묵자.

남자: 네, 큰 사이즈가 필요하십니까, 아니면 작은 사이즈가 필요하십니까? 큰 사이즈가 6원, 작은 사이즈가 4원입니다.

여자: 작은 사이즈로 좀 주세요.

남자: 좋아요, 좀 더 맵게 할까요, 아니면 덜 맵게?

여자: 날이 너무 더워요. 좀 덜 맵게 해주세요.

남자: 네, 잠시만 기다려요.

31.무거운 가루는 몇 원입니까?

32.여자는 왜 덜 매운 걸 원해요?

33~35

男：姑妈！欢迎你来香港做客！一路上旅途很劳累吧？

女：不累，座椅很舒服！空乘人员的服务也很体贴。

男：那就好！您还没吃饭吧？要不然一起去吃午饭？

女：好啊！香港有什么特色食物呢？

男：说到吃，香港人可是很讲究的！来香港一定要尝尝叉烧饭，菠萝包，还有早茶也很不错呢！

女：听起来就要流口水了！

男：那我先带您去吃叉烧饭吧？晚上再尝尝菠萝包怎么样！

女：好啊！

31.女的是乘坐什么交通工具来香港的？

32.女的是男的的什么人？

33.他们晚上吃什么？

Nán: Gūmā! Huānyíng nǐ lái xiānggǎng zuòkè! Yílùshàng lǔtú hěn láolèi ba?

Nǚ: Bú lèi, zuò yǐ hěn shūfu! Kōngchéng rényuán de fúwù yě hěn tǐtiē.

Nán: Nà jiù hǎo! Nín hái méi chīfàn ba? Yào bùrán yìqǐ qù chī wǔfàn?

Nǚ: Hǎo a! Xiānggǎng yǒu shén me tèsè shíwù ne?

Nán: Shuō dào chī, xiānggǎng rén kěshì hěn jiǎngjiù de! Lái xiānggǎng yídìng yào cháng cháng chāshāo fàn, bōluó bāo, hái yǒu zǎochá yě hěn búcuò ne!

Nǚ: Tīng qǐlái jiù yào liú kǒushuǐle!

Nán: Nà wǒ xiān dài nín qù chī chāshāo fàn ba? Wǎnshàng zài cháng cháng bōluó bāo zěnme yàng!

Nǚ: Hǎo a!

33. Nǚ de shì chéngzuò shénme jiāotōng gōngjù lái xiānggǎng de?

34. Nǚ de shì nán de de shénme rén?

35. Tāmen wǎnshàng chī shénme?

남자: 고모! 홍콩에 오신 걸 환영합니다! 여행길에 많이 힘들었죠?

여자: 힘들지 않고, 시트가 편해! 승무원들의 서비스도 사려 깊었다.

남자: 그럼요. 아직 식사 안 하셨죠? 아니면 점심 먹으러 같이 가시죠?

여자: 좋아! 홍콩에는 어떤 색다른 음식이 있을까?

남자: 먹는 것에 대해 말하자면, 홍콩 사람들은 정말 신경을 많이 써요! 홍콩에 오면 꼭 포크를 먹어봐야 해요. 구운 밥, 파인애플 가방, 그리고 모닝 티도 괜찮네요!

여자: 군침이 돌 것 같아요!

남자: 그럼 제가 먼저 포크로 밥을 먹으러 모시고 갈까요? 저녁에 파인애플 가방을 먹어보는 건 어때요?

여자: 좋아!

33.여자는 어떤 교통수단을 타고 홍콩에 왔나요?

34.여자는 남자와 어떤 사이인가요?

35.그들은 밤에 무엇을 먹나요?

第36-38题根据下面一段话

　　如果你喜欢旅行,那你一定要去中国看看。在中国,你可以找到各种不同特色的旅游胜地。
　　喜欢登山的人,可以去中国的泰山、华山和西藏的喜马拉雅山;喜欢江河湖海的人,可以去中国最大的咸水湖——青海湖、杭州的西湖、海南岛等;如果你喜欢文化古迹,那我就推荐你去西安,那儿曾是中国十三个王朝的都城。而且西安的城墙是中国明代时期修建的,已经有600多年的历史了,是中国至今保存最完整的古代城墙建筑。对中国武术感兴趣的朋友,一定不能错过河南的少林寺,它的武术世界闻名。而且,中国各地都有自己的代表饮食。在旅行的同时,大家还可以品尝各地不同风味的小吃。真是一举两得。

　　36. 在中国旅行的好处是什么?
　　37. 中国的旅游胜地有哪些?
　　38. 文章中说在中国旅行的同时还可以做什么?

　　Rúguǒ nǐ xǐhuān lǚxíng, nà nǐ yídìng yàoqù zhōngguó kànkàn。Zài zhōngguó, nǐ kěyǐ zhǎodào gèzhǒng bùtóng tèsède lǚyóu shèngdì。

　　Xǐhuān dēngshān de rén, kěyǐ qù zhōngguó de tàishān、huàshān hé xīzàng de xǐmǎlāyǎshān; xǐhuān jiāng hé hú hǎi de rén, kěyǐ qù zhōngguó zuìdàde xiánshuǐhú—— qīnghǎihú、hángzhōu de xīhú、hǎinándǎo děng; rúguǒ nǐ xǐhuān wénhuà gǔjì, nà wǒ jiù tuījiàn nǐ qù xīān, nàér céngshì zhōngguó shísāngè wángcháo de dūchéng。Erqiě xīān de chéngqiáng shì zhōngguó míngdài shíqī xiūjiànde, yǐjīng yǒu 600 duō nián de lìshǐle, shì zhōngguó zhìjīn bǎocún zuì wánzhěngde gǔdài chéngqiáng jiànzhù。Duì zhōngguó wǔshù gǎnxìngqùde péngyǒu, yídìng bùnéng cuòguò hénán de shàolínsì, tāde wǔshù shìjiè wénmíng。Erqiě, zhōngguó gèdì dōuyǒu zìjǐ de dàibiǎo yǐnshí。Zài lǚxíng de tóngshí, dàjiā háikěyǐ pǐncháng gèdì bùtóng fēngwèi de xiǎochī。Zhēnshì yījǔliǎngdé。

36. Zài zhōngguó lǚxíng de hǎochù shìshénme?
37. Zhōngguó de lǚyóu shèngdì yǒunǎxiē?
38. Wénzhāngzhōng shuō zài zhōngguó lǚxíng de tóngshí háikěyǐ zuòshénme?

만약 당신이 여행을 좋아한다면 중국에 꼭 가보세요. 중국에서, 당신은 다양한 특색 있는 관광지를 찾을 수 있습니다.

등산을 좋아하는 사람들은 중국의 태산, 화산, 그리고 티벳의 히말라야에 갈 수 있습니다. 강하호해를 좋아하는 사람은, 중국 최대의 함수호인 청해호, 항저우의 서호, 해남도 등에 갈 수 있습니다. 만약 당신이 문화적 고적을 좋아한다면, 나는 당신이 시안에 가는 것을 추천합니다. 그곳은 중국의 13개 왕조의 도성이었습니다. 게다가 서안의 성벽은 중국 명나라 때 축조된 것으로, 600여 년의 역사가 있습니다. 중국에서 지금까지 보존된 가장 완전한 고대 성벽 건물입니다. 중국 무술에 관심이 있는 친구는, 반드시 하남의 소림사를 놓쳐서는 안 되며, 그곳의 무술은 세계적으로 유명합니다. 또한, 중국 지역마다 자신의 대표 음식이 있습니다. 여행과 함께, 여러분은 각 지역의 다른 풍미의 음식들을 맛볼 수 있습니다. 정말 일거양득입니다.

36. 중국여행은 어떤 점이 좋을까요?
37 중국에 어떤 유명한 관광지가 있나요?
38. 위 글에서 중국 여행과 동시에 무엇을 할 수 있어요?

第39-41题根据下面一段话
　　只要心存相信，总有奇迹发生，希望虽然很小，但它一直存在。
　　美国作家欧亨利在他的小说《最后一片叶子》里讲了个故事：病房里，一个生命垂危的病人从房间里看见窗外的一棵树，叶子在秋风中一片片地掉落下来。病人望着眼前的萧萧落叶，身体也随之每况愈下，一天不如一天。她说："当树叶全部掉光时，我也就要死了。"一位老画家得知后，用彩笔画了一片叶脉青翠的树叶挂在树枝上。最后一片叶子始终没掉下来。只因为生命中的这片绿，病人竟奇迹般地活了下来。
　　这个故事告诉我们人生可以没有很多东西，却唯独不能没有希望。希望是人类生活的一项重要的价值。有希望之处，生命就生生不息！

39. 文章中提到的是哪位作家的小说？
40. 关于文中的故事我们能知道的是？
41. 关于希望我们能知道的是？

zhǐyàoxīncúnxiāngxìn, zǒngyǒuqíjìfāshēng, xīwàngsuīránhěnxiǎo, dàntāyìzhícúnzài。
Měiguó zuòjiā ōuhēnglì zài tāde xiǎoshuō《Zuìhòu yīpiàn yèzi》lǐ jiǎnglegè gùshì: bìngfánglǐ, yí gè shēngmìngchuíwēi de bìngrén cóng fángjiānlǐ kànjiàn chuāngwài de yīkē shù, yèzi zài qiūfēng zhōng yīpiànpiàn de diàoluò xiàlái。Bìngrén wàngzhe yǎnqián de xiāoxiāoluòyè, shēntǐ yě suízhī měikuàngyùxià, yìtiān bùrú yìtiān。Tāshuō: "Dāng shùyè quánbù diàoguāng shí, wǒ yě jiùyào sǐle。"Yīwèi lǎohuàjiā dézhī hòu, yòng cǎibǐ huàle yīpiàn yèmài qīngcuì de shùyè guàzài shùzhīshàng。Zuìhòu yīpiàn yèzi shǐzhōng méi diàoxiàlái。Zhǐ yīnwèi shēngmìngzhōng de zhèpiàn lǜ, bìngrén jìng qíjìbān de huóle xiàlái。
Zhègè gùshì gàosù women rénshēng kěyǐ méiyǒu hěnduō dōngxī, què wéidú bùnéng méiyǒu xīwàng。Xīwàng shì rénlèi shēnghuó de yíxiàng zhòngyào de jiàzhí。Yǒu xīwàng zhīchù, shēngmìng jiù shēngshēngbùxī!

39. Wénzhāngzhōng tídào de shì nǎwèi zuòjiā de xiǎoshuō?
40. Guānyú wénzhōngde gùshì women néng zhīdàode shì?
41. Guānyú xīwàng women néng zhīdàode shì?

마음만 믿고 있으면 언제나 기적이 일어난다. 희망은 작지만 항상 존재한다.

미국의 작가 어헨리는 그의 소설 "마지막 잎새"에서 이야기를 했다: 병실 안의 생명이 위독한 환자가 한 명 있다. 그는 방에서 창밖에 있는 나무 한 그루를 보니, 가을 바람에 한 조각씩 나뭇잎이 떨어졌다. 환자가 눈앞의 소슬한 낙엽을 바라보니 몸도 점점 더 기운이 떨어져 하루하루가 더 나빠지고 있다. 그녀는 "나뭇잎이 다 떨어졌을 때 나도 죽을 것"이라고 말했다." 한 노화가가 이를 알게 된 후 색연필로 잎맥이 푸르른 나뭇잎을 그려 나뭇가지에 매달았다. 마지막 잎은 끝까지 떨어지지 않았다. 생명 속의 이 녹색 때문에 환자는 기적적으로 살아났다.

이 이야기는 인생에서 많은 것을 가질 수 있지만, 유독 희망이 더 중요하다는 것을 보여준다. 희망은 인간 생활의 중요한 가치이다. 희망이 있으면 생명은 끝나지 않을 것이다!

39. 위 글에서 어느 작가의 소설이 언급되었어요?

40. 위 글을 통해 우리가 알 수 있는 것은?

41. 희망에 대해서 우리가 알 수 있는 것은?

第42-45题根据下面一段话

生活本身就是一幅画，但在我们没有经验、认不清方向时，我们只是观画的读者，当我们经历了风雨，倾听来自心底的声音，做真实的自己，我们才是画中的主角，才可以活出自己人生的精彩。

李娜，法网公开赛女单冠军，可以与姚明一较高下的体坛明星。可是，她也曾有过迷惘，02年，她退出体坛修读新闻。然而，她始终按捺不住那颗为网球跳动的心，她毅然抉择重返网坛。她用自己的人生精彩为中国的网坛史书写了新的篇章，也为中国的体育事业增添了不一样的色彩。如果娜姐忽略自己心底的声音，选择成为一名新闻工作者，那恐怕她也获不了今日的灿烂人生呢！

朋友，请倾听你心底的声音，它会指引你去书写人生的画卷，让你成为画卷中绽放精彩的主角！

42. 关于生活我们能知道的是？
43. 李娜是哪个比赛的冠军？
44. 如果没有继续网球运动，李娜可能参与的工作是？
45. 文章的中心是？

Shēnghuó běnshēn jiùshì yīfúhuà, dàn zài wǒmen méiyǒu jīngyàn、rènbùqīng fāngxiàng shí, wǒmen zhīshì guānhuà de dúzhě, dāng wǒmen jīnglì le fēngyǔ, qīngtīng láizì xīndǐ de shēngyīn, zuò zhēnshíde zìjǐ, wǒmen cáishì huàzhōng de zhǔjué, cái kěyǐ huóchū zìjǐ rénshēng de jīngcǎi。

Lǐnà, fǎwǎng gōngkāisài nǚdān guànjūn, kěyǐ yǔ yáomíng yījiàogāoxià de tǐtán míngxīng。 Kěshì, tā yě céng yǒuguò míwǎng, 02nián, tā tuìchū tǐtán xiūdú xīnwén。 Ránér, tā shǐzhōng ànnàbùzhù nàkē wèi wǎngqiú tiàodòng de xīn, tā yìrán juézé chóngfǎn wǎngtán。 Tāyòng zìjǐ de rénshēng jīngcǎi wèi zhōngguó de wǎngtánshǐ shūxiě le xīnde piānzhāng, yěwèi zhōngguó de tǐyù shìyè zēngtiānle bùyīyàngde sècǎi。 Rúguǒ nàjiě hūlüè zìjǐ xīndǐ de shēngyīn, xuǎnzé chéngwéi yīmíng xīnwén gōngzuòzhě, nà kǒngpà tā yě huòbùliǎo jīnride cànlàn rénshēngne！

Péngyǒu, qǐng qīngtīng nǐ xīndǐde shēngyīn, tā huì zhǐyǐn nǐ qù shūxiě rénshēng de huàjuàn, ràng nǐ chéngwéi huàjuànzhōng zhànfàng jīngcǎi de zhǔjué!

42. Guānyú shēnghuó wǒmen néng zhīdào de shì?
43. Lǐnà shì nǎge bǐsài de guànjūn?
44. Rúguǒ méiyǒu jìxù wǎngqiú yùndòng, lǐnà kěnéng cānyù de gōngzuò shì?
45. Wénzhāng de zhōngxīn shì?

생활자체가 한 폭의 그림이지만, 우리가 경험이 없고 방향을 잘 알 수 없을 때 우리는 그저 그림을 보는 독자일 뿐이다. 우리가 비바람을 겪고, 마음에서 우러나오는 소리를 들을 때, 진실한 자신이 될 때만 우리가 그림 속의 주역으로서 자신의 인생을 멋지게 살 수 있다.

이나, 프랑스오픈 여자 단식 우승자이며, 야오밍과 겨룰 만한 스포츠 스타. 그러나, 그녀도 미스테리가 있었다. 02년, 그녀는 스포츠계에서 은퇴하여 신문방송을 공부했다. 하지만 테니스를 향해 뛰는 마음을 끝내 누르지 못해 그녀는 의연히 테니스계에 복귀했다. 그녀는 자신의 인생을 멋지게 풀어가며 중국의 테니스 역사에 새 장을 썼고, 중국의 스포츠에도 색다른 색깔을 더했다. 만약 자신 마음의 목소리를 무시하고 저널리스트로 나섰다면 이나도 오늘의 인생을 살 수 없을 것이다.

친구여, 당신 마음의 소리를 따라주세요, 그것이 당신을 인생의 그림을 쓰고, 당신이 멋진 꽃을 피울 수 있는 주역으로 안내할 것입니다!

42.삶에 대해 우리가 알 수 있는 것은 뭐예요?

43.이나씨는 어느 경기의 챔피언인가요?

44.테니스를 계속하지 않았다면 이나가 어떤 일을 할 가능성이 높아요?

45.문장의 주제는 뭐예요?

2. 阅读 읽기

第一部分 제1부분

46-48

乌鸦口渴得要命,飞到一只大水罐旁,水罐里没有很多水,他想尽了办法,仍喝不到.于是,他就使出全身力气去推,想把罐推倒,倒出水来,而大水罐却推也推不动.这时,乌鸦想起了他曾经使用的办法,用口叼着石子投到水罐里,随着石子的增多,罐里的水也就逐渐地升高了.最后,乌鸦高兴地喝到了水,解了口渴.这故事说明,智慧往往胜过力气.

Wū yā kǒu kě de yào mìng, fēi dào yì zhī dà shuǐ guàn páng, shuǐ guàn lǐ méi yǒu hěn duō shuǐ, tā xiǎng jìn le bàn fǎ, réng hē bú dào. Yú shì, tā jiù shǐ chū quán shēn lì qì qù tuī, xiǎng bǎ guàn tuī dǎo, dǎo chū shuǐ lái, ér dà shuǐ guàn què tuī yě tuī bù dòng. Zhè shí, wū yā xiǎng qǐ le tā céng jīng shǐ yòng de bàn fǎ, yòng kǒu diāo zhe shí zǐ tóu dào shuǐ guàn lǐ, suí zhe shí zǐ de zēng duō, guàn lǐ de shuǐ yě jiù zhú jiàn de shēng gāo le. Zuì hòu, wū yā gāo xìng de hē dào le shuǐ, jiě le kǒu kě. Zhè gù shì shuō míng, zhì huì wǎng wǎng shèng guò lì qì.

까마귀는 목이 말라서 큰 물동이 옆으로 날아갔고 물동이에 물이 많이 없어서 그는 온갖 방법을 다 생각해 보았지만 여전히 마실 수 없었다. 그래서 그는 온 힘을 다해 물동이를 밀고, 캔을 넘

어뜨리고, 물을 쏟아 붓고, 큰 물동이는 밀어도 움직이지 않았다. 이때 까마귀는 그가 사용하던 방법을 생각하여 입으로 돌을 물고 물동이에 던졌고, 돌이 많아지면서 탱크의 물이 점점 높아졌다. 마침내 까마귀는 물을 즐겁게 마시고 갈증을 풀었다. 이 이야기는 지혜가 종종 힘을 이긴다는 것을 보여준다.

49-52

在网上看过一个话题，最不舍得删掉的一张照片是什么？有个女生发了自己妈妈做饭的照片，照片里的妈妈站在一个小板凳上，有些虚弱地拿着锅铲下厨．女生说，她的妈妈当时已经生病晚期了，但是还是强打精神，到厨房为自己下了一碗面．没过多久，妈妈去世了，这也就成了妈妈的最后一张照片．

以前经常去一个朋友家，觉得他家里人的手艺特别好，做的卤味牛肉真是一绝．后来，阿姨生病去世了，再去他家的时候，冷清得让人想哭．一个失去了生活气息的家，真的让人感觉不是滋味．

Zài wǎng shàng kàn guò yí gè huà tí，zuì bú shě dé shān diào de yì zhāng zhào piàn shì shén me？ Yǒu gè nǚ shēng fā le zì jǐ mā mā zuò fàn de zhào piàn，zhào piàn lǐ de mā mā zhàn zài yí gè xiǎo bǎn dèng shàng，yǒu xiē xū ruò de ná zhe guō chǎn xià chú．Nǚ shēng shuō，tā de mā mā dāng shí yǐ jīng shēng bìng wǎn qī le，dàn shì hái shì qiáng dǎ jīng shén，dào chú fáng wéi zì jǐ xià le yì wǎn miàn．Méi guò duō jiǔ，mā mā qù shì le，zhè yě jiù chéng le mā mā de zuì hòu yì zhāng zhào piàn．

Yǐ qián jīng cháng qù yí gè péng yǒu jiā，jué dé tā jiā lǐ rén de shǒu yì tè bié hǎo，zuò de lǔ wèi niú ròu zhēn shì yì jué．Hòu lái，ā yí shēng bìng qù shì le，zài qù tā jiā de shí hòu，lěng qīng dé ràng rén xiǎng kū．Yí gè shī qù le shēng huó qì xī de jiā，zhēn de ràng rén gǎn jué bú shì zī wèi．

인터넷에서 한 가지 이슈를 봤는데, 가장 아까워하지 않는 사진은 뭐죠? 한 여학생이 자기 엄마가 요리하는 사진을 보냈는데, 그 사진 속의 엄마는 작은 벤치에 서서, 허약한 모습으로 솥을 들고 밥을 짓는다. 여성은 엄마가 아프고 말기인데도 정신을 바짝 차리고 부엌에 가서 자신을 위해 컵라면을 내줬다고 했다. 얼마 지나지 않아, 엄마가 돌아가셨고, 그것도 엄마의 마지막 사진이 되었다.

예전에 친구 집에 자주 갔었는데, 그 집 식구들의 솜씨가 아주 좋다고 생각했었는데, 직접 만든 건더기가 정말 일품이었어요. 나중에, 아주머니가 아파서 돌아가셨고, 그 집에 다시 갔을 때, 울고 싶을 정도로 썰렁했어요. 삶의 숨결이 사라진 집이라 정말 서운했다.

53-56

微信作为一款为人们交流提供平台的社交软件，在诞生之初并没有被太多的人重视，看下微信的发展起点，我们会发现，这款如今几乎要和身份证一样普及的软件仅仅是起始于2010年10月的一个腾讯旗下的小团队合作．但是其后续发展却出乎了所有人的预料，因为它弥补了QQ所触及不到的领域．

和微信一起发展起来的，还有与微信配套的一些游戏以及公共平台．微信的病毒式散播使得许多明星也纷纷加入到这个团队里来，因为这是一个很好地宣传自己的平台，明星微信由此应运而生，各路明星都在这个平台上与自己的粉丝进行着互动．

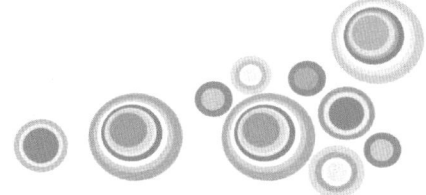

Wēi xìn zuò wéi yì kuǎn wèi rén men jiāo liú tí gòng píng tái de shè jiāo ruǎn jiàn, zài dàn shēng zhī chū bìng méi yǒu bèi tài duō de rén zhòng shì, kàn xià wēi xìn de fā zhǎn qǐ diǎn, wǒ men huì fā xiàn, zhè kuǎn rú jīn jǐ hū yào hé shēn fèn zhèng yí yàng pǔ jí de ruǎn jiàn jǐn jǐn shì qǐ shǐ yú 2010 nián 10 yuè de yí gè téng xùn qí xià de xiǎo tuán duì hé zuò. Dàn shì qí hòu xù fā zhǎn què chū hū le suǒ yǒu rén de yù liào, yīn wèi tā mí bǔ le QQ suǒ chù jí bú dào de lǐng yù.

Hé wēi xìn yì qǐ fā zhǎn qǐ lái de, hái yǒu yǔ wēi xìn pèi tào de yì xiē yóu xì yǐ jí gōng gòng píng tái. Wēi xìn de bìng dú shì sàn bō shǐ dé xǔ duō míng xīng yě fēn fēn jiā rù dào zhè gè tuán duì lǐ lái, yīn wèi zhè shì yí gè hěn hǎo de xuān chuán zì jǐ de píng tái, míng xīng wēi xìn yóu cǐ yīng yùn ér shēng, gè lù míng xīng dōu zài zhè gè píng tái shàng yǔ zì jǐ de fěn sī jìn xíng zhe hù dòng.

위챗은 사람들이 소통할 수 있는 플랫폼을 제공하는 소셜 소프트웨어로서 탄생 초기부터 크게 부각되지 않았던 위챗이 발전된 시작점을 살펴보면, 오늘날 마치 신분증과 같이 보급되다시피 한 소프트웨어는 2010년 10월부터 시작되었음을 알 수 있다. 그러나 그 후속 발전은 QQ가 닿지 않는 영역을 보완하기 때문에 모든 사람들의 예상을 벗어난다.

위챗과 함께 발전한, 위챗과 어울리는 몇몇 게임들 그리고 공공 플랫폼들이 있다. 위챗의 급속한 확산으로 많은 스타들이 합류했고, 위챗은 자신을 잘 알릴 수 있는 플랫폼이라는 점에서 다양한 스타들이 자신의 팬들과 소통하는 데 사용하고 있다.

57-60

狮子爱上了农夫的女儿,向她求婚.农夫不忍将女儿许配给野兽,但又惧怕狮子,一时无法拒绝,于是他急中生智,心生一计.狮子再次来请求农夫时,他便说,他认为狮子娶自己的女儿很适合,但狮子必须先拔去牙齿,剁掉爪子,否则不能把女儿嫁给他,因为姑娘惧怕这些东西.狮子利令智昏,色迷心窍,很轻易地接受了农夫的要求.从此,那农夫就瞧不起狮子,毫不惧怕他.狮子再来时,农夫就用棍子打他,把他绑起来了.

这故事说明,有些人轻易相信别人的话,抛弃自己特有的长处,结果,轻而易举地被原来恐惧他们的人击败了.

Shī zǐ ài shàng le nóng fū de nǚ ér, xiàng tā qiú hūn. Nóng fū bù rěn jiāng nǚ ér xǔ pèi gěi yě shòu, dàn yòu jù pà shī zǐ, yì shí wú fǎ jù jué, yú shì tā jí zhōng shēng zhì, xīn shēng yí jì. Shī zǐ zài cì lái qǐng qiú nóng fū shí, tā biàn shuō, tā rèn wéi shī zǐ qǔ zì jǐ de nǚ ér hěn shì hé, dàn shī zǐ bì xū xiān bá qù yá chǐ, duò diào zhuǎ zǐ, fǒu zé bù néng bǎ nǚ ér jià gěi tā, yīn wèi gū niáng jù pà zhè xiē dōng xī. Shī zǐ lì lìng zhì hūn, sè mí xīn qiào, hěn qīng yì de jiē shòu le nóng fū de yào qiú. Cóng cǐ, nà nóng fū jiù qiáo bù qǐ shī zǐ, háo bú jù pà tā. Shī zǐ zài lái shí, nóng fū jiù yòng gùn zǐ dǎ tā, bǎ tā bǎng qǐ lái le.

Zhè gù shì shuō míng, yǒu xiē rén qīng yì xiàng xìn bié rén de huà, pāo qì zì jǐ tè yǒu de cháng chù, jié guǒ, qīng ér yì jǔ de bèi yuán lái kǒng jù tā men de rén jī bài le.

사자는 농부의 딸을 사랑했고 그녀에게 청혼했다. 농부는 딸을 야수에게 준다고 약속할 수는 없지만 사자를 두려워하여 일시에 거절할 수 없게 되자 급하게 지혜를 짜내어, 한 가지 계략을 생각해냈다. 사자가 다시 농부에게 부탁하러 왔을 때, 그는 사자가 자기 딸을 맞아들이는 것이 적합하다고 생각했지만, 사자는 이를 먼저 뽑아서 발톱을 잘라야 했고, 그렇지 않으면 딸을 그에게 시집 보낼 수 없다고 말했다. 처녀는 이런 것들을 두려워했기 때문이다. 사자의 욕망은 지혜를 흐리게 했고 농부의 요구를 쉽게 받아들였다. 그 때부터 그 농부는 사자를 무시하며 조금도 두려워하지 않았다. 사자가 다시 왔을 때 농부는 막대기로 그를 때리고 그를 묶었다.

이 이야기는 어떤 사람들이 쉽게 다른 사람의 말을 믿고 자신만의 독특한 장점을 버린다는 것을 보여주며, 결과적으로 원래 그들을 두려워하던 사람들에게 쉽게 패배를 당하게 된다.

第二部分 제2부분

61 Zuìjìn, yǐ yíbùfèn dà qǐyè wéi zhōngxīn, zhèngzài xíngchéng "qǐyè suìpiàn". Zhè zhǒng móshì láiyuán yú xiǎng yào bǎ yìsi juédìng dānchún huà de yìtú. Zài zhè qījiān, dà qǐyè yīn qí pángdà de jīgòu, xūyào jīnglì fùzá de cáijué liúchéng. Dàn zuìjìn suízhe shìchǎng huánjìng túbiàn, yìsi juédìng de sùdù biàn chéngle qǐyè de jìngzhēng lì. Yīncǐ, qǐyè bǎ zǐ gōngsī dàng zuò dúlì de gōngsī fēnlí chūlái, tōngguò ràng dù gège gōngsī de juédìng quánxiàn lái xùnsù yìngduì shìchǎng biànhuà.
A qǐyè jīgòu pángdà juédìng wèntí hěn fùzá
B zǐ gōngsī méiyǒu juédìng quán
C qǐyè suìpiàn shì xiǎng yào bǎ yìsi juédìng jiēduàn dānchún huà
D zhíxíng lì juédìngle qǐyè jìngzhēng lì

최근 일부 대기업을 중심으로 기업 분할이 일어나고 있다. 이러한 모델은 의사 결정을 단순화하려는 의도에서 비롯된다. 이 기간 동안 대기업들은 그 방대한 기구 때문에 복잡한 결재 절차를 거쳐야 했다. 그러나 최근 시장 환경이 급변하면서 의사결정 속도가 기업의 경쟁력으로 바뀌고 있다. 따라서 기업은 자회사를 독립된 회사로 분리하고 각 회사의 결정 권한을 양도함으로써 시장 변화에 신속하게 대응한다.
A 기업 기관의 방대한 의사 결정 문제는 복잡하다
B 자회사는 결정권이 없다
C 기업 분할은 의사 결정 단계를 단순화한다
D 실행력이 기업 경쟁력을 결정한다

62 Rǎnliào hùnhé huò shàng èr biàn sè dehuà jiù huì biàn dé húnzhuó. Suǒyǐ 19 shìjì dehuàjiā fāmíngle tōngguò diǎndiǎn lái biǎoxiàn yánsè de "diǎnmiáo fǎ". Jǔlì lái shuō, shīrùn dediǎn yígè hóng diǎn hé yígè lán diǎn, cóng shāo yuǎn de dìfāng kàn, zhè liǎng gè diǎn hùnhé zàile yìqǐ, kàn qǐlái jiù xiàng shì zǐsè. Zhèyàng chūlái de yánsè bǐ dānchún hùnhé rǎnliào dé lái de yánsè gěi rén yì zhǒng gèng míngliàng wēnróu de gǎnjué. Yīncǐ, diǎnmiáo fǎ chéngwéi huì huà de dàibiǎo xìng jìfǎ, lián xiàndài de huàjiā yě chángcháng shǐyòng zhè zhǒng huà fǎ.
A yòng zhèyàng de jìfǎ huà huà néng gěi rén yì zhǒng wēnróu de gǎnjué.
B rǎnliào xūyào shàng liǎng biàn sè
C xiàndài huàjiā fàngqìle diǎnmiáo fǎ
D dānchún hùnhé rǎnliào gèng míngliàng

염료가 섞이거나 두 번 색을 칠하면 탁해진다. 그래서 19세기 화가는 점을 통해 색을 표현하는 '점묘법'을 발명했다. 예를 들어 빨간 점과 파란 점 하나가 약간 먼 곳에서 보면 이 두 점이 섞여서 마치 보라색처럼 보인다. 이렇게 나온 색은 단순히 물감을 섞어서 얻은 색보다 밝고 부드러운 느낌을 준다. 그래서 점묘법은 회화의 대표적인 기법으로 현대의 화가들까지도 이런 화법을 많이 쓴다.
A 이런 기법으로 그림을 그리면 부드러운 느낌을 준다.
B 염료는 두 번 색을 칠해야 한다
C 현대 화가는 점묘법을 포기했다
D 단순 혼합 염료가 더 밝다

63 Shēngwù yīnwèi duì huánjìng de biànhuà hěn mǐngǎn, suǒyǐ qǐ dàole huánjìng wūrǎn zhǐbiāo de zuòyòng. Yígè lìzi jiùshì lǎbāhuā shì dàqì wūrǎn de zhǐbiāo, rúguǒ lǎbāhuā shàng yǒule báisè de bāndiǎn, jiù yìwèizhe kōngqì shòudàole wūrǎn. Cǐwài, yú yě fǎnyìngle shuǐ wūrǎn de chéngdù. Rúguǒ yǒu xiāng yú, jiù yìwèizhe shì gānjìng de yī jí shuǐ; rúguǒ yǒu níqiū, jiù yìwèizhe shì bú tài gānjìng de sān jí shuǐ. Xiàng zhèyàng, jíshǐ méiyǒu fùzá de cèdìng zhuāngbèi, tōngguò zhǐbiāo shēngwù yě néng liǎojiě gāi dìqū de wūrǎn chéngdù.

A lǎbāhuā shì shuǐ wūrǎn de zhǐbiāo
B wūrǎn chéngdù xūyào yǒu zhuānyè shèbèi cèdìng
C tōngguò shuǐ lǐ shēnghuó de yú de zhǒnglèi kěyǐ dé zhī shuǐ shì fǒu bèi wūrǎnle.
D yǒu níqiū zhèngmíng shuǐzhì gānjìng

생물은 환경 변화에 민감하기 때문에 환경오염 지표 역할을 한다. 한가지 예로 나팔꽃은 대기 오염의 지표인데 나팔꽃에 하얀 반점이 생겼다면 공기가 오염되었다는 것을 의미한다. 또한 물고기는 물의 오염의 정도를 반영한다. 향어가 있으면 깨끗한 1급수, 미꾸라지가 있으면 덜 깨끗한 3급수를 뜻한다. 이와 같이 복잡한 측정장비가 없어도 생물 지표를 통해 이 지역의 오염정도도 알 수 있다.

A 나팔꽃은 물의 오염의 지표이다
B 오염정도는 전문설비측정이 필요하다
C 물에 사는 물고기의 종류를 통해 물이 오염되었는지 아닌지 알 수 있다.
D 수질이 깨끗하다는 증명된 곳에 미꾸라지가 있다

64 Zhèngfǔ zhèngzài shíxíng tígōng huànzhě yīyào pǐn chǔfāng lǚlì de "yīyào pǐn ānquán shǐyòng fúwù". Zhège zhìdù kěyǐ ràng yīliáo jīgòu zài gěi huànzhě kāi yào zhīqián, néng zài wǎngshàng chá dào tāmen zài qítā jīgòu dōu kāiguò nǎxiē yào, qí mùdì shì bìmiǎn chī bùnéng yìqǐ chī de yào, huòzhě fǎnfù chī tóng yì zhǒng yào chǎnshēng de fùzuòyòng. Kěyǐ qídài tōngguò zhège zhìdù, qiàdàng de yīyào pǐn chǔfāng huì zēngjìn guómín de jiànkāng.

A zhè xiàng fúwù xièlòule bìngrén yǐnsī
B zhè xiàng fúwù kěnéng jiàngdī yīliáo chéngběn
C zhè xiàng fúwù yǒu zhù yú yàoshī liǎojiě bìngrén yòngyào qíngkuàng
D wèile fángzhǐ yīyào pǐn de búdāng chǔfāng ér shíshīle zhège zhìdù.

정부는 환자의 의약품 처방 이력을 제공하는 의약품 안전 이용 서비스를 시행하고 있다. 이 제도는 의료 기관들이 환자에게 약을 처방하기 전에 그들이 다른 기관에서 어떤 약을 처방했는지를 온라인으로 확인할 수 있게 하는데, 그 목적은 함께 먹을 수 없는 약을 먹거나 같은 약을 반복해서 먹으면서 생기는 부작용을 피하기 위한 것이다. 이 제도를 통해 적절한 의약품 처방이 국민의 건강을 증진시킬 것으로 기대할 수 있다.

A 이 서비스는 환자의 프라이버시를 누설했다
B 이 서비스는 의료 원가를 낮출지도 모른다
C 이 서비스는 약사가 환자의 투약 상황을 이해하는 데 도움이 된다
D 는 의약품의 부적절한 처방을 막기 위해 이 제도를 실시하였다.

65 Xiàndài rén zài hěnduō qíngkuàng xià tōngguò tǒngjì lái liǎojiě shìshí, dàn tǒngjì yě bùnéng juéduì de fǎnyìng shìshí. Bǐrú jiǎshè huángguā de jiàgé 1 yuèfèn shì 5 yuán/jīn, 2 yuèfèn shì 8 yuán/jīn, ér xiànzài shì 7 yuán/jīn. Yǐ xiànzài de huángguā jiàgé wéi tǒngjì duìxiàng, rúguǒ yǐ 1 yuèfèn wéi jīzhǔn jiùshì dàfú shàngshēng, ér rúguǒ yǐ 2 yuèfèn wéi jīzhǔn jiùshì dàfú xiàjiàng.

A tǒngjì kěyǐ juéduì de fǎnyìng shìshí
B tǒngjì huì suízhe jīzhǔn shè dìng de bùtóng ér bèi duōyàng xìng de jiědú.

梦想中国语 模拟考试

C yǐ 2 yuèfèn wéi jīzhǔn xiànzài de huángguā jiàgé shàngshēng
D yǐ 1 yuèfèn wéi jīzhǔn xiànzài huángguā jiàgé píngwěn
현대인들은 통계로 사실을 이해하는 경우가 많지만 통계로도 사실을 절대적으로 반영하지 못한다. 가령 오이 값이 1월에 5근, 2월에 8근, 지금은 7근이라고 가정하면 된다. 현재 오이 가격은 집계 대상인 1월 기준으로는 크게 올랐지만 2월 기준으로는 크게 떨어졌다.
A 통계는 절대적으로 사실을 반영할 수 있다
B 통계는 기준 설정에 따라 다양하게 판독된다.
C 2월 기준 현재 오이 값이 상승했다
D 1월 기준으로 현재 오이는 가격이 안정되어 있다

66 Hòuniǎo gēnjù pǐnzhǒng de bùtóng, shù wàn nǎizhì shù shí wàn de niǎo jié chéng yìqún yǐ yídìng de duì xíng fēixíng. Zhège shíhòu, chǔyú duì xíng páitóu wèizhì de jiùshì tóu niǎo, tā chéngdānzhe ràng duìwǔ āndìng qiánjìn de zuòyòng. Wèile dádào zhèyàng de mùdì, tóu niǎo xūyào zài duìwǔ de zuì qiánfāng dǐngzhe qiángjìng de fēng fēixíng, yīncǐ xūyào jùbèi nénggòu zhǎodào zuì hǎo hángxiàn hé gāodù de nénglì. Cǐwài, tóu niǎo hái yào yǒu bùguǎn fāshēng shénme wéijī zhuàngkuàng dōu néng kuàisù yìngduì de pànduàn lì.
A hòuniǎo de tóu niǎo xūyào jùbèi jīngyàn hé pànduàn lì.
B gēnsuí de niǎo xūyào bǎohù tóu niǎo
C tóu niǎo qǐzhe dǎoháng de zuòyòng
D tóu niǎo juédìng mùdì dì
새는 품종에 따라 수만에서 수십만의 새들이 떼를 지어 일정한 대형으로 날아간다. 이때 대열의 앞쪽에 서 있는 것이 바로 선두이며, 대열을 안정적으로 전진시키는 역할을 담당한다. 이러한 목적을 위해 선두는 행렬의 최전방에서 강한 바람을 안고 비행해야 하므로 최적의 항로와 고도를 찾을 수 있는 능력이 필요하다. 두 조는 또 어떤 위기상황이 발생해도 빠르게 대처할 수 있는 판단력도 갖춰야 한다.
A 철새의 선두는 경험과 판단력이 필요하다.
B 따라오는 새는 선두를 보호할 필요가 있다
C 선두는 항법 역할을 한다
D 선두는 목적지를 결정한다

67 Mǒu xiē rén huòdéle jīngjì shàng de kuānyù zhīhòu yě gǎndào wúliáole. Rénmen qīngxiàng yú bǎ zhè zhǒng wúliáo bùdāng huí shì er, dànshì wúliáo gǎn huì chéngwéi zǔ'ài yígè rén xìngfú shēnghuó de yīnsù. Yīnwèi nàxiē qián huò míngyù duō dào búyòng xiànmù biérén de rén huì yīn wèi wúliáo gǎn ér zuò chū tuōlí shèhuì de jǔdòng, shènzhì dāng wúliáo gǎn èhuà de shíhòu hái huì fāzhǎn chéngwéi yōuyù zhèng. Suǒyǐ wúliáo gǎn bìng búshì nénggòu ràng rén shì'érbùjiàn de wēi bù zú dào de shìqíng.
A jīngjì kuānyù yìwèizhe jīng shén shēnghuó fēngfù
B wúliáo gǎn yǔ yōuyù zhèng méiyǒu guānxì
C búyào kànqīng wúliáo gǎn, yào rènshí dào tā de shēnkè xìng.
D wúliáo gǎn huì ràng rén gèngjiā xìngfú
어떤 사람들은 경제적인 여유를 얻고 나서도 지루해했다. 사람들은 이런 지루함을 아무렇지 않게 여기는 경향이 있지만, 지루함은 한 사람의 행복한 삶을 저해하는 요인이 될 수 있다. 남 부러워할 것 없이 돈이나 명예가 많은 사람들은 지루함 때문에 사회도피적 행동을 하거나 심지어 지루함이 악화될 때 우울증으로 발전하기 때문이다. 그래서 지루함은 그냥 눈감아 줄 수 있는 하찮은 일이 아니다.
A 경제적 여유가 있다는 것은 정신 생활이 풍부하다는 것을 의미한다

B 지루함은 우울증과 관련이 없다
C 지루함을 가볍게 보지 말고 그것의 심각성을 인식해야 한다.
D 지루함은 사람들을 더 행복하게 만든다

68 Yǒu de rén dàoqiàn de shíhòu méiyǒu yòng zhēnxīn, shífēn fūyǎn. Érqiě rénmen zài dàoqiàn de shíhòu zhǐshì qiángdiào yìtú shì yǒushàn de, ér huíbì yǔ gāi xíngwéi duìyìng de zérèn. Dànshì, dàoqiàn bìxū chéngwéi duì mǒu jiàn shì de jiéguǒ fùzé de xíngwéi. Bùguǎn shì shànyì de háishì è yì de, rúguǒ zìjǐ de xíngwéi gěi duìfāng dài lái tòngkǔ de huà, jiù yào duì cǐ fùzé, zhè cái shì zhēnzhèng de dàoqiàn. Dàoqiàn de rén shǒuxiān yào zhīdào de jiùshì zhège shìqíng.
A dàoqiàn shì zhímiàn zérèn de xíngwéi
B wǒmen wúxū wéi shànyì de shì dàoqiàn
C shànyì de dàoqiàn bú huì jǐ rén dài lái tòngkǔ
D duì shìqíng de jiéguǒ fùzé shì zhēnzhèng de dàoqiàn.
어떤 사람은 사과할 때 진심을 쓰지 않고 얼버무린다. 그리고 사람들은 사과를 할 때 의도는 우호적이라는 것을 강조할 뿐 이 행위에 대응하는 책임을 회피한다. 그러나 사과는 어떤 일의 결과에 대해 책임지는 행위가 되어야 한다. 선의든 악의든 자신의 행동이 상대방에게 고통을 준다면 그에 대한 책임을 지는 것이 진정한 사과다. 사과하는 사람이 먼저 알아야 할 것은 바로 이 일이다.
A 사과는 책임을 직시하는 행위
B 우리는 선의에 대해 사과할 필요가 없다
C 선의의 사과는 고통을 주지 않는다
D 일의 결과에 책임을 지는 것은 진정한 사과이다.

69 Yí ge yánjiū zǔ nòng míngbáile méiyǒu qìwèi de wúwèi zhuàngtài de tiáojiàn. Rén de bízi zài gè zhǒng qìwèi dāngzhōng zhǔ yàowén yìxiē nóngdù gāo de qìwèi. Dànshì jiāng bùtóng qìwèi de lìzǐ yǐ xiāngtóng de liàng hùnhé de shíhòu, rén de bízi què wén bú dào shénme qìwèi. Duì cǐ, yánjiū rényuán zhèng zhuó shǒu yánjiū qùchú èchòu de jìshù, zhǐ zài zài èchòu zhōng jiārù qítā děng liàng de qìwèi, shǐdé èchòu de wèidào gēnběn gǎnjué bù dào. Zhège jìshù yǐjīng bèi kāifā, biàn kě bāngzhù huǎnjiě nàxiē zài yánzhòng èchòu huánjìng zhōng gōngzuò de rén de nánchù.
A rén de bízi hěn língmǐn
B jiāng bùtóng de qìwèi àn bǐlì hùnhé jiù wén bú dào qìwèile
C zhège fāxiàn méiyǒu rènhé yìyì
D zhège jìshù yǐjīng shífēn chéngshú
한 연구팀이 냄새가 나지 않는 무취 상태의 조건을 알아냈다. 사람의 코는 각종 냄새 중에서 주로 농도가 높은 냄새를 맡는다. 하지만 다른 냄새의 입자들을 같은 양으로 섞을 때, 사람의 코는 어떤 냄새도 맡지 못한다. 이에 따라 연구원들은 악취에 다른 양의 냄새를 넣어 냄새가 전혀 느껴지지 않도록 제거하는 기술에 착수했다. 이 기술이 개발되자마자, 심한 악취 환경에서 일하는 사람들의 어려움을 완화시키는 데 도움을 줄 수 있다.
A 사람의 코는 매우 예민하다
B 다른 냄새를 비례에 따라 섞으면 냄새를 맡을 수 없다
C 이 발견은 아무런 의미가 없다
D 이 기술은 이미 매우 성숙하다.

70 Wǒmen xiànzài yǐjīng jìnrùle jīqì dàitì rénlèi rèn zhī lǐngyù de dì èr jīxiè shídài. Wǒmen bùnéng duàndìng rúcǐ fēiyuè fāzhǎn de jīxiè shídài ràng wǒmen de shēnghuó biàn dé gèngjiā rùnzé háishì gèngjiā shūyuǎn.

Dànshì hěn míngxiǎn de shìshí shì jísù de jìshù fāzhǎn jí dàde gǎibiànle xiànzài de chǎnyè gòuzào. Suízhe chǎnyè gòuzào de biànhuà, zìrán'érrán gōngzuò de biàndòng xìng yě biàn dàle. Suǒyǐ kěyǐ yùjiàn de shì xiànzài 65%de xiǎoxuéshēng wèilái dōu jiāng cóngshì xiànzài méiyǒu de gōngzuò.

A kēxué de fā zhǎn ràng wǒmen de shēnghuó biàn dé gèngjiā zīrùn
B jìshù duì chǎnyè de yǐngxiǎng wēibùzúdào
C wèilái jīqì jiāng wánquán dàitì rénlì
D jīxiè shídài gōngzuò de biàndòng xìng biàn dàle

우리는 이제 기계가 인간의 인지 영역을 대체하는 제2기계 시대로 접어들었다. 이렇게 비약적으로 발전한 기계시대가 우리의 삶을 더 윤택하게 만들 것인지 아니면 더 멀어지게 만들 것인지 단정할 수는 없다. 그러나 분명한 사실은 급속한 기술 발전이 현재의 산업 구조를 크게 변화시켰다는 것이다. 산업구조가 바뀌면서 자연스럽게 노동의 변동성도 커졌다. 그래서 예상되는 것은 현재 초등학생의 65%가 미래에 현재 없는 일을 하게 될 것이라는 것이다.

A 과학의 발전은 우리의 삶을 더욱 윤택하게 한다.
B 기술이 산업에 미치는 영향은 미미하다
C 미래에는 기계가 인력을 완전히 대체할 것이다
D 기계시대 직업의 변동성이 커졌다

第三部分 제3부분

第71-74题

　　Chūntiān yòu dàole . Měiféng zhèshíhòu , wǒ jiùhuì bùyóuzìzhǔ de xiǎngqǐ wǒde liú lǎoshī , xiǎngqǐ tā fàng shàngtiān kōngde fēngzhēng .

　　Liú lǎoshī jiāo wǒmen lìshǐkè . Tā gèzi bùgāo , wēiwēi fā pàngde liǎn shàngyǒuyīshuāng shícháng mī qǐlái de cíxiáng de yǎnjīng , yītóu huā báide duǎnfà gèng chènchū tāde zhōnghòu . Tāyǒu yìtiáo qiáng zhuàngde yòutuǐ , ér zuǒtuǐ , xīgài yǐxià bèi quánbù jié qùle , kào yī gēn yuánmù guǎizhàng zhī chēngzhe .

　　Měidào chūntiān fàngxuéhòu , liú lǎoshī biàn zài xiàoyuán de cāo chǎngshàng , fàngqǐ tā qīnshǒu zhìzuò de fēngzhēng .

　　Tāde fēngzhēng gèshìgèyàng : yǒu jiǎndān de"dòufǔkuàiér" , yǒuchángchángde wúgōng , zuì jīngmiào de shì hēisè de yànzi fēngzhēng . Tāde tuǐ zìrán bú biànyú bēnpǎo , dàn tāquè jué bùkěn shīqù qīn shǒubǎ fēngzhēng sòngshàng lántiān de huānlè . Fàngfēi fēngzhēng de shíhòu , tā xiàozhe , jiàozhe , zhǔ zhe guǎizhàng , bèng tiàozhe ,
zhǐzhe tiānshàng de fēngzhēng , tóng kàn fēngzhēng detóngxuémen shuōxiào . Fàngfēngzhēng ràngtā gǎndào chōngshí hé xìngfú , yīn wèitā gǎn dàole shēngmìng delìliàng .

　　Wǒ yǐjīng jìn sānshínián méi jiàndào liú lǎoshī le . Rán értā yǒng yuǎnzài wǒde jìyì lǐ , fàngqǐ yīzhī yòu yīzhī lǐxiǎng de fēngzhēng .

　　봄이 또 왔다. 그럴 때마다 나도 모르게 유 선생님이 생각나고, 그가 하늘로 보낸 연이 생각난다.

　　유 선생님은 우리에게 역사 과목을 가르친다. 그는 키가 크지 않고, 살찐 얼굴에 늘 눈에 띄는 자상한 눈을 가지고 있다. 희끗희끗한 단발머리가 그의 중후함을 더욱 돋보이게 한다. 그는 건강한 오른쪽 다리를 가지고 있고 왼쪽 다리, 무릎 아래는 모두 잘려서 둥근 나무 지팡이에 기대어 버티고

있다.

유 선생님은 봄마다 방과 후 학교 운동장에서 직접 만든 연을 날리고 있다.

그의 연은 각양각색이다: 간단한 '두부 덩어리'가 있고, 긴 지네가 있고, 가장 정교한 것은 검은 제비연이다. 그의 다리는 자연히 달리기에 편치 않지만, 그는 손으로 연을 하늘로 올려 보내는 기쁨을 결코 잃지 않을 것이다. 연을 날리는 동안 그는 웃고, 울부짖고, 지팡이를 짚고, 깡충깡충 뛰며, 하늘의 연을 가리키며 연을 바라보는 친구들과 웃고 있다. 연날리기는 그로 하여금 충실함과 행복함을 느끼게 한다. 그는 생명의 힘을 느꼈다.

나는 이미 거의 30년 동안 유 선생님을 보지 못했다. 그러나 그는 영원히 나의 기억 속에서 또 하나의 이상적인 연을 날리고 있다.

第75-78题

Zài wǒmen de yīshēngzhōng, yǒu hěnduō shū zài děngzhe wǒmen qù dú, kěshì, yào dúwán suǒyǒude shū shì gēnběn zuòbúdào de, zhèjiù yāoqiú wǒmen duì dúwù jìnxíng rènzhēnde xuǎnzé.

Wǒmen kéyǐ xuǎnzé nǎxiē dúwù ne?

Dìyī, kéyǐ xuǎndú yìxiē yōuxiù、jīngdiǎn de míngzhù. Dú le zhèxiē shū, wǒmen jiùhuì míngbái, shénmeyàng de wénzhāng cáishì zhēnzhèng chūsè de wénzhāng.

Dìèr, kéyǐ xuǎndú yìxiē míngrénzhuànjì. Dú zhèxiē shū, wǒmen fǎngfú shì zàiyǔ gǔwǎngjīnlái yōuxiù de rénmen jiāotán, zhèduì wǒmen de chéngzhǎng shì fēicháng yǒuyìyì de.

Dìsān, kéyǐ xuǎndú yìxiē kēpǔ lèi de shū. Zhè lèishū hěn yǒuqù, kéyǐ xuédào gèfāngmiànde kēxué zhīshí.

Cǐwài, hái kěxuǎnzé yìxiē gōngjùshū, rú zìdiǎn、cídiǎn、bǎikēquánshū děng.

Xuǎnzé shénmeyàng de shū, wǎngwǎng yīnrénéryì. Wǒmen kéyǐ gēnjù zìjǐde xìngqù ài hǎolái xuǎn shū, yígè rénde xìngqù àihào yěshì kěyǐtōngguò dúshū lái péiyǎng de. Xuǎnzé héshì de shū shì yìzhǒng běnlǐng, zhǎngwò le zhèzhǒng běnlǐng, jiùnéng bāngzhù nǐyòng yǒuxiàn de shíjiān qù dú gèng duōde hǎoshū, qù huòqǔ gèng duōde zhīshí.

우리의 일생동안, 많은 책들이 우리가 읽기를 기다리고 있지만, 모든 책을 다 읽는 것은 도저히 할 수 없는 것이고, 이는 읽을 것에 대한 진지한 선택을 요구한다.

우리는 어떤 종류의 읽을거리를 선택할 수 있을까요?

첫째, 우수하고 고전적인 명작들을 골라 읽을 수 있다. 이 책들을 읽으면 우리는 어떤 문장이 진짜 뛰어난 문장인지 알게 될 것이다.

둘째, 유명인 전기를 골라 읽을 수 있다. 이 책들을 읽으면, 우리가 예나 지금이나 훌륭한 사람들과 이야기를 나누는 것 같은 느낌이 우리의 성장에 매우 의미가 있다.

셋째, 콥류의 책을 골라 읽을 수 있다. 이런 종류의 책은 매우 재미있어서 여러 방면의 과학 지식을 배울 수 있다.

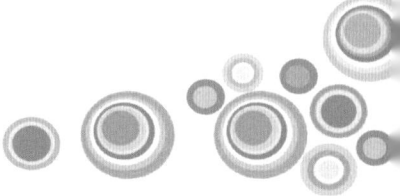

또한 사전, 백과사전 등과 같은 몇몇 도구가 되는 책을 선택할 수 있다.

어떤 책을 선택하느냐는 종종 사람에 따라 다르다. 우리는 자신의 취미에 따라 책을 고를 수 있고, 한 사람의 취미도 독서를 통해 기를 수 있다. 적합한 책을 선택하는 것은 일종의 재주이다. 이런 재주는 당신이 제한된 시간 동안 더 많은 좋은 책을 읽고 더 많은 지식을 얻도록 도울 수 있다.

第79-82题

Jiānádàde kuíběikè yǒu yìtiáo nánběi zǒuxiàng de shāngǔ. Shāngǔ méiyǒu shénme tèbié zhīchù, wéiyī néng yǐnrénzhùyì de shì, tāde xī pō zhǎngmǎn gèzhǒnggèyàng de shù, ér dōngpō què zhǐyǒu xuěsōng. Méirén zhīdào zhègè qíjǐng shì zěnme xíngchéng de.

1983 niánde dōngtiān, dàxuěfēnfēi, yǒu liǎnggè lǚxíngzhě lái dàole zhègè shāngǔ. Tāmen zhī qǐ zhàngpéng, wàngzhe mǎntiān fēiwǔ de dàxuě, tūrán jīngqí de fāxiàn, yóuyú tèshū de fēngxiàng, shāngǔ dōngpō de xuě zǒng bǐxī pō de xuě láidé dà. Dāng xuě jī dào yídìngchéngdù shí, xuěsōng nà fùyǒu tán xìngde zhīyā jiù kāishǐ xiàngxià wānqū, yúshì jīxuě biàncóng shùzhī shàng huáluò, dài yālì jiǎnqīng, gāng wānxià qùde shùzhī yòu lìjí fǎntán guòlái, xuěsōng yījiù bǎochí zhe cāngcuì tǐngbá de shēnzī. Jiù zhèyàng, fǎnfù dejī, fǎn fùde wān, fǎn fùde luò, fǎn fùde……. Búlùn xuě xiàdé duōdà, xuěsōng shǐzhōng wánhǎowúsǔn.

Mídǐ zhōngyú bèi jiē kāile: Dōngpō xuě dà, qítā nàxiē shù, yīnwèi méiyǒu xuěsōng zhègè běnlǐng, shùzhī dōubèi jīxuě yā duànle jiànjiàn de sàngshīle shēngjī. Ér xī pō xuě xiǎo, shùshàng shǎoliàng de jīxuě gēnběn jiù yā búduàn shùzhī, suǒyǐ chúle xuěsōng zhīwài, qí tāde shùzhǒng, yě dōucún huóle xiàlái.

Tāmen yóucǐ de dàole yígè qǐshì——duìyú wàijiè de yālì, kěyǐtōngguò zhèngmiàn kàngzhēng qù zhànshèng tā, dàn yǒushí yě xūyào xiàng xuěsōng nàyàng xiān wānqū yíxià, zuò shìdàng de ràngbù, yǐqiú fǎntán de jīhuì.

Wānqū búshì dǎoxià hé huǐmiè, érshì wèile shēngcún hé gènghǎo de fāzhǎn.

캐나다의 퀘벡에는 남북으로 가는 계곡이 있다. 계곡에는 별 특이점이 없는데, 주의를 끌 수 있는 유일한 것은 그곳의 서쪽에 다양한 나무들이 자라고 있는 반면 동쪽에는 설송만이 있다는 것이다. 아무도 이 기이한 광경이 어떻게 형성되었는지 모른다.

1983년 겨울, 눈이 많이 내릴 때 두 명의 여행자가 이 계곡을 찾았다. 그들은 텐트를 치고 온 하늘에 흩날리는 눈을 바라보며, 갑자기 특이한 바람의 방향 때문에 계곡 동쪽의 눈이 서쪽의 눈보다 항상 더 많이 온다는 것을 알게 되었다. 눈이 어느 정도 쌓였을 때 탄력 있는 가지들이 아래로 휘어지기 시작하더니, 쌓인 눈이 나뭇가지에서 미끄러져 내려와서, 스트레스를 덜 받고 막 휘어진 나뭇가지가 다시 튀어나와서 여전히 푸른 자태를 유지하고 있었다. 이렇게, 반복적으로 쌓이고, 굽고, 반복적으로 떨어지고, 반복적으로...눈이 아무리 많이 와도 시더우드는 멀쩡하다.

수수께끼의 진상이 마침내 밝혀졌다: 동쪽의 눈이 많이 온다, 다른 나무들은 설송이라는 재주가 없어 나뭇가지가 눈에 눌려 점점 생기를 잃고 있다. 서쪽에는 눈이 적게 내리고, 나무에는 적은 양의 눈이 나뭇가지를 누르지 못하기 때문에, 설송 이외의 그 밖의 다른 종들도 살아남았다.

그들은 이것으로 하나의 교훈을 얻었다——외부의 압력에 대해서는 정면돌파로 이길 수 있지만, 때로는 설송처럼 먼저 구부려 적절한 양보를 해 반등의 기회를 모색해야 한다는 시사점을 얻었다.

구부러지는 것은 쓰러지고 파멸하는 것이 아니라 생존하고 더 잘 발전하기 위한 것이다.

第83-86题

Tóngxuémen, jīntiān, wǒxiǎng gēn dàjiā tán yì tán " hézuò " de huàtí.

Wǒmen rènhérén zài zhègè shìjièshàng dōu búshì gūlì cún zàide, dōu yàohé zhōuwéi de rén fāshēng gèzhǒnggèyàng de guānxi. Nǐshì xuéshēng, jiù yàohé tóngxué yìqǐ xuéxí, yìqǐ yóuxì; nǐshì shàngbānzú, jiù yàohé tóngshì yìqǐ gōngzuò; nǐshì jūnrén, jiù yàohé zhànyǒu yìqǐ shēnghuó, yìqǐ xùnliàn.

Zǒngzhī, búlùn nǐ cóngshì shénme zhíyè, yě búlùn nǐzài héshíhédì, dōu líbùkāi yǔ bié rénde hézuò.

Shénme shì hézuò ne? Gùmíngsīyì, hézuò jiùshì hùxiāng pèihé, gòngtóng bǎ shìqíng zuòhǎo. Shìjiè shàngyǒu xǔduō shìqíng, zhǐyǒu tōngguò rényǔ rénzhī jiānde xiānghù hézuò cáinéng wánchéng. Rénmen chángshuō: xiǎo hézuò yǒuxiǎo chéngjiù, dà hézuò yǒudà chéngjiù, bùhézuò jiù hěnnán yǒu shénme chéngjiù. Zhèshì fēicháng bǎo guìde rénshēng dàolǐ, wǒmen yīnggāi láoláo jìzhù.

Xiàndài shèhuì shì yígè chōngmǎn jìngzhēng de shèhuì, dàn tóngshí yěshì yígè gèngjiā xūyào hézuò de shèhuì. Zhǐyǒu xuéhuì yǔ biérén hézuò, wǒmen cáinéng qǔdé gèng dàde chénggōng.

여러분, 오늘, 여러분과 '협력'에 대해 이야기를 나누고 싶다.

우리 어느 누구도 이 세상에서 고립된 존재가 아니며, 화합하며 살아야 한다. 사람들 사이에서 다양한 관계를 맺는다. 당신은 학생이고, 친구들과 함께 공부하고, 함께 게임을 해야 하고, 당신은 직장인이면 동료와 함께 일해야 하고, 군인이면 전우와 함께 살면서 훈련해야 한다.

어쨌든, 당신이 어떤 직업에 종사하든, 언제 어디서나 남과의 협력에서 벗어날 수 없다.

협력이란 무엇인가? 말 그대로 협력은 서로 협력해서 일을 잘 하는 것이다. 일은 잘 되어 간다; 세상에는 많은 일들이 있고, 사람들 사이의 상호 협력을 통해서만 완성될 수 있다. 사람들은 흔히 말한다: 작은 협력은 작은 성취가 있고 큰 협력은 큰 성취가 있기 때문에 협력하지 않으면 어떤 성취도 이룰 수 없다. 이것은 매우 귀중한 인생의 이치이며 우리는 이를 확실히 기억해야 한다.

현대 사회는 경쟁으로 가득찬 사회이지만, 동시에 더욱 협력이 필요한 사회이다. 다른 사람들과 협력하는 법을 배워야만 우리는 더 큰 성공을 거둘 수 있다.

第87-90题

Zhīshi yòu jiàozuò " xuéwèn", zhèshì hěn yǒudàolǐ de. Zhīshi shì xuélái de, yěshì wèn lái de. " wèn" chángcháng shì dǎkāi zhīshí diàntáng de jīnyàoshi, shì tōngxiàng chénggōng zhīmén de pūlùshí.

Wǒmen miàn duìde shì yígè wǔcǎibīnfēn de shìjiè. Zhègè shìjiè rìxīnyuèyì, wǒmen yīnggāi yùshì duō wèn jǐgè " wèishénme ", xuéhuì cóng píngchángshì wùzhōng fāxiànwèntí. Yǒule wèntí, kě suíshísuídì qǐngjiào biérén, zhǐyào tā quèshí néng gěinǐ bāngzhù, bù guǎntā niánzhǎng niányòu, dìwèi gāodī, dōukéyǐ chéngwéi nǐde lǎoshī, dōu yīnggāi xiàng tā qǐngjiào. Gǔrén shuōde " néngzhěwéishī" jiùshì zhègè dàolǐ.

Xuéwèn、xuéwèn, jìyào xué yòuyào wèn. Xué yǔ wèn shì xiāngfǔxiāngchéng de, zhǐyǒu zàixué zhōng wèn, zài " wèn" zhōngxué, cáinéng qiúdé zhēnzhī. Wǒmen cóngxiǎo yǎng chéngle qínxuéhàowèn de xíguàn , jiù hǎobǐ chā shàngle liǎngzhī qiángjiàn yǒulì de chìbǎng . Dào nàshí , zhīshi de tiānkōng jiāng rèn nǐ áoxiáng , yǔzhòu de àomiào jiāng rèn nǐ tànqiú , nǐjiāng zhēnzhèng chéngwéi xuéxí de zhǔrén .

지식을 '학문'이라고도 부르는 것은 매우 일리가 있다. 지식은 배워온 것이고, 물어본 것이다. '묻는 것'은 종종 지식의 전당을 여는 황금 열쇠이며 성공의 문으로 통하는 포석이다.

우리는 오색찬란한 세계를 마주하고 있다. 세상이 하루가 다르게 변하니, 우리는 무슨 일이 생기면 몇 가지 '왜'를 더 묻고, 일상 사물에서 문제를 발견하는 법을 배워야 한다. 문제가 생기면 언제 어디서나 다른 사람에게 가르침을 청할 수 있고, 그가 정말로 당신에게 도움을 줄 수 있다면, 그가 나이가 많고 지위가 높든 상관없이 당신의 선생님이 될 수 있다면 그에게 가르침을 청해야 한다. 옛 사람들이 말하는 '능자위사'가 바로 이 이치였다.

학문, 학문, 그것도 배워야 하고 물어봐야 한다. 학문과 질문은 서로 상부상조하는 것이며, 학문에서 묻고, '묻는' 학교에서 비로소 참된 지식을 구할 수 있다. 우리는 어려서부터 부지런히 배우고 질문하는 습관을 들이면, 좋다. 비는 두개의 강하고 힘있는 날개를 달았다. 그때가 되면 지식의 하늘은 당신이 날 수 있게 하고, 우주의 오묘함은 당신이 탐구하도록 내버려 두며, 당신은 진정으로 배움의 주인이 될 것이다.

3. 写作 쓰기

第一部分 제1부분

91	工作的时候失误是不可避免的。	Gōngzuò de shíhòu shīwù shì bùkě bìmiǎn de.	작업할 때 실수는 불가피하다.
92	她的汉语已经达到了高级水平。	Tā de hànyǔ yǐjīng dádàole gāojí shuǐpíng.	그녀의 중국어는 이미 고급 수준이다.
93	每个人都有值得他人学习的地方。	Měi gèrén dōu yǒu zhídé tārén xuéxí de dìfāng.	모든 사람은 타인에게 배울 점이 있다.
94	我上大学的时候经常使用MP3播放器。	Wǒ shàng dàxué de shíhòu jīngcháng shǐyòng MP3 bòfàng qì.	나는 대학 다닐 때 MP3를 많이 사용했다.
95	我的手机里保存了100多张照片。	Wǒ de shǒujī lǐ bǎocúnle 100 duō zhāng zhàopiàn.	내 핸드폰에 사진을 100장 이상 저장했다.
96	我喜欢流行音乐和经典老歌。	Wǒ xǐhuān liúxíng yīnyuè hé jīngdiǎn lǎo gē.	나는 팝송과 클래식과 오래된 노래를 좋아한다.
97	怎样才能拥有一个健康的身体？	Zěnyàng cáinéng yōngyǒu yígè jiànkāng de shēntǐ?	어떻게 해야 건강한 신체를 가질 수 있나요?
98	熟悉的歌不免让我回忆起往事。	Shúxī de gē bùmiǎn ràng wǒ huíyì qǐ wǎngshì.	친숙한 노래는 옛 추억을 떠올리게 한다.

第二部分 제2부분

99.一眨眼我们就要大学毕业了，舍不得朝夕相处了四年的同学老师，舍不得离开美丽的校园，有趣的课堂，总之有太多的舍不得。所以在这最后的时光，我们彼此祝福对方，收到了很多的感动，也希望大家以后都能工作顺利，前程似锦。

　　Yī zhǎyǎn wǒmen jiù yào dàxué bìyèle, shěbudé zhāoxìxiāngchǔle sì nián de tóngxué lǎoshī, shěbudé líkāi měilì de xiàoyuán, yǒuqù de kètáng, zǒngzhī yǒu tài duō de shěbudé. Suǒyǐ zài zhè zuìhòu de shíguāng, wǒmen bǐcǐ zhùfú duìfāng, shōu dàole hěnduō de gǎndòng, yě xīwàng dàjiā yǐhòu dōu néng gōngzuò shùnlì, qiánchéng sì jǐn.

　　눈 깜짝할 사이에 우리는 대학을 졸업하게 되는데, 4년 동안 함께 지낸 동창생 선생님을 아까워하고, 아름다운 캠퍼스를 떠나기 아쉬워하고, 재미있는 수업을 하는데, 어쨌든 너무 많은 아쉬움이 있다.그래서 이 마지막 시간에 우리는 서로를 축복하고 많은 감동을 받았고 앞으로도 잘 될 수 있고 전도유망하시길 바랍니다.

100.她又收到了他的信，她非常开心，他在军队里，和女朋友见面不容易，所以他们就用通信的方式联系，她每天都会去看信箱有没有他的信，有时候一周一封，有时候一个月一封，再坚持一年他退役之后，他们就能结婚了。

Tā yòu shōu dàole tā de xìn, tā fēicháng kāixīn, tā zài jūnduì lǐ, hé nǚ péngyou jiànmiàn bù róngyì, suǒyǐ tāmen jiù yòng tōngxìn de fāngshì liánxì, tā měitiān dōuhuì qù kàn xìnxiāng yǒu méiyǒu tā de xìn, yǒu shíhòu yìzhōu yì fēng, yǒu shíhòu yígè yuè yì fēng, zài jiānchí yì nián tā tuìyì zhīhòu, tāmen jiù néng jiéhūnle.

　　해석: 그녀는 또 그의 편지를 받고 매우 기쁘다. 그가 군대에 있어서 여자친구와 만나기가 쉽지 않아서 그들은 우편으로 연락한다. 그녀는 매일 우체통에 그의 편지가 있는지를 확인한다. 어떤 때는 일주일에 한 번씩이고 어떤 때는 한 달에 한 번씩이다.1년을 견디고 그가 제대하면 둘이 결혼할 것이다.

新汉语水平考试

HSK（五级）4

注 意

一、HSK（五级）分三部分：

1. 听力（45 题，约 30 分钟）

2. 阅读（40 题，45 分钟）

3. 书写（10 题，40 分钟）

二、听力结束后，有 5 分钟填写答题卡。

三、全部考试约 125 分钟（含考生填写个人信息时间 5 分钟）。

一. 听力

第一部分

第 1-20 题：请选出正确答案。

1. A 3699元
   B 3799元
   C 3599元
   D 3499元

2. A 古装片
   B 武侠片
   C 喜剧片
   D 科幻片

3. A 买醋
   B 买菜
   C 买盐
   D 买米

4. A 和老板吵架了
   B 辞职了
   C 生气了
   D 在抗议工资低

5. A 元宵节
   B 中秋节
   C 端午节
   D 冬至

6. A 面馆
   B 西餐厅
   C 咖啡厅
   D 火锅店

7. A 拐角处
   B 向前200米
   C 银行前面
   D 银行后面

8. A 明天
   B 后天
   C 大后天
   D 下周一

9. A 朋友
   B 员工
   C 父子
   D 同学

10. A 不会游泳
    B 对海鲜过敏
    C 又培训课
    D 有深海恐惧症

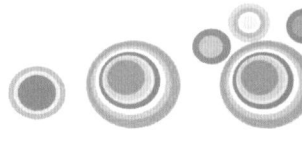

11. A 室内篮球场
    B 体育馆
    C 露天篮球场
    D 商场

12. A 情侣
    B 兄妹
    C 父女
    D 师徒

13. A 8.5折
    B 8折
    C 7.5折
    D 7折

14. A 今天
    B 两个月前
    C 上个月
    D 上周三

15. A 父女
    B 情侣
    C 同事
    D 老朋友

16. A 朋友
    B 不清楚
    C 男士
    D 女士

17. A 6月1号
    B 6月2号
    C 5月31日
    D 5月2号

18. A 高铁
    B 飞机
    C 轮船
    D 汽车

19. A 警察
    B 金融精英
    C 工程师
    D 演员

20. A 高兴
    B 激动
    C 紧张
    D 难过

第二部分

第 21-45 题：请选出正确答案。

21. A 去商场
    B 看电影
    C 去公园
    D 看话剧

22. A 天气不好
    B 车很少
    C 人很多
    D 交通堵塞

23. A．每周六
    B．端午节
    C．周末
    D．元宵节

24. A．很生气
    B．很累
    C．不满足
    D．特别好

25. A．收发邮件
    B．查找信息
    C．玩游戏
    D．和朋友聊天

26. A．医院
    B．公司
    C．车上
    D．家里

27. A．很漂亮
    B．很保暖
    C．有舒适
    D．很轻巧

28. A．参加开幕仪式
    B．修订合同
    C．签订合同
    D．参加订货会

29. A．职员工作辛苦
    B．公司上班时间早
    C．职员要求
    D．迟到早退现象多

30. A 人事部
    B 海外市场部
    C 营业部
    D 销售部

31. A 日本
    B 韩国
    C 英国
    D 美国

32. A 幼儿园
    B 小学
    C 初中
    D 高中

33. A 朋友
    B 情侣
    C 兄妹
    D 刚认识

34. A 工作
    B 留学
    C 考研
    D 结婚

35. A 工作
    B 留学
    C 考研
    D 结婚

36. A 结婚
    B 买房
    C 生孩子
    D 相亲

37. A 父母帮忙
    B 朋友帮忙
    C 不买房
    D 银行贷款

38. A 不举办婚礼
    B 不买房
    C 不买车
    D 以上都是

39. A 和母亲吵架
    B 和父亲吵架
    C 早恋
    D 逃课

40. A 百货店
    B 公园
    C 面摊
    D 小吃店

41. A 母亲讨厌女儿
    B 母亲担心女儿
    C 母亲不想让女儿回家
    D 母亲不给女儿做饭

42. A 女儿不想回家
    B 面摊老板劝女孩回家
    C 女儿一直不感激母亲
    D 面摊老板收了钱

165

43. A 生命

B 尊严

C 金钱

D 时间

44. A 生命很坚强

B 生命的形式不是永恒的

C 种子不发芽就没有生命力

D 生命是世界上最宝贵的东西

45. A 生命瞬息万变

B 不能损害尊严

C 生命是世界上最宝贵的东西

D 生命可以存在很长时间

二、阅读

第一部分

第 46-60 题：请选出正确答案。

46-48.

　　有一个人做了一个梦，梦中他来到一间二层楼的屋子。进到第一层楼时，发现一张长长的大桌子，桌旁都坐着人，而桌子上摆满了丰盛的<u>46</u>，可是没有一个人能吃得到，因为大家的<u>47</u>受到魔法师咒诅，全都变成直的，手肘不能弯曲，而桌上的美食，夹不到口中，所以个个愁苦满面。

　　但是他听到楼上却充满了欢愉的笑声，他好奇地上楼一看，同样也有一群人，手肘也是不能弯曲，但是大家却吃得<u>48</u>。原来每个人的手臂虽然不能伸直，但是因为对面的人彼此协助，互相帮助夹菜喂食，结果大家吃得很开心。

46	A 鲜花	B 蔬菜	C 水果	D 佳肴
47	A 嘴巴	B 手臂	C 腿	D 肩膀
48	A 心惊胆战	B 小心翼翼	C 愁眉苦脸	D 兴高采烈

49-52.

　　十岁的某一天，我跟着父亲去小岛上钓鱼。我放好鱼饵，然后举起鱼竿，把鱼线抛了出去。过了一会，鱼竿突然剧烈地抖动了一下，于是我迅速地把它<u>49</u>上岸来，发现是一条好大的鲈鱼！父亲看了看手表，这时是晚上十点，距离开放捕捞鲈鱼还有两个小时。父亲遗憾地对我说："孩子，你得把它放回湖里去。""爸爸！为什么？"我急切地问道。"<u>50</u>"父亲平静地说。"可是不会钓到这么大的鱼了。"我大声<u>51</u>着，哭出了声。即便不情愿，但是我清楚地知道，父亲的话是没有商量的余地的。果然我再也没有钓到过那么大的鱼了。但是从那以后，当我面临道德抉择的时候，就会想起父亲告诫我的话：道德只是个简单的是与非的问题，<u>52</u>起来却很难。

49.	A 抛	B 扔	C 拉	D 丢
50.	A 必须放回去		B 你真是不懂事	
	C 你还会钓到别的鱼的		D 没必要钓这个鱼	
51.	A 争辩	B 争吵	C 吵架	D 愤怒
52.	A 工作	B 工程	C 计算	D 实践

53-56.

那一年,家里的花生大丰收。于是母亲把花生做成了几样食品,还吩咐就在院子里举行一个花生节。那天晚上,父亲问我们,你们都喜欢吃花生,那谁能把花生的好处说出来?姐姐说:"花生很好吃。"哥哥说:"花生可以榨油。"我说:"花生的价钱便宜。"父亲说:"53,有一样最可贵:它的果实埋在地里,不像桃子、苹果那样,把果实高高地挂在枝头上。你们看它长在地上,即使成熟了,也不能立刻54出来它有没有果实,必须挖起来才知道。"

我们都说是,母亲也点点头。父亲接下去说:"所以人也一样,要做有用的人,不要做只讲55,而对别人没有好处的人。"我们谈到深夜才散。花生做的食品都吃完了,父亲的话却深深地56在我的心上。

53.	A 花生的好处很多		B 花生很好吃		C 花生很有用		D 花生也有坏处
54.	A 结算		B 分辨		C 分清		D 解剖
55.	A 体面		B 道理		C 本分		D 关系
56.	A 抛		B 印		C 扔		D 推

57-60.

年幼的时候,我就喜欢写诗。母亲念完我的第一首诗的时候,兴奋地嚷着:"巴迪,真是你写的吗?精彩极了!快拿去给父亲看看。"于是我迫不及待地拿着诗去找父亲,可是父亲只说了一句,"我看这首诗糟糕透了。"我的眼睛湿润了,失望地走回了自己的房间。几年后,当我再拿起那首诗,不得不57父亲是对的。真的糟糕透了!不过母亲还是一如既往地58我,所以我没有放弃写诗。

往后的日子里,耳边一直回响着两种声音,"精彩极了","糟糕透了";"精彩极了","糟糕透了"我从59里知道,"精彩极了"也好,"糟糕透了"也好,这两个极端的断言有一个共同的出发点——那就是60。在爱的鼓舞下,我努力地向前奔跑。

57.	A 否认		B 承认		C 承诺		D 拒绝
58	A 反对		B 反驳		C 鼓励		D 相对
59	A 身体		B 手心		C 心底		D 心脏
60	A 父母的爱		B 自尊心		C 做人的道德		D 严以律己

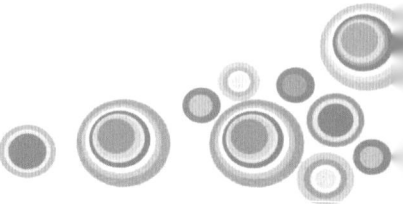

第二部分

第 61-70 题：请选出与试题内容一致的一项。

61 最近越来越多人收听以"治愈"为目的的演讲。现代人热衷于治愈的理由是因为心灵受伤，想要得到慰藉。但是比起猛烈的"治愈"热潮，真正通过"治愈"抚慰到心灵的人却少之又少。与其被卷入这样的热潮，被毫无目的的演讲牵绊，不如自己寻找内心的力量。

A 现代人容易受伤
B 多听演讲可以治愈人心
C 治愈失败靠自己
D 现在人很少去听演讲

62 以前只有在汽车业界共有的零件价格，如今为了提高消费者的知情权和流通的透明性，企业将价格全部公开了。国内的所有汽车公司有义务把零件价格公示在公司的主页上。但是，有些公司并没有将价格信息公布在首页上，或者设置了只有加入公司会员才能看到该信息，这招来了消费者的不信任。对于这种情况，这个制度成为了重新找回消费者信任的一个契机，同时，业界需要进行自省的呼声也越来越高。

A 通过公开价格公布流通渠道
B 零件价格公开与消费者知情权无关
C 企业应该无调价公开零件价格
D 企业需要通过公开零件的价格来恢复消费者的信任。

63. 最近许多人都强调清洁的环境或者生活习惯。能在干净的环境下生活的话当然是好了。但是，这只有好处吗？因为过度干净的环境，反而会容易失去对抗细菌的免疫力。我们的身体要接触适当量的细菌才能培养更强的免疫力。比如，根据一项研究，出生刚满2年的接受过抗菌疗法的孩子和没有经过这一疗法的孩子相比，皮肤病的发病率高出了6倍。小时候要适当地接触一些尘埃，才能产生针对过敏症的免疫力。虽然清洁也很重要，但是存在一点脏乱的地方也是可以的。

A 需要对皮肤病发病原因进行研究
B 不干净的环境会引起过敏
C 我们的身体上有适当量的细菌的话会更好。
D 干净的环境有助于我们增强免疫力

64 根据科学家的分析"蒙娜丽莎微笑"里有83%是幸福感,有17%左右是恐惧和愤怒。这就是所谓的"蒙娜丽莎微笑的法则"。这个比例就是蒙娜丽莎受到喜爱的原因。我们的人生也是一样的。快乐和悲伤,幸福和不幸都是均衡协调的,这样的人生最终也能走上圆满幸福的道路吧。悲伤和痛苦这样的消极感情并不是要让我们跌入挫折里,反而是让我们维持一定的现实感,使我们能积极地去感受幸福的感觉,就是这么一种力量。

A 负面情绪容易引起挫折感
B 痛苦和悲伤使我们无法感受幸福
C 蒙娜丽莎的微笑展示了完美的幸福
D 悲伤使我们不失去现实感。

65 雄性海马的肚子,有一个与袋鼠相似的口袋。口袋内部充满了养育幼卵时需要的血管。雄性海马与怀着幼卵的雌性海马相遇,用那个口袋接收幼卵。为了获得雌性的选择,也会使肚子膨胀来炫耀自己。如果成功取得幼卵的话,将会成为爸爸的海马便会撑着膨胀的肚子迅速游离。一两个月之后,海马会生产出几十到数百只小海马。从只有一个小尾巴噼噼啪啪迅速长大,真是很神奇。通过挤压拧取的动作来完成生产之后,爸爸海马就会变得疲惫不堪。

A 海马的口袋是为了装更多的卵
B 为了更方便的装海马崽
C 为了能更容易地生出幼崽。
D 为了更好地喂养海马幼崽

66 我研究的古书籍是当时一般大众常看的书。因为书籍是廉价的制作,所以现在变得陈旧粗陋,经常被丢弃。但是就从许多人都读过这一点来看,它的重要性还是不低于其他书籍的。涉及的领域也很多样,集合了恋爱小说、商务文书、书信写作方法等内容,是类似于实用书那样的书籍。通过这样的材料,可以具体地和写实地去复原古代人们的生活。我认为这一点不仅对于古书籍研究,对于历史研究的缺口来说也是非常重要的一部分。

A 从古籍里能获取的知识很少
B 反映古人生活的资料很少
C 男子正在研究人们关注的书。
D 越古老的书越有价值

67 对于马基雅维里政治思想的解析观点有两种分类。首先,君主如果是为了一定的目的,则不需要区分手段和方法,也就是可以不择手段,这是目前的解析。对于君主来说,不需要有道德之心,如果想要保护利益和权力的话,也需要用到残忍的方法,这就是其思想的核心。另外一种是最近新出的解析。虽然马基雅维里要求强有力的君主是对的,但是那只是特殊情况下需要的存在,权力的基础什么时候都是国民。

A 马基雅维里认为国民是权力的基础。

B 马基雅维里认为君主的道德很重要

C 马基雅维里认为不论何时做事的手段都要正当

D 马基雅维里认为国民素质都不高

68 将我们体内的器官 移植给他人的器官 移植技术最大的难点是排斥反应。移植的部位是不同的免疫力系统,因此有可能造成死亡。1970年解决这一免疫力问题的医疗技术得以开发,在这一时期移植成分也开始变高,目前可以进行心脏、骨髓、皮肤移植。尽管医疗技术得以发展,但是依旧不够全面。为了解决这一问题,现在正在进行人工器官 移植研究,期待器官 移植迎来新篇章。

A 目前正在进行人工器官移植研究。

B 解决免疫力的技术即将问世。

C 过去,器官移植排斥反应的并不多。

D 器官移植中的骨头还是不可能。

69 超小型摄像机原来是作为医疗或者产业用而被制造出来的。但是现在并未按原来的用途,反而为偷拍他人身体所被恶意使用的事例增多了。为了从源头上防止被恶意使用,新商品信息登记和法律上的流通许可规定需要强化。

A 要扩大医用及工业微型照相机的用处。

B 应该开发微型摄像机,使其更加有用.

C 为了防止超小型照相机被恶意利用,应该制定对策。

D 为了顺利销售及流通,应该简化微型摄像机的登记过程。

70 随着信息量爆增,越来越多的人开始寻找只有核心概括的信息。因为可以容易且快速地获得需要的信息。但是如果只获取简短的被整理过的知识,对事物长时间观察和分析的能力就会降低, 批判性地处理事物的能力也会变迟钝。

A 概括型信息是最有效的信息学习方式。

B 概括型信息会导致人们的思维能力下降。

C 人们需要学习的知识量在大幅度增加。

D 多亏了简短的知识,才能缩短信息处理的时间

第三部分

第 71-90 题：请选出正确答案。

第71-74题

一个人要积累知识，就必须读书。对重要的文章和书籍，要认真读、反复读，要逐字逐句地深入研究，对重要的语句和章节所表达的思想内容还要做到透彻理解。这就是精读。

然而，人的精力是有限的，而书籍却浩如烟海，谁也不可能读完所有的书，更不可能对每本书每篇文章都去精读。因此我们还要学会略读。

略读就是用较少的时间浏览大量的书，从而扩大自己的知识面。略读又是精读的基础。通过略读，可以在很短的时间内知道一篇文章或一本书的基本内容，从而确定它是否须要精读，或哪些地方需要精读。

怎样进行略读呢？如果面对一大堆读物，我们可以将每本书的内容提要、目录等很快地看一遍，大概了解每本书的特点。对于一本书，我们可以几段几段地读，也可以几页几页地读，而不要探究某个字、词或句子的意思。俗话说的"一目十行"就是指这种快速阅读方法。

只要我们善于把精读和略读结合起来，就能取得最佳的读书效果。

71 最适合做上文标题的是？

A 怎样挑选读物　　　　　　　　B 怎样挣到买书的钱

C 怎样阅读　　　　　　　　　　D 怎样开书店

72 一个人要积累知识，就应该干什么？

A 劳动　　　　　　　　　　　　B 读书

C 工作　　　　　　　　　　　　D 睡觉

73 怎样获得最佳的读书效果？

A 把精读和略读结合　　　　　　B 每本书都精读

C 边吃东西边读书　　　　　　　D 每本书都略读

74 与上文内容不符的是？

A 人的精力是有限的　　　　　　B 阅读可以分为精读和略读

C 精读是略读的基础　　　　　　D "一目十行"指的就是略读

第75-78题

40多亿年前，火星与地球逐渐形成了。这兄弟俩长得太像了——同样有南极、北极，同样有高山、峡谷，同样有白云、尘暴和龙卷风，同样是四季分明，甚至连一天的时间都差不多。难怪，人们把地球和火星称为太阳系中的"孪生兄弟"，并由此推测，火星也和地球一样有水和生命存在。

2004年3月以后，人类进一步证实了火星上曾经有水的推断。火星的环境与地球相似，然而，地球上的水不但能留下来，而且孕育出了生命；火星上的水原本可能比地球上的还多，却没能留住。

水是生命的源泉，看来在火星表面找到生命的希望已十分渺茫。然而，科学家推测，火星地表下面仍然可能有水，只要有适当的温度，就可能孕育出生命来。如果地表下真的有生命，它们是什么模样，是怎样生存的，这仍然是一个谜。

75 本文提到的两个星体是？

A 地球和火星　　　　　　　　　　B 地球和太阳

C 地球和月球　　　　　　　　　　D 地球和水星

76 火星和地球的区别是？

A 火星上没有南北极　　　　　　　B 火星上没有高山、峡谷

C 火星上没有水和生命　　　　　　D 火星上没有白云、尘暴等

77 以下哪项不是科学家的推测？

A 火星曾经没有水　　　　　　　　B 火星上的水原本可能比地球上的还多

C 火星也和地球一样有水和生命存在　D 火星地表下面仍然可能有水

78 什么东西仍然是一个谜？

A 火星以前是否有水　　　　　　　B 火星上的环境

C 火星地表下的生命　　　　　　　D 火星上一天有多少时间

第79-82题

萧伯纳是英国著名作家。有一次在莫斯科访问时，他遇到一个小姑娘。小姑娘白白胖胖，一对大眼睛很有神，头上扎着大红蝴蝶结，真是可爱极了。萧伯纳非常喜欢这个孩子，同她玩了好久。

临别时，萧伯纳对小姑娘说："别忘了回去告诉你妈妈,就说今天同你玩的是世界有名的大作家萧伯纳。"他暗想：当小姑娘知道跟自己玩的是一位世界大文豪时，一定会惊喜万分。

可是，出乎预料的是，小姑娘竟学着萧伯纳的口吻说道："请你回去后告诉你妈妈,就说今天同你玩的是苏联小姑娘娜塔莎。"

萧伯纳听了，不觉为之一震。他马上意识到刚才太自夸了。事后，萧伯纳深有感触地说："一个人不论取得多大成就，都不能自夸。对任何人,都应该平等相待，永远谦虚。这就是那位小姑娘给我的教育。她是我的老师。"

79 上文主角是？

A 贝多芬 B 高尔基
C 萧伯纳 D 奥巴马

80 故事发生在哪里？

A 莫斯科 B 芝加哥
C 旧金山 D 威尼斯

81 听了小姑娘的话，他有什么想法？

A 自己不够冷静 B 自己不够温柔
C 自己不够聪明 D 自己不够谦虚

82 为什么说小姑娘是他的老师？

A 小姑娘教会他平等对待每个人 B 小姑娘的妈妈是他的老师
C 小姑娘未来成为了一个很优秀的老师 D 小姑娘能做他做不了的事

第83-86题

我国古代有一位女英雄，名叫花木兰。那时候，北方经常发生战争。一天，皇上下达了征兵的命令，花木兰见到上面有父亲的名字，焦急万分。她想：父亲年纪大了，身体不好，不能去参军；弟弟年纪还小，还不到当兵的年龄。可如果家里没人参军的话，皇上就会生气，该怎么办呢？

花木兰想出了一个保全家人的办法，她说服了家人，女扮男装，代替父亲进了军队。她告别了亲人，穿上了军装，骑上了骏马，来到了前线。在多年的战争中，她为国家立下了很多功劳。花木兰回乡后，脱下了战袍，换上了女装。曾经的战友们前来探望她，这才惊讶地发现，勇敢的花将军，竟然是一位漂亮的姑娘。

83 故事发生在什么时候？

A 现代   B 未来

C 古代   D 原始人时代

84 花木兰为什么替父参军？

A 家里没人可以参军   B 母亲要她参军

C 父亲要她参军   D 皇上命令她参军

85 花木兰回乡后做了什么？

A 脱下战袍，换上女装   B 和邻居成亲

C 和战友们喝酒   D 待在家里不出门

86 与上文内容相符的是？

A 花木兰男扮女装   B 战友们早就知道花木兰是女的

C 战友们最终也没发现花木兰是女的   D 花木兰在战争中立下了很多功劳

第87-90题

随着时光的流逝,童年那金色的梦也悄然而逝,然而充满童趣的一幕幕早已在我的记忆的心海里定格。

那是我5岁的时候,妈妈买回一大包瓜子,我吃着又香又脆的瓜子,不禁问妈妈:"妈妈,这瓜子这么香,这么脆,是怎么得来的?"妈妈耐心地对我说:"瓜子是由向日葵得来的,把一粒葵花籽种下去,就可以结出许多瓜子。"我听了妈妈的话,心里便想出了一个计划。

第二天,爸妈都出去了。我拿出一把瓜子,然后把它种了下去希望它能长大成树,让大家大吃一惊。

于是我盼呀盼呀,一个星期过去了,地上并没有长出向日葵,连根草都没有。我哭丧着脸,把事情的经过告诉了全家人,谁知道他们听了哈哈大笑。我不知道怎么办好,就问妈妈:"怎么了?"妈妈笑着说:"你种的种子是熟的,不能长出向日葵,只有种生的瓜子才能长出向日葵,不信你试一试。"在妈妈的帮助下,我种的向日葵终于长出了小苗。

87 这是一个什么故事?

A 童年故事 B 学生故事
C 童话故事 D 职场故事

88 故事发生在什么时候?

A 4岁 B 5岁
C 6岁 D 7岁

89 第二天爸妈出去后,我做了什么?

A 种了花的种子 B 吃了一把瓜子
C 种了一把熟瓜子 D 种了一把生瓜子

90 最后在谁的帮助下,我种出了小苗?

A 妈妈 B 爸爸
C 爷爷 D 奶奶

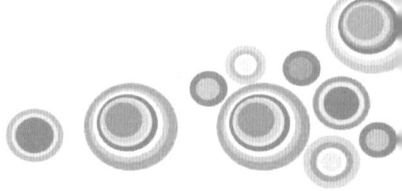

三、书写

第一部分

91. 驾车   酒后   不可以

92. 妈妈   都不如   做的菜   好吃   哪家   饭店的菜

93. 喜欢   我   明星   节目   采访   看

94. 应采取   认真   态度   仔细的   对待   学习

95. 买衣服   的时候   我   吃过亏

96. 我们   利用   时间   充分   应该

97. 老师   我   布置的   任务   能   出色地   完成

98. 爸爸   中国   要去   重要的   一个   国际   出席   会议

第二部分

第 99-100 题：写短文

99. 请结合下列词语（要全部使用），写一篇80字左右的短文。

操心、 测试、 曾经、 评价、 前途

100. 请结合这张图片写一篇80字左右的短文。

<HSK 5급 실전 모의고사 4> 답안

一、听力

第一部分 답안

1. B	2. C	3. A	4. B	5. C
6. A	7. B	8. B	9. D	10. D
11. A	12. D	13. C	14. D	15. B
16. D	17. C	18. A	19. C	20. C

第二部分 답안

21. B	22. C	23. B	24. D	25. C
26. A	27. A	28. C	29. D	30. C
31. D	32. B	33. B	34. C	35. A
36. B	37. D	38. D	39. A	40. C
41. B	42. B	43. A	44. D	45. C

二、阅读

第一部分 답안

46. D	47. B	48. D	49. C	50. C
51. A	52. D	53. A	54. B	55. A
56. B	57. B	58. C	59. C	60. A

第二部分 답안

61. C	62. D	63. C	64. D	65. C
66. C	67. A	68. A	69. C	70. B

第三部分 답안

71. C	72. B	73. A	74. C	75. A
76. C	77. A	78. D	79. C	80. A
81. D	82. A	83. C	84. A	85. A
86. D	87. A	88. B	89. A	90. C

三、写作

第一部分 답안

91. 酒后不可以驾车。

92. 哪家饭店的菜都不如妈妈做的菜好吃。

93. 我喜欢看明星采访节目。

94. 对待学习应采取认真仔细的态度。

95. 我买衣服的时候吃过亏。

96. 我们应该充分利用时间。

97. 我能出色地完成老师布置的任务。

98. 爸爸要去中国出席一个重要的国际会议。

第二部分 답안

99. （仅供参考）

　　中考在即，测试了两次都不理想，曾经心有成竹的我一下郁闷了很多，老师的评价使我对前途产生了迷茫，母亲也为此操心受累，这一切都被我看在眼里，心里很不是滋味。于是我重新整理思绪，分析问题出现点，找准方法，迎接下一次的考试。

100. （仅供参考）

　　我没有见过这女生，但是她笑起来真好看，她穿着米色的风衣，戴着眼镜，她用手机给我展示了支付宝，我之前听说过支付宝，是中国现在最方便的一个结算软件，可以绑定银行卡，所以出门不用带现金也不用带银行卡，只需要带手机就可以了，我觉得很神奇，现在连韩国的便利店也可以用这个软件结算了。

<HSK 5급 실전 모의고사 4> 본문 및 해석

1. 听力 듣기

第一部分 제1부분

第1到20题，请选出正确答案，现在开始第1题：

1. 女:老板，这款手机怎么卖？

    男:这款是最新上市的，原价要3999元，现在购买可优惠200元。

    问:这款手机卖多少钱？

    Nǚ: Lǎobǎn, zhè kuǎn shǒujī zěnme mài?

    Nán: Zhè kuǎn shì zuìxīn shàngshì de, yuánjià yào 3999 yuán, xiànzài gòumǎi kě yōuhuì 200 yuán.

    Wèn: Zhè kuǎn shǒujī mài duōshǎo qián?

    여자: 사장님, 이 핸드폰 어떻게 팔아요?

    남자: 이건 최신 출시 제품, 원가 3999 원, 지금 구매하시면 200 원 할인됩니다.

    질문: 얼마에 팔았나요?

2. 男:看着眼睛酸酸的心里苦苦的爱情片和吃着爆米花一直乐呵呵的喜剧片你喜欢哪个？

    女:当然是开心一点的！

    问:女士喜欢看什么类型的电影？

    Nán: Kàn zhe yǎnjīng suān suān de xīnlǐ kǔ kǔ de àiqíng piàn hé chīzhe bào mǐhuā yìzhí lè hēhē de xǐjù piàn nǐ xǐhuān nǎge?

    Nǚ: Dāngrán shì kāixīn yīdiǎn de!

    Wèn: Nǚshì xǐhuān kàn shénme lèixíng de diànyǐng?

    남자: 눈이 시큰시큰한 걸 보니 속이 쓰린가 보다. 슬픈 멜로 영화와 팝콘을 먹으면서 계속 벙글거리는 코미디 영화 중 어느 것을 좋아하세요?

    여자: 물론 좀 즐거운 영화야!

    질문: 어떤 장르의 영화를 좋아하나?

3. 女:我晚上准备做个醋溜土豆，家里没东西了，你下班时候记得去买一下！

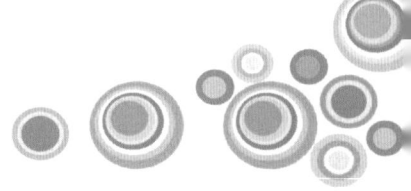

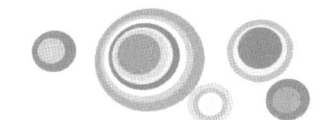

男:我已经记在心里了，忘不了！

问:女士叮嘱男士下班后要买什么?

Nǚ: Wǒ wǎnshàng zhǔnbèi zuò ge cù liū tǔdòu, jiālǐ méi dōngxīle, nǐ xiàbān shíhòu jìde qù mǎi yīxià!

Nán: Wǒ yǐjīng jì zài xīnlǐle, wàng bùliǎo!

Wèn: Nǚshì dīngzhǔ nánshì xiàbān hòu yāomǎi shénme?

여자: 나는 저녁에 초밥 감자를 만들 준비를 했다. 집에 물건이 없으니, 퇴근할 때 한번 사러 가는 것을 기억하세요!

남자: 나는 이미 마음속에 기억하고 있어서 잊을 수가 없어!

질문: 여자분들은 퇴근 후에 뭘 사달라고 하셨어요?

4. 男:你可能还不知道，咱们经理走了，有人说是因为和老板吵架，有人说是嫌弃工资太低了。

女:难怪我今天一整天都没见着他。

问:女士为什么一整天都没看见经理?

Nán: Nǐ kěnéng hái bù zhīdào, zánmen jīnglǐ zǒule, yǒurén shuō shì yīnwèi hé lǎobǎn chǎojià, yǒurén shuō shì xiánqì gōngzī tài dīle.

Nǚ: Nánguài wǒ jīntiān yì zhěng tiān dōu méi jiànzhe tā.

Wèn: Nǚshì wèi shénme yì zhěng tiān dōu méi kànjiàn jīnglǐ?

남자: 아직 모르실 수도 있어요. 도리어 어떤 사람은 보스와 말다툼을 하고 어떤 사람은 월급이 너무 적다고 싫어한다고 해요.

여자: 어쩐지 내가 오늘 하루종일 그를 못 봤더라니.

질문: 여자는 왜 하루 종일 매니저를 못 봤나요?

5. 女:中午的时候，你去看划龙船了吗?

男:没有，我在和几个同事一起比赛包粽子！

问:今天最有可能是什么日子?

Nǚ: Zhōngwǔ de shíhòu, nǐ qù kàn huá lóngchuánle ma?

Nán: Méiyǒu, wǒ zài hé jǐ gè tóngshì yìqǐ bǐsài bāo zòngzi!

Wèn: Jīntiān zuì yǒu kěnéng shì shénme rìzi?

여자: 점심때, 너는 카누를 보러 갔습니까?

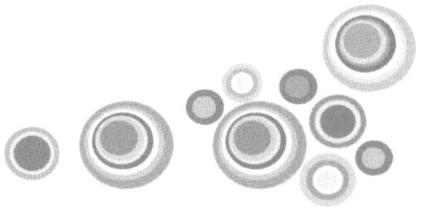

남자: 아니요, 나는 동료 몇 명과 함께 쫑즈를 싸는 경기를 하고 있어!

질문: 오늘이 어떤 날일 것으로 추정되나?

6. 男:再来一碗担担面，少放些辣子啊!

   女:好的，请稍等，马上给您端上来!

   问:这段对话最有可能发生在什么位置?

   Nán: Zàilái yì wǎn dàndàn miàn, shǎo fàng xiē làzǐ a!

   Nǚ: Hǎo de, qǐng shāo děng, mǎshàng gěi nín duān shànglái!

   Wèn: Zhè duàn duìhuà zuì yǒu kěnéng fāshēng zài shénme wèizhì?

   남자: 국수 한 그릇 더 주세요. 매운 것 좀 그만 넣어서요!

   여자: 네, 잠시만요. 곧 나옵니다!

   질문: 이 대화는 어떤 장소에서 일어날 가능성이 가장 높나?

7. 女:你好，请问银行怎么走?

   男:左拐，然后向前直走200米就可以看到一个全家便利店，银行就在拐角处。

   问:全家便利店在哪里?

   Nǚ: Nǐ hǎo, qǐngwèn yínháng zěnme zǒu?

   Nán: Zuǒ guǎi, ránhòu xiàng qián zhí zǒu 200 mǐ jiù kěyǐ kàn dào yígè quánjiā biànlì diàn, yínháng jiù zài guǎijiǎo chù.

   Wèn: Quánjiā biànlì diàn zài nǎlǐ?

   여자: 안녕하세요, 은행은 어떻게 가죠?

   남자:왼쪽에서 돌아서 앞으로 200m 직진하면 돼요. 패밀리마트 편의점을 보니 은행은 모퉁이에 있었다.

   질문: 패밀리마트 편의점은 어디 있나?

8. 男:抱歉，我们老板出差了，最早明天才回公司，以防万一帮您预约一下后天吧?

   女:好的。

   问:女士什么时候可以见到老板?

   Nán: Bàoqiàn, wǒmen lǎobǎn chūchāile, zuìzǎo míngtiān cái huí gōngsī, yǐ fáng wàn yī bāng nín yùyuē

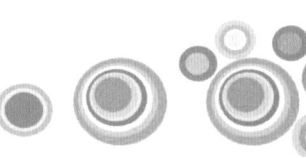

yīxià hòutiān ba?

Nǚ: Hǎo de.

Wèn: Nǚshì shénme shíhòu kěyǐ jiàn dào lǎobǎn?

남자: 미안해요, 우리 사장님이 출장 가셨어요. 빠르면 내일이나 되어야 회사로 돌아오시는데 혹시나 모레 예약해 드릴까요?

여자: 네.

질문: 여사는 언제 만날 수 있나요?

9. 女:这道题目我想了好久，可就是想不出答案来。

男:其实很简单，你把老师讲的例题弄清楚就会了。

问:男士与女士最可能是什么关系?

Nǚ: Zhè dào tímù wǒ xiǎngle hǎojiǔ, kě jiùshì xiǎng bù chū dá'àn lái.

Nán: Qíshí hěn jiǎndān, nǐ bǎ lǎoshī jiǎng de lìtí nòng qīngchǔ jiù huìle.

Wèn: Nánshì yǔ nǚshì zuì kěnéng shì shénme guānxì?

여자: 이 주제는 꽤 오래 생각해 봤는데 왜 답이 떠오르지 않는 거죠?

남자: 사실 아주 간단해. 네가 선생님이 말씀하신 예제를 잘 알면 될 거야.

질문: 남자와 여자의 관계는?

10. 男:咱们部门这个月月底要搞一次团建，听说要去海边，你去吗?

女:我就不去了，我不会游泳又对海鲜过敏，月底还有培训课要上。

问:哪个不是女士为不去参加团建活动的原因?

Nán: Zánmen bùmén zhège yuè yuèdǐ yào gǎo yícì tuán jiàn, tīng shuō yào qù hǎibiān, nǐ qù ma?

Nǚ: Wǒ jiù bú qùle, wǒ bú huì yóuyǒng yòu duì hǎixiān guòmǐn, yuèdǐ hái yǒu péixùn kè yào shàng.

Wèn: Nǎge búshì nǚshì wèi bú qù cānjiā tuán jiàn huódòng de yuányīn?

남자: 우리 부서는 이번 달 말에 워크샵 할 거야. 바다에 간다는데 갈래요?

여자: 안 갈 거야. 해산물 알레르기도 있고, 월말에는 강습 수업이 있어요.

질문: 여성이 단체 워크샵에 가지 않는 이유는?

11. 女:这么热的天，家门口那个篮球场都要晒焦了吧，你还要去吗?

男:我打个车去体育馆旁边的室内篮球场打球。

问:男士即将去哪里?

Nǚ: Zhème rè de tiān, jiā ménkǒu nàgè lánqiú chǎng dōu yào shài jiāole ba, nǐ hái yào qù ma?

Nán: Wǒ dǎ gè chē qù tǐyùguǎn pángbiān de shìnèi lánqiú chǎng dǎqiú.

Wèn: Nánshì jíjiāng qù nǎlǐ?

여자: 이렇게 더운 날, 집 앞 농구장이 탈듯이 뜨거울텐데 너 또 갈래?

남자: 나는 택시를 잡아타고 체육관 옆 실내 농구장에 가서 농구를 할 것이다.

질문: 남자는 어디로 가는가?

12. 男: 你的身形不错, 动作也很利落, 要是再多一点表情就好了。不过这个可以慢慢练出来。

女: 我会努力的!

问:男士和女士是什么关系?

Nán: Nǐ de shēn xíng búcuò, dòngzuò yě hěn lìluo, yàoshi zài duō yīdiǎn biǎoqíng jiù hǎole. Búguò zhège kěyǐ màn man liàn chūlái.

Nǚ: Wǒ huì nǔlì de!

Wèn: Nánshì hé nǚshì shì shénme guānxi?

남자: 당신의 몸매는 괜찮고 동작도 깔끔한데 표정을 좀 더 개선했으면 좋겠어요. 하지만 이것은 천천히 연습할 수 있어요.

여자: 열심히 하겠습니다!

질문: 남자와 여자의 관계는?

13. 女:老板, 这双鞋怎么卖?

男:这双是我们店最新款的鞋子, 原价是400元, 现在是活动期间, 只要300。

问:这双鞋子打了几折?

Nǚ: Lǎobǎn, zhè shuāng xié zěnme mài?

Nán: Zhè shuāng shì wǒmen diàn zuìxīn kuǎn de xiézi, yuánjià shì 400 yuán, xiànzài shì huódòng qījiān, zhǐyào 300.

Wèn: Zhè shuāng xiézi dǎle jǐ zhé?

여자: 사장님, 이 신발 어떻게 팔아요?

남자: 이 신발은 우리 가게의 최신형 신발이고 원가는 400원입니다. 지금 행사기간이라서 300원만 있으면 됩니다.

질문: 이 신발은 몇 퍼센트 할인됩니까?

14. 男:这家餐厅才开张两个月，我们上个月去之后不久就成为网红店了。

女:我上周三的时候又去了一次，里面的菜还是很好吃。

问:女士上次什么时候去过新开的餐厅?

Nán: Zhè jiā cāntīng cái kāizhāng liǎng ge yuè, wǒmen shàng ge yuè qù zhīhòu bùjiǔ jiù chéngwéi wǎng hóng diànle.

Nǚ: Wǒ shàng zhōusān de shíhòu yòu qùle yícì, lǐmiàn de cài háishì hěn hǎo chī.

Wèn: Nǚshì shàng cì shénme shíhòu qùguò xīn kāi de cāntīng?

남자: 이 식당은 겨우 두 달 전에 문을 열었는데, 우리가 지난 달에 간 후 곧 인터넷 맛집이 되었다.

여자: 나 지난 수요일에 다시 갔었어. 파는 요리는 여전히 맛있어.

질문: 여자분은 지난번에 새로 연 식당에 언제 가셨는지?

15. 女: 你怎么又迟到了？每次都说不会迟到，你再这样我真的想分手了。

男:路上碰到一个老朋友，多聊了两句，对不起嘛，别生我气了。

问: 男士和女士什么关系？

Nǚ: Nǐ zěnme yòu chídàole? Měi cì dōu shuō bú huì chídào, nǐ zài zhèyàng wǒ zhēn de xiǎng fēnshǒule.

Nán: Lùshàng pèng dào yíge lǎo péngyǒu, duō liáole liǎng jù, duìbùqǐ ma, bié shēng wǒ qìle.

Wèn: Nánshì hé nǚshì shénme guānxì?

여자: 너 왜 또 늦었니? 매번 늦지 않을 거라고 했는데 너 또 이러면 정말 헤어지고 싶어.

남자: 가는 길에 옛 친구를 만나서 몇 마디 더 얘기했어요. 미안해. 나한테 화내지 마.

질문: 남자와 여자의 관계는?

16. 男:那只猫脖子上挂的铃铛很可爱哎，和你的风格还蛮像的。

女:哈哈，你眼睛真灵，那就是我的铃铛。

问:推测那只猫的主人是谁?

Nán: Nà zhǐ māo bózi shàng guà de língdāng hěn kě'ài āi, hé nǐ de fēnggé hái mán xiàng de.

Nǚ: Hāhā, nǐ yǎnjīng zhēn líng, nà jiùshì wǒ de língdāng.

Wèn: Tuīcè nà zhǐ māo de zhǔrén shì shéi?

남자: 그 고양이 목에 걸린 방울은 아주 귀여워요. 당신 스타일과 꼭 닮았어요.

여자: 하하, 너 눈이 참 신통하구나. 그게 바로 내 벨이야.

질문: 그 고양이의 주인은 누구였을 것으로 추정하나?

17. 女:明天就是儿童节了，你们班节目排练得怎么样了?

男:排练效果很不错，就看明天上台表演了。

问:今天的日期是多少?

Nǚ: Míngtiān jiùshì értóng jiéle, nǐmen bān jiémù páiliàn de zěnme yàngle?

Nán: Páiliàn xiàoguǒ hěn búcuò, jiù kàn míngtiān shàngtái biǎoyǎnle.

Wèn: Jīntiān de rìqí shì duōshǎo?

여자: 내일이면 어린이날이야, 당신 반의 프로그램은 어떻게 연습했습니까?

남자: 리허설이 잘 됐는데 남은 건 내일 무대에 올라봐야 알지.

질문: 오늘 날짜가 어떻게 되죠?

18. 男:你打算怎么去北京?

女:本来都买了机票了，谁知道来台风呢，又改成高铁了。

问:女士选择乘坐什么交通工具到达北京?

Nán: Nǐ dǎsuàn zěnme qù běijīng?

Nǚ: Běnlái dōu mǎile jīpiàole, shéi zhīdào lái táifēng ne, yòu gǎi chéng gāotiěle.

Wèn: Nǚshì xuǎnzé chéngzuò shénme jiāotōng gōngjù dàodá běijīng?

남자: 베이징에 어떻게 갈 생각이야?

여자: 비행기 표 다 샀는데 태풍이 올 줄 누가 알았겠어요. 또 고속철로 바꿨어요.

질문: 여자는 어떤 교통편을 타고 베이징로 가느냐?

19. 女:你大学准备学什么专业? 现在金融专业很热门哎。

男:金融确实是不错的选择，但我更想学工科，我要成为一名工程师。

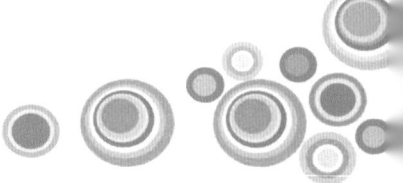

问:男士打算以后从事什么职业?

Nǚ: Nǐ dàxué zhǔnbèi xué shénme zhuānyè? Xiànzài jīnróng zhuānyè hěn rèmén āi.

Nán: Jīnróng quèshí shì búcuò de xuǎnzé, dàn wǒ gèng xiǎng xué gōngkē, wǒ yào chéngwéi yì míng gōngchéngshī.

Wèn: Nánshì dǎsuàn yǐhòu cóngshì shénme zhíyè?

여자: 당신 대학에서는 어떤 전공을 할 준비가 되어 있나요? 지금 금융학과가 핫하네요.

남자: 금융은 확실히 괜찮은 선택이지만, 난 공학도 더 배우고 싶고 엔지니어가 되고 싶습니다.

질문: 남자는 앞으로 어떤 직업을 가질 생각인가?

20. 男:放轻松点,这场比赛决定不了什么!我们可以听听歌休息一下再去比赛。

女:可是这一场比赛对我来说很重要。

问:女士现在是什么状态?

Nán: Fàng qīngsōng diǎn, zhè chǎng bǐsài juédìng bùliǎo shénme! Wǒmen kěyǐ tīng tīng gē xiūxí yíxià zài qù bǐsài.

Nǚ: Kěshì zhè yī chǎng bǐsài duì wǒ lái shuō hěn zhòngyào.

Wèn: Nǚshì xiànzài shì shén me zhuàngtài?

남자: 편하게 해, 이 경기 별거 아니다! 우리는 노래를 듣고 좀 쉬었다가 경기에 갈 수 있다.

여자: 하지만 이 경기는 나에게 매우 중요합니다.

질문: 여자는 어떤 상태인가?

第二部分 제 2 부분

21. 男:乐乐,你上个周末干什么去了?

女:我陪朋友看电影去了。

男:什么片儿啊?有意思吗?

女:片名是《失恋33天》,是一个年轻导演的作品。最近很火的。

问:女的干什么去了?

Nán:Lè lè,nǐ shàng gè zhōu mò gàn shén meqù le?

Nǚ:Wǒ péi péng yǒu kàn diàn yǐngqù le 。

Nán:Shén me piàn ér a?Yǒu yì sī ma?

Nǚ:Piàn míng shì 《 shī liàn 33 tiān 》，shì yígè nián qīng dǎo yǎn de zuò pǐn.zuì jìn hěn huǒ de

Wèn:Nǚ de gàn shén meqù le?

남자: 락락, 너 지난 주말에 뭐하러 갔었니?

여자: 친구랑 영화 보러 갔어요.

남자: 무슨 영화야? 재미있어?

여자: 제목은 '실연 33일'. 젊은 감독의 작품이다.요즘 잘나가고 있어요.

문제: 여자는 뭐하러 갔어요?

22. 女：师傅，去建国门的东方大厦。

男：好咧，看你这一脑门的汗。在外面等很长时间了吧?

女：可不是嘛。站了十几分钟了，都没有空车。打车可真难啊。

男：因为今天是星期一，所以人特别多。

问：女的为什么等很长时间？

Nǚ:Shī fù,qù jiàn guó mén de dōng fāng dà shà 。

Nán:Hǎo lie,kàn nǐ zhè yī nǎo mén de hàn.zài wài miàn děng hěn cháng shí jiān le ba?

Nǚ:Kě búshì ma.zhàn le shí jǐ fēn zhōng le,dōu méi yǒu kòng chē.Dǎ chē kě zhēn nán a 。

Nán:Yīn wèi jīn tiān shì xīng qī yī,suǒ yǐ rén tè bié duō 。

Wèn:Nǚ de wèi shén me děng hěn cháng shí jiān?

여자: 사부님, 건국문의 동방빌딩에 갑니다.

남자: 네, 이 뇌문의 땀 좀 보고 밖에서 오래 기다리셨죠?

여자: 그렇잖아요.10분 정도 서 있었는데, 빈 차가 없었어요. 택시 잡기가 정말 어렵네요.

남자: 오늘은 월요일이라서 사람이 엄청 많아요.

문제: 여자는 왜 오래 기다렸어요?

23. 男：你周末有什么计划啊?

女：我正和朋友商量周末去看龙舟比赛呢！

男：龙舟比赛？那是什么啊?

女：你忘了，星期六是端午节啊！ 龙舟比赛是中国人在端午节举行的特色活动。

问：龙舟比赛什么时候举行?

Nán: Nǐ zhōu mò yǒu shén me jì huà a?

Nǚ: Wǒ zhèng hé péng yǒu shāng liáng zhōu mòqù kàn lóng zhōu bǐ sài ne！

Nán: Lóng zhōu bǐ sài?Nà shì shén me a?

Nǚ: Nǐ wàng le,xīng qī liù shì duān wǔ jié a!Lóng zhōu bǐ sài shì zhōng guó rén zài duān wǔ jié jǔ xíng de tè sè huó dòng 。

Wèn: Lóng zhōu bǐ sài shén me shí hòu jǔ xíng?

남자: 주말에 무슨 계획 있어요?

여자: 주말에 용선 경기를 보러 가자고 친구와 의논하고 있어요!

남자: 용선 경기? 그게 뭐야?

여자: 잊으셨나요, 토요일은 단오절이군요! 용선경기는 중국인들이 단오날에 개최하는 이색 행사이다.

문제: 용주 경기는 언제 열려요?

24. 男：小李,你终于回来啦。快和我说说你的文化之旅怎么样?

女：我这次去了好几个地方，一句话，简直太绝了

男：怎么个绝法，你快讲讲！

女：我先去了苏州园林，那儿可真是名不虚传。

男：嗬，瞧你陶醉的样子。

问：小李觉得这趟旅行怎么样?

Nán: Xiǎo lǐ,nǐ zhōng yú huí lái la.kuài hé wǒ shuō shuō nǐ de wén huà zhī lǚ zěn me yàng?

Nǚ: Wǒ zhè cìqù le hǎo jǐ gè dì fāng,yī jù huà,jiǎn zhí tài jué le

Nán: Zěn me gè jué fǎ,nǐ kuài jiǎng jiǎng ！

Nǚ: Wǒ xiānqù le sū zhōu yuán lín,nà ér kě zhēn shì míng bù xū chuán 。

Nán: Hē,qiáo nǐ táo zuì de yàng zi 。

Wèn: Xiǎo lǐ jué de zhè tàng lǚ xíng zěn me yàng?

남자: 이군, 드디어 돌아왔어. 어서 나에게 당신의 문화 여행에 대해 말해 보는 게 어때요?

여자: 나 이번에 여러 군데 갔었는데,한 마디로, 절단이야.

남자: 어떻게 절법인지 어서 말해!

여자: 소주원림에 먼저 갔는데, 거긴 정말 명불허전이야.

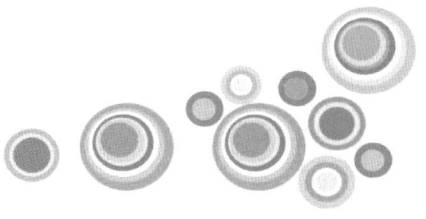

남자: 허, 취한 모습을 봐.

문제: 이군의 여행은 어땠어요?

25. 男：你上网主要干什么？

女：查找信息，收发电子邮件，还有和朋友聊天。那你呢？

男：我就是上网玩游戏。

女：怪不得一大早就哈欠连天的，昨天肯定又玩了一夜吧。

问：男的上网主要干什么？

Nán:Nǐ shàng wǎng zhǔ yào gàn shén me?

Nǚ:Chá zhǎo xìn xī,shōu fā diàn zǐ yóu jiàn,hái yǒu hé péng yǒu liáo tiān.nà nǐ ne?

Nán:Wǒ jiù shì shàng wǎng wán yóu xì 。

Nǚ:Guài bù dé yī dà zǎo jiù hā qiàn lián tiān de,zuó tiān kěn dìng yòu wán le yī yè ba 。

Wèn:Nán de shàng wǎng zhǔ yào gàn shén me?

남자: 인터넷에서 주로 뭐하세요?

여자: 정보를 찾고, 이메일을 주고받고, 그리고 친구들과 이야기도 해요. 그럼 당신은?

남자: 저는 그냥 인터넷 게임을 하는 거예요.

여자: 어쩐지 아침부터 하품이 끊이질 않더라. 어제는 또 밤새 놀았겠지.

문제: 남자는 인터넷으로 주로 뭐해요?

26. 女：你可不能小看交通事故。就算现在觉得没事儿，那也绝对不能掉以轻心！

男：嗯，大夫让我做的检查我都做了。

女：哎，这就对了！你呀，就安心地住院养病。公司的事儿不用操心了。

男：太麻烦你了。

问：这段对话最有可能发生的场景是？

Nǚ:Nǐ kě bù néng xiǎo kàn jiāo tōng shì gù.Jiù suàn xiàn zài jué de méi shì ér,nà yě jué duì bù néng diào yǐ qīng xīn !

Nán:Ǹg,dài fū ràng wǒ zuò de jiǎn chá wǒ dōu zuò le 。

Nǚ:Āi,zhè jiù duì le!Nǐ ya,jiù ān xīn de zhù yuàn yǎng bìng.gōng sī de shì ér bú yòng cāo xīn le 。

Nán:Tài má fán nǐ le 。

Wèn:Zhè duàn duì huà zuì yǒu kě néng fā shēng de chǎng jǐng shì?

여자: 넌 교통사고를 우습게 보면 안 돼. 지금 당장은 괜찮다고 생각해도 그건 절대 방심할 수 없어!

남자: 음, 의사가 시킨 검사는 다 했어요.

여자: 에이, 이게 맞네! 너는 안심하고 입원해서 요양해라. 회사 일에 신경 쓸 필요가 없다.

남자: 너무 귀찮게 해드려서 죄송해요.

문제: 이 대화에서 가장 일어날 수 있는 장면은 어디예요?

27. 男：您把腰带系紧点儿试试怎么样？

女：嗯，马马虎虎吧。对了，这衣服是什么料子做的？

男：这是羊绒的，既轻巧又保暖，穿着特别舒适，最适合做冬天的大衣了。

女：嗯，漂亮是挺漂亮。

问：女的觉得衣服怎么样？

Nán:Nín bǎ yāo dài jì jǐn diǎn ér shì shì zěn me yàng?

Nǚ:Ǹg,mǎ mǎ hǔ hǔ ba.Duì le,zhè yī fú shì shén me liào zi zuò de?

Nán:Zhè shì yáng róng de,jì qīng qiǎo yòu bǎo nuǎn,chuān zhe tè bié shū shì,zuì shì hé zuò dōng tiān de dà yī le。

Nǚ:Ǹg,piào liang shì tǐng piào liang。

Wèn:Nǚ de jué de yī fú zěn me yàng?

남자: 벨트를 좀 조여보시는 게 어때요?

여자: 응, 대충대충 해요. 이 옷은 무슨 옷감으로 만든 겁니까?

남자: 이것은 캐시미어로 가볍고 따뜻하게 입고, 특히 편안하게 입고, 겨울 코트로 딱이에요.

여자: 응, 예쁜데, 예쁘다.

문제: 여자는 옷이 어떤가요?

28. 女：欢迎欢迎!欢迎你来参加合同签订仪式。

男：谢谢!我很高兴出席这个仪式。

女：你看，这就是我们修订的合同书草案。

男：我已经仔细地看了每一款项。我认为内容很详细，也很具体，没什么问题。

问：男的来干什么？

Nǚ:Huān yíng huān yíng！Huān yíng nǐ lái cān jiā hé tóng qiān dìng yí shì。

Nán:Xiè xiè！Wǒ hěn gāo xìng chū xí zhè gè yí shì。

Nǚ:Nǐ kàn,zhè jiù shì wǒ men xiū dìng de hé tóng shū cǎo àn。

Nán:Wǒ yǐ jīng zǐ xì de kàn le měi yī kuǎn xiàng.wǒ rèn wéi nèi róng hěn xiáng xì,yě hěn jù tǐ,méi shén me wèn tí。

Wèn:Nán de lái gàn shén me?

여자: 환영해요! 계약 체결식에 오신 것을 환영합니다.

남자: 감사합니다! 저는 이 의식에 참석하게 되어 기쁩니다.

여자: 보세요. 이것이 바로 우리가 수정한 계약서 초안입니다.

남자: 나는 이미 모든 예산을 자세히 봤습니다. 내용이 매우 상세하고 구체적이어서 별 문제가 없다고 생각합니다.

문제: 남자가 뭐하러 왔어요?

29. 男：李社长您好！我想向您汇报一下实行弹性工作制后的职员动向。

女：来，你坐下来慢慢儿说。

男：谢谢，原来公司迟到和早退的现象比较多。

女：对，我也能理解有些家远的职员，确实辛苦。我们实行弹性工作制的目的，就是要扭转这种局面。

问：为什么要实行弹性工作制？

Nán:Lǐ shè zhǎng nín hǎo!Wǒ xiǎng xiàng nín huì bào yíxià shí xíng tán xìng gōng zuò zhì hòu de zhí yuán dòng xiàng。

Nǚ:Lái,nǐ zuò xià lái màn màn ér shuō。

Nán:Xiè xiè,yuán lái gōng sī chí dào hé zǎo tuì de xiàn xiàng bǐ jiào duō。

Nǚ:Duì,wǒ yě néng lǐ jiě yǒu xiē jiā yuǎn de zhí yuán,què shí xīn kǔ.Wǒ men shí xíng tán xìng gōng zuò zhì de mù dì,jiù shì yào niǔ zhuǎn zhè zhǒng jú miàn。

Wèn:Wèi shén me yào shí xíng tán xìng gōng zuò zhì?

남자: 이 사장님 안녕하세요? 유연근무제 시행 이후의 직원 동향을 보고하고 싶습니다.

여자: 자, 앉아서 천천히 말해.

남자: 감사합니다. 원래 회사에서 지각과 조퇴가 비교적 많았습니다.

여자: 네, 집과 거리가 먼 직원들이 있다는 것을 나도 이해할 수 있어. 확실히 힘들어. 우리가 유연근무제를 실시하는 목적은 바로 이 상황을 반전시키려는 것이다.

문제: 탄력적 근무는 왜 해요?

30.男：听说你最近压力很大，能不能跟我说一说？

女：其实，我刚进公司的时候，我是申请去人事部工作的。不过，当时竞争很激烈，我被分配到了营业部。

男：你现在工作不是很好吗？

女：您过奖了。这三年期间，我努力工作，也得到了公司领导和同事们的认可。

问：女的在哪个部门工作？

Nán:Tīng shuō nǐ zuì jìn yā lì hěn dà , néng bù néng gēn wǒ shuō yī shuō ?

Nǚ:Qí shí,wǒ gāng jìn gōng sī de shí hòu,wǒ shì shēn qǐngqù rén shì bù gōng zuò de.Bú guò,dāng shí jìng zhēng hěn jī liè,wǒ bèi fēn pèi dào le yíng yè bù 。

Nán:Nǐ xiàn zài gōng zuò búshì hěn hǎo ma?

Nǚ:Nín guò jiǎng le.Zhè sān nián qī jiān,wǒ nǔ lì gōng zuò,yě dé dào le gōng sī lǐng dǎo hé tóng shì men de rèn kě 。

Wèn:Nǚ de zài nǎ gè bù mén gōng zuò?

남자: 요즘 스트레스를 많이 받는다고 들었는데, 나에게 좀 말해 줄 수 없겠니?

여자: 사실, 제가 처음 입사했을 때, 저는 인사부에 취직을 신청했어요.하지만 당시 경쟁이 치열해 영업부로 배치됐다.

남자: 지금 일 잘 하고 있는데?

여자: 과찬이십니다.이 3년 동안 나는 열심히 일했고 회사의 지도자들과 동료들로부터 인정을 받았다.

문제: 여자는 어느 부서에서 일해요?

31~32

男：听说你要去美国留学了，希望你能在学业上有进步啊。

梦想中国语 模拟考试

女：谢谢你！我现在别的不担心，就是担心不适应那里的环境。

男：到了那里，人生地不熟的，如果有什么难处，随时告诉我，我能帮上的，一定帮。你一定要照顾好身体，不要感冒生病啊，因为身体是学习的本钱嘛。

女：我知道啦，谢谢你这么关心我！

男：咱们从小学认识到现在，不用再客气啦！记得到了那边也要常联系啊！多给我发发微信啊。

女：知道了，一定会的！我得拜托你帮我照顾一下我的父母，我不在身边，有很多事情帮不上忙，还得拜托你有时间多去看看他们。

男：没问题，这个你就不用担心了。一路平安！再见！

31. 女的要到哪里留学？

32. 两个人什么时候认识的？

nán: Tīng shuō nǐ yào qù měiguó liúxuéle, xīwàng nǐ néng zài xuéyè shàng yǒu jìnbù a.

Nǚ: Xièxiè nǐ! Wǒ xiànzài bié de bù dānxīn, jiùshì dānxīn bú shìyìng nàlǐ de huánjìng.

Nán: Dàole nàlǐ, rénshēng dì bù shú de, rúguǒ yǒu shén me nánchu, suíshí gàosù wǒ, wǒ néng bāng shàng de, yídìng bāng. Nǐ yídìng yào zhàogù hǎo shēntǐ, búyào gǎnmào shēngbìng a, yīnwèi shēntǐ shì xuéxí de běnqián ma.

Nǚ: Wǒ zhīdào la, xièxiè nǐ zhème guānxīn wǒ!

Nán: Zánmen cóng xiǎoxué rènshí dào xiànzài, bùyòng zài kèqì la! Jìdé dàole nà biān yě yào cháng liánxì a! Duō gěi wǒ fā fā wēixìn a.

Nǚ: Zhīdàole, yídìng huì de! Wǒ děi bàituō nǐ bāng wǒ zhàogù yīxià wǒ de fùmǔ, wǒ búzài shēnbiān, yǒu hěnduō shìqíng bāng bú shàngmáng, hái děi bàituō nǐ yǒu shíjiān duō qù kàn kàn tāmen.

Nán: Méi wèntí, zhège nǐ jiù búyòng dānxīnle. Yí lù píng'ān! Zàijiàn!

31. Nǚ de yāo dào nǎlǐ liúxué?

32. Liǎng gèrén shénme shíhòu rènshì de?

남자: 미국 유학을 간다고 들었는데, 학업에 진전이 있었으면 좋겠어요.

여자: 고마워요! 저 지금 다른 걱정은 안 해요. 그곳 환경에 적응하지 못할까봐 걱정돼요.

남자: 거기 도착하면, 삶의 터전이 익숙하지 않은, 어려운 일이 있으면 언제든지 말해 줘, 내가 도울 수 있는 것은 꼭 도와 주겠어. 너는 반드시 몸을 잘 챙겨야 해, 감기 걸리고 아프지 마. 몸은 공부 밑천이니까.

여자: 알았어요. 이렇게 관심을 가져주셔서 감사합니다!

남자: 우리 초등학교에서 지금까지 줄곧 아는 사이인데 더 이상 사양할 필요 없어! 그쪽도 자주 연

락하도록 메모해 두어라! wechat 많이 보내줘.

여자: 알았어요, 꼭! 제 부모님을 돌봐달라고 부탁 해야겠어요, 제가 곁에 없어서 도움이 안 되는 일이 많아서 시간이 있으면 그들을 많이 보러 가 달라고 부탁해야겠어요.

남자: 문제 없어요. 가시는 길 평안하세요! 안녕히 계세요!

31.여자는 어디로 유학갈 것입니까?

32.두 사람은 언제 만났습니까?

33~35

女：又是春末夏初了。

男：是啊，春天总有结束的时候。

女：你说，大学的爱情会长久吗？

男：也许会，也许不会，谁能预测未来呢？

女：我也是这么想的……难怪我们能成为最好的朋友，至少友情能长久存在的。

男：嗯，希望你毕业后可以过得很好。

女：嗯，也希望你幸福。你毕业后打算去做什么？

男：我准备考研究生了，我知道北大很难考，但是还是想挑战一下。今年考不上就明年再考一次。你呢？

女：我没你那么爱学习。我还是想快点工作，多积累些工作经验。祝你考研成功。

33.男生和女生是什么关系？

34.男的打算毕业后做什么？

35.女的毕业之后要干什么？

Nǚ: Yòu shì chūn mò xià chūle .

Nán: Shì a, chūntiān zǒng yǒu jiéshù de shíhòu .

Nǚ: Nǐ shuō, dàxué de àiqíng huì chángjiǔ ma?

Nán: Yěxǔ huì, yěxǔ bú huì, shéi néng yùcè wèilái ne?

Nǚ: Wǒ yěshì zhème xiǎng de……nánguài wǒmen néng chéngwéi zuì hǎo de péngyǒu, zhìshǎo yǒuqíng néng chángjiǔ cúnzài de .

Nán: Ǹ, xīwàng nǐ bìyè hòu kěyǐguò dé hěn hǎo.

Nǚ: Ǹ, yě xīwàng nǐ xìngfú. Nǐ bìyè hòu dǎsuàn qù zuò shénme?

Nán: Wǒ zhǔnbèi kǎoyánjiūshēngle, wǒ zhīdào běidà hěn nán kǎo, dànshì háishì xiǎng tiǎozhàn yíxià. Jīnnián kǎo bù shàng jiù míngnián zàikǎo yícì. Nǐ ne?

Nǚ: Wǒ méi nǐ nàme ài xuéxí. Wǒ háishì xiǎng kuài diǎn gōngzuò, duō jīlěi xiē gōngzuò jīngyàn. Zhù nǐ kǎo yán chénggōng.

33. Nánshēng hé nǚshēng shì shénme guānxì?

34. Nán de dǎsuàn bìyè hòu zuò shénme?

35. Nǚ de bìyè zhīhòu yào gàn shénme?

여자: 또 봄의 끝, 여름 초예요.

남자: 글쎄요, 봄은 항상 끝날 때가 있어요.

여자: 대학 친구가 오래갈 거라고요?

남자: 어쩌면, 아닐지도 모르지만, 누가 미래를 예측할 수 있을까?

여자: 나도 그렇게 생각해... 어쩌면 우리가 가장 친한 친구가 될 수 있을까, 적어도 우정은 오래도록 존재할 수 있어.

남자: 음, 졸업 후에 잘 지내길 바라요. 당신은 졸업 후에 무엇을 하러 갈 예정입니까?

여자: 응, 너도 행복하길 바라. 당신은 졸업 후에 무엇을 하러 갈 예정입니까?

남자: 대학원에 진학할 준비가 됐어. 시험, 그래도 도전해 보고 싶다. 올해 시험을 보지 못하면 내년에 다시 시험을 볼 거야. 너는?

여자: 난 너만큼 공부를 잘하지 못해. 나는 그래도 빨리 일을 해서 업무 경험을 더 쌓고 싶어. 대학원에 합격하시기를 기원합니다.

33.남자와 여자의 관계는?

34.남자는 졸업 후에 무엇을 할 계획입니까?

35.여자는 졸업하고 나서 무엇을 할 계획입니까?

第36-38题根据下面一段话

　　昨天我去银行存钱的时候，遇见了以前的同事小金。我们聊了几句，他说他今年秋天就要结婚了，可是，他看起来却不怎么开心。我问他怎么回事儿，他说，马上要结婚了，可是结婚的房子还没买，正在担心呢。

　　中国在改革开放以后，特别是最近的十几年，房价一直很贵，而且还在继续上涨。甚至一些年轻人，由于房子的问题都没办法结婚。因为大部分女孩子都希望男朋友能有自己的房子，而且她们觉得租房子既不划算，又没有安全感。为了解决这个问题，大部分人只好去银行贷款买房。但是，也有的年轻人选择"裸婚"。"裸婚"的意思是不买房子，不买车，也不举办婚礼，只领结婚证，简简单单地结婚。不过，能接受"裸婚"的女孩子还是不多。

　　36. 小金因为什么事儿担心?
　　37. 大部分人怎样解决买房的问题?

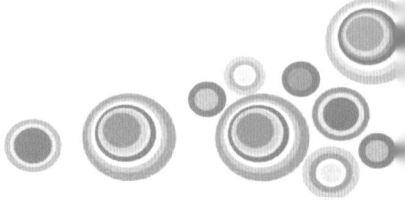

38. "裸婚"是什么意思？

Zuótiān wǒ qù yínháng cúnqián de shíhòu, yùjiànle yǐqiánde tóngshì xiǎojīn。Wǒmen liáole jǐjù, tā shuō tā jīnnián qiūtiān jiùyào jiéhūnle, kěshì, tā kànqǐlái què bùzěnme kāixīn。Wǒ wèntā zěnme huíshìér, tāshuō, mǎshàng yào jiéhūnle, kěshì jiéhūnde fángzi hái méimǎi, zhèngzài dānxīnne。

Zhōngguó zàigǎigé kāifàng yǐhòu, tèbiéshì zuìjìn de shíjǐnián, fángjià yìzhí hěnguì, érqiě háizài jìxù shàngzhǎng。Shènzhì yìxiē niánqīngrén, yóuyú fángzi de wèntí dōu méibànfǎ jiéhūn。Yīnwèi dàbùfēn nǚháizi dōu xīwàng nánpéngyǒu néng yǒu zìjǐ de fángzi, érqiě tāmen juéde zūfángzi jìbù huásuàn, yòu méiyǒu ānquángǎn。Wèile jiějué zhègè wèntí, dàbùfēnrén zhǐhǎo qù yínháng dàikuǎn mǎifáng。Dànshì, yě yǒude niánqīngrén xuǎnzé "luǒhūn"。"Luǒhūn"de yìsī shì bùmǎi fángzi, bùmǎi chē, yě bùjǔbàn hūnlǐ, zhǐlǐng jiéhūnzhèng, jiǎnjiǎndāndān de jiéhūn。Bùguò, néng jiēshòu "luǒhūn"de nǚháizi háishì bùduō。

36. Xiǎojīn yīnwèi shénme shìér dānxīn？
37. Dàbùfēnrén zěnyàng jiějué mǎifáng de wèntí？
38. "Luǒhūn"shì shénme yìsī？

어제 나는 은행에 가서 저금을 하다가 예전 동료인 김 군을 만났다. 우리는 몇 마디 이야기를 나누었고 그는 그가 올 가을에 결혼을 할 것이라고 말했지만, 그는 별로 즐거워 보이지 않았다. 내가 그에게 어떻게 된 거냐고 물었더니, 그는 곧 결혼할 것이지만, 결혼할 집은 아직 사지 않아서 걱정하고 있다.

중국은 개혁 개방 이후, 특히 최근 십여 년 동안 주택 가격이 줄곧 매우 비쌌으며, 계속 오르고 있다. 심지어 일부 젊은이들은 집 문제로 결혼조차 할 수 없었다. 왜냐하면 대부분의 여자들은 남자친구가 자기 집을 갖기를 원하기 때문이고, 그리고 그 여자들은 셋방을 세는 것이 재산 형성에 도움이 되지 않고 안정감도 없다고 느끼기 때문이다. 이 문제를 해결하기 위해서 대부분의 사람들은 어쩔 수 없이 은행 대출로 집을 산다. 하지만 '나혼'을 선택하는 젊은이도 있다. '나혼'이란 집을 사지 않고, 차를 사지 않으며, 결혼식을 올리지도 않고, 결혼증서만 받고, 간단히 단둘이 결혼한다는 뜻이다. 하지만 '나체 결혼'을 받아들일 여자는 많지 않다.

36. 김군은 왜 걱정할까요?

37. 대부분의 사람들은 집을 사는 문제를 어떻게 해결하나요?

38. '나혼'이 무슨 뜻이에요?

第39-42题根据下面一段话

一个小姑娘和母亲吵架后，离家出走。饥饿，使她在街头的面摊前徘徊了很久。好心的面摊老板，给她端来一碗面："姑娘，吃吧，不收你钱。"小姑娘吃着吃着，开始流泪，她对面摊老板说道："谢谢您，老板。您不认识我，都对我这么好，可是我的妈妈因为一点小事就打骂我，还叫我不要回去，她怎么这么绝情呢？"老板听了，委婉地说道："姑娘，我只给了你一碗面吃，你就这么感激我，你母亲给你煮了10多年的面和饭，你怎么不感激她呢？怎么还可以跟她吵架呢？"小姑娘听后，惭愧万分，匆匆吃完面，快步往家的方向走去。离家老远，便看到暮色中，母亲正站在门口，焦急地张望。

39. 小姑娘为什么离家出走？
40. 小姑娘去了哪里？
41. 关于母亲我们能知道什么？

42. 关于这个故事我们知道了什么？

　　Yí ge xiǎogūniáng hé mǔqīn chǎojià hòu, líjiāchūzǒu. Jī è, shǐ tā zài jiētóu de miàntān qián páihuáile hěnjiǔ. Hǎoxīnde miàntān lǎobǎn, gěi tā duānlái yīwǎnmiàn: "Gūniáng, chība, bùshōu nǐ qián." Xiǎogūniáng chīzhe chīzhe, kāishǐ liúlèi, tā duì miàntān lǎobǎn shuōdào: "Xièxiènín, lǎobǎn. Nín bù rènshi wǒ, dōu duìwǒ zhème hǎo, kěshì wǒde māma yīnwèi yìdiǎn xiǎoshì jiù dǎmà wǒ, hái jiàowǒ bùyào huíqù, tā zěnme zhème juéqíngne?" Lǎobǎn tīngle, wěiwǎn de shuōdào: "Gūniáng, wǒ zhǐgěile nǐ yīwǎn miàn chī, nǐ jiù zhème gǎnjī wǒ, ní mǔqīn gěinǐ zhǔle 10duōnián de miàn hé fàn, nǐ zěnme bùgǎnjī tā ne? Zěnme hái kěyǐ gēntā chǎojiàne?" Xiǎogūniáng tīnghòu, cánkuìwànfēn, cōngcōng chīwánmiàn, kuàibù wǎngjiā de fāngxiàng zǒu qù. Líjiā lǎoyuǎn, biàn kàndào mùsè zhōng, mǔqīn zhèng zhànzài ménkǒu, jiāojí de zhāngwàng.

39. Xiǎogūniáng wèishénme líjiāchūzǒu?

40. Xiǎogūniáng qùle nǎlǐ?

41. Guānyú mǔqīn wǒmen néng zhīdào shénme?

42. Guānyú zhègè gùshì wǒmen zhīdàole shénme?

　　한 소녀는 어머니와 싸운 후 가출했다. 배가 고파서 그녀는 거리의 노점상 앞에서 오랫동안 배회했다. 마음이 좋은 면 가게 주인은, 그녀에게 면 한 그릇을 가져다주었고' 아가씨, 먹어요, 당신 돈 안 받아요'라고 했어요. 어린 아가씨는 먹으면서 눈물을 흘리기 시작했다.. 그녀는 면가게 주인에게 "감사합니다, 사장님. 저를 모르시면서 이렇게 잘해 주시는데, 저희 엄마는 사소한 일로 욕을 하고 돌아오지 말라고 하셨는데 왜 이렇게 행동하시죠?"라고 물어봤어요. 사장은 완곡하게 말했다" 아가씨, 면 한 그릇만 드렸는데, 제게 이렇게 감사해하면서, 당신의 어머니가 당신에게 10년 넘게 삶아준 면과 밥을 주었는데, 당신은 어떻게 그녀에게 감사하지 않습니까? 어떻게 그녀와 싸울 수 있죠?" 소녀는 듣고 나서, 매우 부끄러워했다. 급히 면을 먹고 집으로 빠르게 걸어갔다. 집에서 멀리 떠나 어둠 속을 보니 어머니가 문 앞에 서서 애타게 두리번거린다.

39. 소녀는 왜 가출했어요?

40. 소녀는 어디로 갔어요?

41. 어머니에 대해 우리가 알 수 있는 것은?

42. 이 이야기에 대해 우리는 무엇을 알게 되었나요?

第43-45题根据下面一段话

　　在自然界中，生物最重视的就是生命，只要能够生存，其他一切都可以忍受，因为没有生命，其他一切都失去了意义。例如：一颗埋在土中的种子，可以长久不发芽，却能保持其生命力。这种旺盛的生命力使生命是确定的，生命的形式将永恒存在，尽管个体在时间中生生死死，像瞬息即逝的梦一样。

　　生命有旺盛的一面，也有脆弱的一面，它脆弱地像一根芦苇，只要轻轻一折，生命就结束了，或者是一口气，一滴水，一块石头就足以致他于死地。

　　因此对于个体，世界上没有哪一样东西的价值能够超过生命的宝贵，因为生命只有一次，如果你失去了生命，死亡将宣布这个世界对于你来说一切毫无意义。

43. 自然界中生物最重视的是什么？
44. 关于生命我们能知道的是？
45. 这段文章的中心是？

Zài zìránjiè zhōng, shēngwù zuì zhòngshì de jiùshì shēngmìng, zhǐyào nénggòu shēngcún, qítā yīqiè dōukěyǐ rěnshòu, yīnwèi méiyǒu shēngmìng, qítā yīqiè dōu shīqùle yìyì. Lìrú: Yīkē máizài tǔzhōngde zhǒngzi, kěyǐ chángjiǔ bùfāyá, què néng bǎochí qí shēngmìnglì. Zhèzhǒng wàngshèng de shēngmìnglì shǐ shēngmìng shì quèdìngde, shēngmìng de xíngshì jiāng yǒnghéng cúnzài, jǐnguǎn gètǐ zài shíjiānzhōng shēngshēngsǐsǐ, xiàng shùnxījíshì de mèng yīyàng.

Shēngmìng yǒu wàngshèng de yímiàn, yěyǒu cuìruò de yīmiàn, tā cuìruò de xiàng yīgēn lúwěi, zhǐyào qīngqīng yìzhé, shēngmìng jiù jiéshùle, huòzhě shì yīkǒuqì, yīdīshuǐ, yīkuàishítóu jiù zúyǐ zhìtā yú sǐdì.

Yīncǐ duìyú gètǐ, shìjiè shàng méiyǒu nǎyīyàng dōngxī de jiàzhí nénggòu chāoguò shēngmìng de bǎoguì, yīnwèi shēngmìng zhǐyǒu yīcì, rúguǒ nǐ shīqùle shēngmìng, sǐwáng jiāng xuānbù zhègè shìjiè duìyú nǐláishuō yīqiè háowú yìyì.

43. Zìránjiè zhōng shēngwù zuìzhòngshì de shìshénme?
44. Guānyú shēngmìng wǒmen néng zhīdào de shì?
45. Zhèduàn wénzhāng de zhōngxīn shì?

자연계에서 생물에게 가장 중요한 것은 생명이고, 살 수만 있다면 다른 모든 것은 참아낼 수 있다. 생명이 없으면, 다른 모든 것은 의미를 잃는다. 예를 들어: 흙에 묻힌 씨앗은 오래도록 싹을 틔우지 않아도 그 생명력을 유지할 수 있다. 이런 왕성한 생명력은 생명을 확실하게 한다. 생명의 형식은 영원할 것이다. 비록 개인이 시간의 흐름 속에서 생사를 건다 해도, 그냥 순식간에 사라지는 꿈과 같다.

생명에는 왕성한 면도 있고 취약한 면도 있다. 그것은 연약한 갈대처럼 가볍게 접히기만 하면 생명이 끝나거나, 또는 단숨에 물 한 방울, 돌 한 조각으로도 그를 죽음의 땅으로 만들기에 충분하다.

그래서 개체에 대해 생명을 능가할 만한 가치는 세상에 없다. 왜냐하면 생명은 단 한번뿐이고, 만약 당신이 목숨을 잃었다면, 죽음은 이 세상이 당신에게 모든 것이 무의미하다고 선언할 것이기 때문이다.

43. 자연계에서 생물에게 가장 중요한 것은 무엇인가요?

44. 생명에 대해 우리가 알 수 있는 것은?

45. 이 글의 핵심은?

2. 阅读 읽기

第一部分 제1부분

46-48

有一个人做了一个梦，梦中他来到一间二层楼的屋子.进到第一层楼时，发现一张长长的大桌子，桌旁都坐着人，而桌子上摆满了丰盛的佳肴，可是没有一个人能吃得到，因为大家的手臂受到魔法师咒诅，全都变成直的，手肘不能弯曲，而桌上的美食，夹不到口中，所以个个愁苦满面.

但是他听到楼上却充满了欢愉的笑声，他好奇地上楼一看，同样也有一群人，手肘也是不

能弯曲,但是大家却吃得兴高采烈.原来每个人的手臂虽然不能伸直,但是因为对面的人彼此协助,互相帮助夹菜喂食,结果大家吃得很开心.

　　Yǒu yí gè rén zuò le yí gè mèng, mèng zhōng tā lái dào yì jiān èr céng lóu de wū zǐ. Jìn dào dì yī céng lóu shí, fā xiàn yì zhāng chángcháng de dà zhuō zi, zhuō páng dōu zuò zhe rén, ér zhuō zi shàng bǎi mǎn le fēng shèng de jiā yáo, kě shì méi yǒu yí gè rén néng chī dé dào, yīn wèi dà jiā de shǒu bì shòu dào mó fǎ shī zhòu zǔ, quán dōu biàn chéng zhí de, shǒu zhǒu bù néng wān qū, ér zhuō shàng de měi shí, jiá bú dào kǒu zhōng, suǒ yǐ gè gè chóu kǔ mǎn miàn.

　　Dàn shì tā tīng dào lóu shàng què chōng mǎn le huān yú de xiào shēng, tā hào qí de shàng lóu yí kàn, tóng yàng yě yǒu yì qún rén, shǒu zhǒu yě shì bù néng wān qū, dàn shì dà jiā què chī dé xìng gāo cǎi liè. Yuán lái měi gè rén de shǒu bì suī rán bù néng shēn zhí, dàn shì yīn wèi duì miàn de rén bǐ cǐ xié zhù, hù xiàng bāng zhù jiá cài wèi shí, jié guǒ dà jiā chī dé hěn kāi xīn.

　　어떤 사람이 꿈을 꾸었는데, 꿈속에서 그는 2층 건물 방으로 왔다. 첫 층에 들어갔을 때, 긴 탁자가 있었고, 그 옆에는 사람들이 앉아 있었고, 그 위에는 풍성한 음식이 차려져 있었지만, 먹을 수 있는 사람은 없다. 다들 팔이 마법사의 저주를 받아 모두 곧게 변하고 팔꿈치는 굽힐 수 없고, 테이블 위의 맛있는 음식은 입에 끼지 못하기 때문에 모두 수심에 잠겨 있다.

　　하지만 위층은 환한 웃음소리로 가득 차 있는데, 그가 호기심을 가지고 위층으로 올라가 보니, 같은 무리의 사람들이 있었고, 팔꿈치도 굽힐 수 없었지만, 모두들 즐겁게 먹었다. 원래 모든 사람의 팔은 곧게 뻗지 못하지만 반대편에 있는 사람들이 서로 협조해서 서로의 집게를 이용해 먹여 주었기 때문에 결과적으로 그들은 즐겁게 먹었다.

49-52

　　十岁的某一天,我跟着父亲去小岛上钓鱼.我放好鱼饵,然后举起鱼竿,把鱼线抛了出去.过了一会,鱼竿突然剧烈地抖动了一下,于是我迅速地把它拉上岸来,发现是一条好大的鲈鱼!父亲看了看手表,这时是晚上十点,距离开放捕捞鲈鱼还有两个小时.父亲遗憾地对我说:"孩子,你得把它放回湖里去.""爸爸!为什么?"我急切地问道."你还会钓到别的鱼的."父亲平静地说."可是不会钓到这么大的鱼了."我大声争辩着,哭出了声.即便不情愿,但是我清楚地知道,父亲的话是没有商量的余地的.果然我再也没有钓到过那么大的鱼了.但是从那以后,当我面临道德抉择的时候,就会想起父亲告诫我的话:道德只是个简单的是与非的问题,实践起来却很难.

　　Shí suì de mǒu yì tiān, wǒ gēn zhe fù qīn qù xiǎo dǎo shàng diào yú. Wǒ fàng hǎo yú ěr, rán hòu jǔ qǐ yú gān, bǎ yú xiàn pāo le chū qù. Guò le yì huì, yú gān tū rán jù liè de dǒu dòng le yí xià, yú shì wǒ xùn sù de bǎ tā lā shàng àn lái, fā xiàn shì yī tiáo hǎo dà de lú yú! Fù qīn kàn le kàn shǒu biǎo, zhè shí shì wǎn shàng shí diǎn, jù lí kāi fàng bǔ lāo lú yú hái yǒu liǎng gè xiǎo shí. Fù qīn yí hàn de duì wǒ shuō: "hái zǐ, nǐ děi bǎ tā fàng huí hú lǐ qù." "Bà bà! Wèi shén me?" Wǒ jí qiē de wèn dào. "Nǐ hái huì diào dào bié de yú de." Fù qīn píng jìng de shuō. "Kě shì bú huì diào dào zhè me dà de yú le." Wǒ dà shēng zhēng biàn zhe, kū chū le shēng. Jí biàn bù qíng yuàn, dàn shì wǒ qīng chǔ de zhī dào, fù qīn de huà shì méi yǒu shāng liàng de yú dì de. Guǒ rán wǒ zài yě méi yǒu diào dào guò nà me dà de yú le. Dàn shì cóng nà yǐ hòu, dāng wǒ miàn lín dào dé jué zé de shí hòu, jiù huì xiǎng qǐ fù qīn gào jiè wǒ de huà: Dào dé zhī shì gè jiǎn dān de shì yǔ fēi de wèn tí, shí jiàn qǐ lái què hěn nán.

　　열 살이던 어느 날, 아버지를 따라 작은 섬으로 낚시를 갔다. 나는 미끼를 놓은 다음 낚싯대를

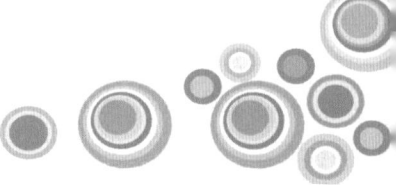

들어 올렸고 낚싯줄을 내던졌다. 잠시 후, 낚싯대가 갑자기 심하게 떨렸고, 나는 재빨리 그것을 끌어 올려 보니 아주 큰 농어였다! 아버지가 시계를 보셨는데 이때가 밤 10시였고 농어가 나오기까지 2시간이나 남았다. 아버지는 안타깝게도 제게 말씀하셨다. "얘야, 너는 그것을 호수로 되돌려 놓아야 해." "아빠! 왜?" 나는 급하게 물었다. "당신은 다른 물고기도 낚을 거야." 아버지는 담담하게 말씀하셨다. "하지만 이렇게 큰 물고기는 낚지 못할 거예요." 큰 소리로 논쟁하다가 울음을 터뜨렸어요. 내키지 않는다고 해도 아버지의 말씀은 의논의 여지가 없다는 것을 분명히 알고 있다. 역시 나는 더 이상 그렇게 큰 물고기를 낚지 못했다. 하지만 그 후로 도덕적 선택에 직면했을 때, 도덕은 단순히 옳고 그름의 문제일 뿐이지만 실천하기는 어렵다는 아버지의 조언이 떠오른다.

53-56

　　那一年，家里的花生大丰收.于是母亲把花生做成了几样食品，还吩咐就在院子里举行一个花生节.那天晚上，父亲问我们，你们都喜欢吃花生，那谁能把花生的好处说出来？姐姐说："花生很好吃."哥哥说："花生可以榨油."我说："花生的价钱便宜."父亲说："花生的好处很多，有一样最可贵：它的果实埋在地里，不像桃子、苹果那样，把果实高高地挂在枝头上.你们看它长在地上，即使成熟了，也不能立刻分辨出来它有没有果实，必须挖起来才知道."

　　我们都说是，母亲也点点头.父亲接下去说："所以人也一样，要做有用的人，不要做只讲体面，而对别人没有好处的人."我们谈到深夜才散.花生做的食品都吃完了，父亲的话却深深地印在我的心上.

　　Nà yì nián , jiā lǐ de huā shēng dà fēng shōu .Yú shì mǔ qīn bǎ huā shēng zuò chéng le jǐ yàng shí pǐn , hái fēn fù jiù zài yuàn zǐ lǐ jǔ xíng yí gè huā shēng jié .Nà tiān wǎn shàng , fù qīn wèn wǒ men , nǐ men dōu xǐ huān chī huā shēng , nà shuí néng bǎ huā shēng de hǎo chù shuō chū lái ? Jiě jiě shuō : "huā shēng hěn hǎo chī ."Gē ge shuō : "huā shēng kě yǐ zhà yóu ."Wǒ shuō : "huā shēng de jià qián pián yi ."Fù qīn shuō : "huā shēng de hǎo chù hěn duō , yǒu yí yàng zuì kě guì : Tā de guǒ shí mái zài dì lǐ , bú xiàng táo zǐ 、píng guǒ nà yàng , bǎ guǒ shí gāo gāo de guà zài zhī tóu shàng .Nǐ men kàn tā zhǎng zài dì shàng, jí shǐ chéng shú le, yě bù néng lì kè fēn biàn chū lái tā yǒu méi yǒu guǒ shí , bì xū wā qǐ lái cái zhī dào ."

　　Wǒ men dōu shuō shì , mǔ qīn yě diǎn diǎn tóu .Fù qīn jiē xià qù shuō :"suǒ yǐ rén yě yí yàng , yào zuò yǒu yòng de rén , bú yào zuò zhī jiǎng tǐ miàn, ér duì bié rén méi yǒu hǎo chù de rén ."Wǒ men tán dào shēn yè cái sàn .Huā shēng zuò de shí pǐn dōu chī wán le , fù qīn de huà què shēn shēn de yìn zài wǒ de xīn shàng .

　　그 해에는 집안의 땅콩이 대풍작이었다. 그래서 어머니는 땅콩을 몇 가지 음식으로 만드시고, 마당에서 땅콩 축제를 열라고 분부하셨다. 그날 밤 아버지가 우리에게 물으셨는데, 너희 모두 땅콩 먹는 것을 좋아한다면, 누가 땅콩의 좋은 점을 말할 수 있겠니? 언니는 "땅콩은 맛있다." 오빠는 "땅콩은 기름을 짤 수 있다"고 말했다. 나는 "땅콩은 값이 싸다"고 말했다. 아버지는 "땅콩의 좋은 점은 많은데, 가장 귀한 점은 이것이다: 그 열매는 땅에 묻혀 있고 복숭아나 사과처럼 열매가 가지에 높이 매달리지 않는다.땅에서 자라는 것을 보고 성숙하더라도 당장 열매가 있는지 없는지를 분별하지 못하니, 반드시 파봐야 안다."

　　우리 모두가, 어머니도 고개를 끄덕였다. 아버지는 "그래서 인간도 똑같이 쓸모 있는 사람이 되어야지, 체면만 차리고 남에게 좋을 게 없는 사람이 되어서는 안 된다"고 말을 이었다. 우리는 밤늦게까지 이야기하다가 헤어졌다. 땅콩으로 만든 음식을 다 먹은 후에도 아버지의 말씀이 내 마음에 깊이 새겨졌다.

57-60

年幼的时候，我就喜欢写诗.母亲念完我的第一首诗的时候，兴奋地嚷着："巴迪，真是你写的吗？精彩极了！快拿去给父亲看看."于是我迫不及待地拿着诗去找父亲，可是父亲只说了一句，"我看这首诗糟糕透了."我的眼睛湿润了，失望地走回了自己的房间.几年后，当我再拿起那首诗，不得不承认父亲是对的.真的糟糕透了！不过母亲还是一如既往地鼓励我，所以我没有放弃写诗.

往后的日子里，耳边一直回响着两种声音，"精彩极了"，"糟糕透了"；"精彩极了"，"糟糕透了"我从心底里知道，"精彩极了"也好，"糟糕透了"也好，这两个极端的断言有一个共同的出发点——那就是父母的爱.在爱的鼓舞下，我努力地向前奔跑.

Nián yòu de shí hòu, wǒ jiù xǐ huān xiě shī. Mǔ qīn niàn wán wǒ de dì yī shǒu shī de shí hòu, xìng fèn de rǎng zhe: "bā dí, zhēn shì nǐ xiě de ma? Jīng cǎi jí le! Kuài ná qù gěi fù qīn kàn kàn." Yú shì wǒ pò bú jí dài de ná zhe shī qù zhǎo fù qīn, kě shì fù qīn zhī shuō le yí jù, "wǒ kàn zhè shǒu shī zāo gāo tòu le." Wǒ de yǎn jīng shī rùn le, shī wàng de zǒu huí le zì jǐ de fáng jiān. Jǐ nián hòu, dāng wǒ zài ná qǐ nà shǒu shī, bú dé bú chéng rèn fù qīn shì duì de. Zhēn de zāo gāo tòu le! Bú guò mǔ qīn hái shì yī rú jì wǎng de gǔ lì wǒ, suǒ yǐ wǒ méi yǒu fàng qì xiě shī.

Wǎng hòu de rì zǐ lǐ, ěr biān yī zhí huí xiǎng zhe liǎng zhǒng shēng yīn, "jīng cǎi jí le", "zāo gāo tòu le"; "jīng cǎi jí le", "zāo gāo tòu le" Wǒ cóng xīn dǐ lǐ zhī dào, "jīng cǎi jí le" yě hǎo, "zāo gāo tòu le" yě hǎo, zhè liǎng gè jí duān de duàn yán yǒu yí gè gòng tóng de chū fā diǎn ——nà jiù shì fù mǔ de ài. Zài ài de gǔ wǔ xià, wǒ nǔ lì de xiàng qián bēn pǎo.

어렸을 때 나는 시 쓰는 것을 좋아했다. 어머니는 제 첫 시를 읽으시면서 흥분해서 "바디, 정말 네가 쓴 거야? 훌륭해! 어서 가서 아버지께 보여드려라." 그래서 나는 지체없이 시를 들고 아버지를 찾아갔지만, 아버지는 "내가 보기에 이 시는 엉망이야." 라고 한 마디만 하셨다. 나는 눈물을 글썽이며 실망하여 내 방으로 돌아왔다. 몇 년 후, 나는 그 시를 다시 들었을 때 아버지가 옳았음을 인정해야만 했다. 정말 야단났어! 그래도 어머니는 변함없이 격려해주셨고, 그래서 나는 시 쓰는 것을 포기하지 않았어.

지금도, 미래에도 귓가에는 두 가지 소리가 계속 울려 퍼지고 있다. "아주 멋지다" "아주 나쁘다". 내가 속으로 하는 말 "아주 멋지다", "아주 나쁘다". 이 두 가지는 극단적인 발언이지만 하나의 공통된 출발점이 있다——그것은 바로 부모의 사랑. 사랑에 고무되어 나는 열심히 앞으로 달렸다.

第二部分 제 2 부분

61 Zuìjìn yuè lái yuè duō rén shōutīng yǐ "zhìyù" wéi mùdì de yǎnjiǎng. Xiàndài rén rèzhōng yú zhìyù de lǐyóu shì yīn wèi xīnlíng shòushāng, xiǎng yào dédào wèijiè. Dànshì bǐ qǐ měngliè de "zhìyù" rècháo, zhēnzhèng tōngguò "zhìyù" fùwèidào xīnlíng de rén què shǎo zhī yòu shǎo. Yǔqí bèi juàn rù zhèyàng de rècháo, bèi háo wú mùdì de yǎnjiǎng qiān bàn, bùrú zìjǐ xúnzhǎo nèixīn de lìliàng.

A xiàndài rén róngyì shòushāng
B duō tīng yǎnjiǎng kěyǐ zhìyù rénxīn
C zhìyù shībài kào zìjǐ
D xiànzài rén hěn shǎo qù tīng yǎnjiǎng

61 요즘 '힐링'을 목적으로 한 강연을 듣는 사람이 늘고 있다. 현대인들이 치유에 열광하는 이유는 마음의 상처로 위안을 얻고 싶기 때문이다. 그러나 맹렬한 힐링 열풍보다는 진정한 힐링으로 마음을 달랜 사람은 드물다. 이런 열기에 휘말려 목적 없는 연설에 발목이 잡히기보다 스스로 내면의 힘을 찾아라.
A 현대인은 상처받기 쉽다
B 강연을 많이 들으면 사람의 마음을 치유할 수 있다
C 치유 실패는 스스로에게 달려 있다
D 지금은 사람들이 강연을 듣는 일이 거의 없다

62 Yǐqián zhǐyǒu zài qìchē yèjiè gòngyǒu de língjiàn jiàgé, rújīn wéi le tígāo xiāofèi zhě de zhīqíng quán hé liútōng de tòumíng xìng, qǐyè jiāng jiàgé quánbù gōngkāile. Guónèi de suǒyǒu qìchē gōngsī yǒu yìwù bǎ língjiàn jiàgé gōngshì zài gōngsī de zhǔyè shàng. Dànshì, yǒuxiē gōngsī bìng méiyǒu jiāng jiàgé xìnxī gōngbù zài shǒuyè shàng, huòzhě shèzhìle zhǐyǒu jiārù gōngsī huìyuán cáinéng kàn dào gāi xìnxī, zhè zhāoláile xiāofèi zhě de bú xìnrèn. Duìyú zhè zhǒng qíngkuàng, zhège zhìdù chéngwéile chóngxīn zhǎo huí xiāofèi zhě xìnrèn de yíge qìjī, tóngshí, yèjiè xūyào jìnxíng zìxǐng de hūshēng yě yuè lái yuè gāo.
A tōngguò gōngkāi jiàgé gōngbù liútōng qúdào
B língjiàn jiàgé gōngkāi yǔ xiāofèi zhě zhīqíng quán wúguān
C qǐyèyìng gāi wú tiáojià gōngkāi língjiàn jiàgé
D qǐyè xūyào tōngguò gōngkāi língjiàn de jiàgé lái huīfù xiāofèi zhě de xìnrèn.

62 예전에는 자동차업계에서만 공유되던 부품가격이지만 이제 소비자의 알 권리와 유통의 투명성을 높이기 위해 업체들이 가격을 모두 공개하고 있다. 국내 모든 자동차회사는 부품가격을 회사 홈페이지에 공시할 의무가 있다. 그러나, 어떤 회사들은 가격 정보를 머리글에 게시하지 않았거나, 회사 회원에 가입해야만 그 목록을 볼 수 있도록 설정했다. 이것은 소비자들의 불신을 초래했다. 이 같은 상황에 대해 이 제도는 소비자의 신뢰를 되찾는 계기가 됐으며 업계에서 자성의 목소리가 높아지고 있다.
A 유통 경로를 통해 가격을 공개한다.
B 부품 가격 공개는 소비자 알 권리와 무관하다
C 기업은 부품가격을 조정 없이 공개해야 한다
D 기업은 부품 가격을 공개함으로써 소비자 신뢰를 회복해야 한다.

63. Zuìjìn xǔduō rén dōu qiángdiào qīngjié de huánjìng huòzhě shēnghuó xíguàn. Néng zài gānjìng de huánjìng xià shēnghuó dehuà dāngrán shì hǎole. Dànshì, zhè zhǐyǒu hǎochù ma? Yīn wèi guòdù gānjìng de huánjìng, fǎn'ér huì róngyì shīqù duìkàng xìjùn de miǎnyì lì. Wǒmen de shēntǐ yào jiēchù shìdàng liàng de xìjùn cáinéng péiyǎng gèng qiáng de miǎnyì lì. Bǐrú, gēnjù yí xiàng yánjiū, chūshēng gāng mǎn 2 nián de jiēshòuguò kàngjùn liáofǎ de háizi hé méiyǒu jīngguò zhè yīliáofǎ de hái zi xiāng bǐ, pífū bìng de fā bìng lǜ gāo chūle 6 bèi. Xiǎoshíhòu yào shìdàng de jiēchù yīxiē chén'āi, cáinéng chǎnshēng zhēnduì guòmǐn zhèng de miǎnyì lì. Suīrán qīngjié yě hěn zhòngyào, dànshì cúnzài yìdiǎn zàng luàn dì dìfāng yěshì kěyǐ de.
A xūyào duì pífū bìng fābìng yuányīn jìnxíng yánjiū
B bù gānjìng de huánjìng huì yǐnqǐ guòmǐn
C wǒmen de shēntǐ shàng yǒu shìdàng liàng de xìjùn dehuà huì gèng hǎo.
D gānjìng de huánjìng yǒu zhù yú wǒmen zēngqiáng miǎnyì lì

63. 요즘 많은 사람들이 깨끗한 환경이나 생활습관을 강조한다. 깨끗한 환경에서 살 수 있다면 좋겠

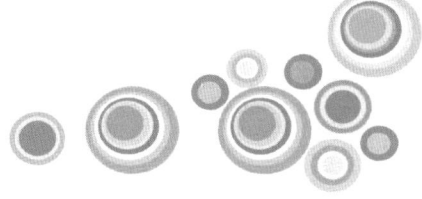

죠. 하지만, 그것이 좋은 것만일까? 지나치게 깨끗한 환경 때문에 오히려 세균에 대항하는 면역력을 잃기 쉽다. 우리 몸은 적당한 양의 박테리아와 접촉해야 더 강한 면역력을 키울 수 있다. 예를 들어, 한 연구에 따르면, 생후 2년 만에 항균요법을 받은 아이는 그렇지 않은 아이에 비해 피부병 발병률이 6배나 높았다. 어릴 적에는 적당히 현지에서 먼지를 접해야 알레르기에 대한 면역력이 생긴다. 청결도 중요하지만 약간의 지저분함의 장점도 있을 수 있다.
A 에서는 피부병 발병 원인에 대한 연구가 필요하다
B 불결한 환경은 알레르기를 일으킬 수 있다
C 우리 몸에 적당한 양의 박테리아가 있다면 더 좋을 것이다.
D 깨끗한 환경은 우리가 면역력을 증진시키는 데 도움이 된다

64 Gēnjù kēxuéjiā de fēnxī "méng nà lì shā wēixiào" lǐ yǒu 83% shì xìngfú gǎn, yǒu 17%zuǒyòu shì kǒngjù hé fènnù. Zhè jiùshì suǒwèi de "méng nà lì shā wēixiào de fǎzé". Zhège bǐlì jiùshì méng nà lì shā shòudào xǐ'ài de yuányīn. Wǒmen de rénshēng yěshì yíyàng de. Kuàilè he bēishāng, xìngfú hé bùxìng dōu shì jūnhéng xiétiáo de, zhèyàng de rénshēng zuìzhōng yě néng zǒu shàng yuánmǎn xìngfú de dàolù ba. Bēishāng hé tòngkǔ zhèyàng de xiāojí gǎnqíng bìng búshì yào ràng wǒmen diē rù cuòzhé lǐ, fǎn'ér shì ràng wǒmen wéichí yídìng de xiànshí gǎn, shǐ wǒmen néng jījí de qù gǎnshòu xìngfú de gǎnjué, jiùshì zhème yì zhǒng lìliàng.
A fùmiàn qíngxù róngyì yǐnqǐ cuòzhé gǎn
B tòngkǔ hé bēishāng shǐ wǒmen wúfǎ gǎnshòu xìngfú
C méng nà lì shā de wēixiào zhǎnshìle wánměi de xìngfú
D bēishāng shǐ wǒmen bù shīqù xiànshí gǎn.

64 과학자의 분석에 따르면 모나리자 미소는 83%가 행복감, 17% 정도가 두려움과 분노였다. 이른바 '모나리자 미소의 법칙'이다.이 비율이 바로 모나리자가 사랑 받는 이유이다. 우리 인생도 마찬가지다. 기쁨과 슬픔, 행복과 불행이 균형 있게 조화를 이루며, 이런 인생도 결국에는 올라갈 수 있다. 원만하고 행복한 길을 가십시오. 슬픔과 고통과 같은 부정적인 감정은 우리를 좌절로 몰아넣으려는 것이 결코 아니다. 오히려 우리가 일정하게 유지하는 현실감각이, 우리가 적극적으로 행복을 느낄 수 있게 해주는 힘이다.
A 부정적인 감정은 좌절감을 일으키기 쉽다
B 고통과 슬픔은 우리로 하여금 행복을 느끼지 못하게 한다.
C 모나리자의 미소는 완벽한 행복을 보여준다.
D 슬픔은 우리로 하여금 현실감을 잃지 않게 한다.

65 Xióngxìng hǎimǎ de dùzi, yǒu yíge yǔ dàishǔ xiāngsì de kǒudài. Kǒudài nèibù chōngmǎnle yǎngyù yōu luǎn shí xūyào de xuèguǎn. Xióngxìng hǎimǎ yǔ huáizhe yōu luǎn de cíxìng hǎimǎ xiāngyù, yòng nàgè kǒudài jiēshōu yōu luǎn. Wèile huòdé cíxìng de xuǎnzé, yě huì shǐ dùzi péngzhàng lái xuànyào zìjǐ. Rúguǒ chénggōng qǔdé yōu luǎn dehuà, jiāng huì chéngwéi bàba dì hǎimǎ biàn huì chēngzhe péngzhàng de dùzi xùnsù yóulì. Yī liǎng gè yuè zhīhòu, hǎimǎ huì shēngchǎn chū jǐ shí dào shù bǎi zhī xiǎo hǎimǎ. Cóng zhǐyǒu yíge xiǎo wěibā pī pīpā pā xùnsù zhǎng dà, zhēnshi hěn shénqí. Tōngguò jǐ yā níng qǔ de dòngzuò lái wánchéng shēngchǎn zhīhòu, bàba hǎimǎ jiù huì biàn dé píbèi bùkān.
A hǎimǎ de kǒudài shì wèile zhuāng gèng duō de luǎn
B wèile gèng fāngbiàn de zhuāng hǎimǎ zǎi
C wèile néng gèng róngyì de shēngchū yōu zǎi.
D wèile gèng hǎo de wèiyǎng hǎimǎ yōu zǎi

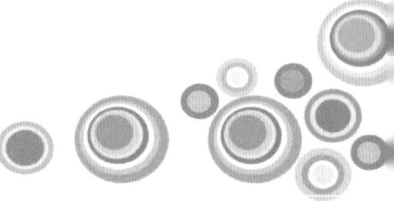

65 수컷 해마의 배에는, 캥거루와 비슷한 주머니가 있다. 주머니 내부는 유란을 키우는 데 필요한 혈관으로 가득 차 있다. 수컷 해마는 유란을 품은 암컷 해마와 만나 그 주머니로 유란을 인수한다. 암컷의 선택을 얻기 위해 배를 부풀리고 자신을 과시하기도 한다. 만약 유란에 성공한다면 아빠가 될 해마는 부풀어 오른 배를 지탱할 것이다. 아들은 재빨리 헤엄쳐 떠나 한두 달 동안 지낸다. 그 후에, 해마는 수십에서 수백 마리의 작은 해마를 생산할 것이다. 작은 꼬리 하나에서 툭툭 탁하고 빨리 자라는 것이 신기하다. 압착 동작으로 생산을 마치면 아빠 해마는 지쳐버린다.
A 해마의 주머니는 더 많은 알을 담기 위한 것이다
B 해마새끼를 더 편하게 가장하다
C 해마의 주머니는 새끼를 더 쉽게 낳을 수 있도록 하기 위해.
D 해마 새끼를 더 잘 먹이기 위해

66 Wǒ yánjiū de gǔ shūjí shì dāngshí yībān dàzhòng cháng kàn de shū. Yīnwèi shūjí shì liánjià de zhìzuò, suǒyǐ xiànzài biàn dé chénjiù cūlòu, jīngcháng bèi diūqì. Dànshì jiù cóng xǔduō rén dōu dúguò zhè yīdiǎn lái kàn, tā de zhòngyào xìng háishì bù dī yú qítā shūjí de. Shèjí de lǐngyù yě hěnduō yàng, jíhélè liàn'ài xiǎoshuō, shāngwù wénshū, shūxìn xiězuò fāngfǎ děng nèiróng, shì lèisì yú shíyòng shū nàyàng de shūjí. Tōngguò zhèyàng de cáiliào, kěyǐ jùtǐ de hé xiě shíde qù fùyuán gǔdài rénmen de shēnghuó. Wǒ rènwéi zhè yìdiǎn bùjǐn duìyú gǔ shūjí yánjiū, duìyú lìshǐ yánjiū de quēkǒu lái shuō yěshì fēicháng zhòngyào de yíbùfèn.
A cóng gǔjí lǐ néng huòqǔ de zhīshì hěn shǎo
B fǎnyìng gǔrénshēnghuó de zīliào hěn shǎo
C nánzǐ zhèngzài yánjiū rénmen guānzhù de shū.
D yuè gǔlǎo de shū yuè yǒu jiàzhí

66 제가 연구한 고서적은 그 당시 일반 대중이 많이 읽었던 책이다. 책이 싼값에 만들어졌기 때문에 지금은 낡고 조잡해졌고 종종 버려졌다. 하지만 많은 사람들이 읽었던 것을 보면 다른 책보다 덜 중요한 것 같다. 다루는 분야도 다양하며 연애소설, 비즈니스문서, 편지쓰기 방법 등을 모은 것이 실제와 유사하다. 이러한 자료를 통해, 구체적으로 그리고 책 같은 책을 쓸 수 있습니다. 실지로 고대 사람들의 삶을 복원할 수 있다. 뿐만 아니라 고서적 연구는 역사 연구의 부재도 중요한 부분이다.
A 고서에서 얻을 수 있는 지식이 적다
B 옛사람의 생활을 반영하는 자료는 드물다
C 남자는 사람들이 관심을 갖는 책을 연구하고 있다.
D 오래된 책일수록 가치가 있다

67 Duìyú mǎjīyǎ wéi lǐ zhèngzhì sīxiǎng de jiěxī guāndiǎn yǒu liǎng zhǒng fēnlèi. Shǒuxiān, jūnzhǔ rúguǒ shì wèile yídìng de mùdì, zé bù xūyào qūfēn shǒuduàn hé fāngfǎ, yě jiùshì kěyǐ bùzéshǒuduàn, zhè shì mùqián de jiěxī. Duìyú jūnzhǔ lái shuō, bù xūyào yǒu dàodé zhī xīn, rúguǒ xiǎng yào bǎohù lìyì hé quánlì dehuà, yě xūyào yòng dào cánrěn de fāngfǎ, zhè jiùshì qí sīxiǎng de héxīn. Lìngwài yì zhǒng shì zuìjìn xīn chū de jiěxī. Suīrán mǎjīyǎ wéi lǐ yāoqiú qiáng yǒulì de jūnzhǔ shì duì de, dànshì nà zhǐshì tèshū qíngkuàng xià xūyào de cúnzài, quánlì de jīchǔ shénme shíhòu dōu shì guómín.
A mǎjīyǎ wéi lǐ rènwéi guómín shì quánlì de jīchǔ.
B mǎjīyǎ wéi lǐ rènwéi jūnzhǔ de dàodé hěn zhòngyào
C mǎjīyǎ wéi lǐ rènwéi búlùn hé shí zuòshì de shǒuduàn dōu yào zhèngdàng
D mǎjīyǎ wéi lǐ rènwéi guómín sùzhì dōu bù gāo

67 마키아벨리의 정치사상에 대한 해석적 관점은 두 가지 분류가 있다. 우선 군주가 일정한 목적을

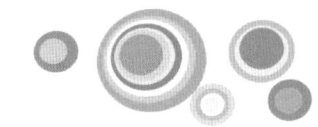

위해서라면 수단과 방법을 구분할 필요가 없다는 즉, 수단을 가리지 않아도 된다는 것이 현재의 해석이다. 군주에게는 도덕적인 마음이 필요 없고, 이익과 권력을 보호하려면 잔인한 방법도 필요한데, 이것이 바로 그 사상의 핵심이다. 다른 하나는 요즘 새로 나온 마키아벨리에 대한 해석이다. 강력한 군주를 구하는 것은 옳다, 그러나 그것은 특별한 경우에만 필요한 존재로, 권력의 기반은 언제나 국민이다.

A. 마키아벨리는 국민이 권력의 기반이라고 생각한다.
B. 마키아벨리는 군주의 도덕이 중요하다고 생각한다.
C. 마키아벨리는 언제나 일하는 수단은 정당해야 한다고 생각한다.
D. 마키아벨리는 국민의 자질이 모두 높지 않다고 생각한다.

68 Jiāng wǒmen tǐnèi de qìguān yízhí gěi tārén de qìguān yízhí jìshù zuìdà de nándiǎn shì páichì fǎnyìng. Yízhí de bùwèi shì bùtóng de miǎnyì lì xìtǒng, yīncǐ yǒu kěnéng zàochéng sǐwáng.1970 nián jiějué zhè yī miǎnyì lì wèntí de yīliáo jìshù déyǐ kāifā, zài zhè yī shíqí yízhí chéngfèn yě kāishǐ biàn gāo, mùqián kěyǐ jìnxíng xīnzàng, gǔsuǐ, pífū yízhí. Jǐnguǎn yīliáo jìshù déyǐ fāzhǎn, dànshì yījiù búgòu quánmiàn. Wèi le jiějué zhè yī wèntí, xiànzài zhèngzài jìnxíng réngōng qìguān yízhí yánjiū, qídài qìguān yízhí yíng lái xīn piānzhāng.
A mùqián zhèngzài jìnxíng réngōng qìguān yízhí yánjiū.
B jiějué miǎnyì lì de jìshù jíjiāng wènshì.
C guòqù, qìguān yízhí páichì fǎnyìng de bìng bù duō.
D qìguān yízhí zhōng de gǔtou háishì bù kěnéng.

68 우리 몸의 장기를 다른 사람에게 이식하는 장기. 이식 기술의 가장 큰 어려움은 거부반응이다. 이식된 부위는 서로 다른 면역력 시스템이어서 사망에 이를 수 있다. 1970년 이 면역력 문제를 해결할 수 있는 의료기술이 개발됐고, 이 시기에 이식성분도 발전되어 현재 심장, 골수, 피부 이식이 가능하다. 의료기술의 발전에도 불구하고 여전히 전면적으로 시행되지는 못한다. 이 문제를 해결하기 위해 지금 인공 장기 이식 연구에 들어가고 있다. 장기 이식에 새 장을 맞이하기를 기다린다.
A 씨는 현재 인공 장기 이식 연구를 진행하고 있다.
B 면역력 해결 기술이 나왔다.
C 과거에 장기이식 거부반응이 많지 않았다.
D 장기 이식 중 뼈는 여전히 불가능하다.

69 Chāo xiǎoxíng shèxiàngjī yuánlái shì zuòwéi yī liáo huòzhě chǎnyè yòng ér bèi zhìzào chūlái de. Dànshìxiànzài bìng wèi àn yuánlái de yòngtú, fǎn'ér wéi tōupāi tārén shēntǐ suǒ bèi è yì shǐyòng de shìlì zēngduōle. Wèile cóng yuántóu shàng fángzhǐ bèi è yì shǐyòng, xīn shāngpǐn xìnxī dēngjì hé fǎlǜ shàng de liútōng xǔkě guīdìng xūyào qiánghuà.
A yào kuòdà yīyòng jí gōngyè wéixíng zhàoxiàngjī de yòngchù.
B yīnggāi kāifā wéixíng shèxiàngjī, shǐ qí gèngjiā yǒuyòng.
C wèile fángzhǐ chāo xiǎoxíng zhàoxiàngjī bèi è yì lìyòng, yīnggāi zhìdìng duìcè.
D wèile shùnlì xiāoshòu jí liútōng, yīnggāi jiǎnhuà wéixíng shèxiàngjī de dēngjì guòchéng.

69 초소형 카메라는 원래 의료나 산업용으로 만들어졌다. 하지만 지금은 본래의 용도가 아닌 다른 사람의 신체를 몰래 촬영하기 위해 악용되는 사례가 많아졌다. 악의적인 사용을 원천적으로 막기 위해서는 신규 상품 정보 등록과 법률상의 유통 허가 규정의 강화가 필요하다.
A는 의료용 및 공업용 마이크로카메라의 사용처를 확대해야 한다.
B는 마이크로카메라를 더 유용하게 개발해야 한다.

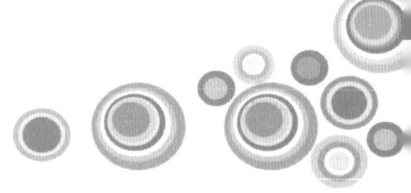

C 는 초소형 카메라가 악용되지 않도록 대책을 마련해야 한다.
D 는 원활한 판매 및 유통을 위해 마이크로카메라 등록 과정을 간소화해야 한다.

70 Suízhe xìnxī liàng bào zēng, yuè lái yuè duō de rén kāishǐ xúnzhǎo zhǐyǒu héxīn gàikuò de xìnxī. Yīnwèi kěyǐ róngyì qiě kuàisù de huòdé xūyào de xìnxī. Dànshì rúguǒ zhǐ huòqǔ jiǎnduǎn de bèi zhěnglǐguò de zhīshì, duì shìwù cháng shíjiān guānchá hé fēnxī de nénglì jiù huì jiàngdī, pīpàn xìng de chǔlǐ shìwù de nénglì yě huì biàn chídùn.
A gàikuò xíng xìnxī shì zuì yǒuxiào de xìnxī xuéxí fāngshì.
B gàikuò xíng xìnxī huì dǎozhì rénmen de sīwéi nénglì xiàjiàng.
C rénmen xūyào xuéxí de zhīshì liàng zài dà fúdù zēngjiā.
D duōkuīle jiǎnduǎn de zhīshì, cáinéng suōduǎn xìnxī chǔlǐ de shíjiān

70 정보의 양이 폭발적으로 증가하면서 핵심 요약만 있는 정보를 찾는 사람들이 늘어나고 있다. 필요한 정보를 쉽고 빠르게 얻을 수 있기 때문이다. 그러나 간단히 정리된 지식만 얻으면 사물을 오랫동안 관찰하고 분석하는 능력이 떨어지고 비판적으로 다루는 능력이 둔해진다.
A 요약형 정보는 가장 효율적인 정보 학습 방식이다.
B 요약형 정보는 사람들의 사고력 저하를 초래한다.
C 사람들이 배워야 할 지식의 양은 크게 증가하고 있다.
D 는 짧은 지식 덕분에 정보 처리 시간을 단축할 수 있었다

第三部分 제3부분

第71-74题

Yígèrén yào jīlěi zhīshí, jiùbìxū dúshū. Duì zhòngyàode wénzhāng hé shūjí, yào rènzhēn dú、fǎn fùdú, yàozhúzìzhújù de shēnrùyánjiū, duì zhòngyàode yǔjù hé zhāngjié suǒ biǎodá de sīxiǎng nèiróng háiyào zuòdào tòuchè lǐjiě. Zhè jiùshì jīngdú.

Ránér, réndre jīnglì shì yǒuxiàn de, ér shūjí què hàorúyānhǎi, shéiyě bùkěnéng dúwán suǒ yǒude shū, gèng bùkě néngduì měi běnshū měipiān wénzhāng dōuqù jīngdú. Yīncǐ wǒmen háiyào xuéhuì lüèdú.

Lüèdú jiùshì yòng jiào shǎode shíjiān liúlǎn dàliàng de shū, cóngér kuòdà zìjǐdezhīshímiàn. Lüèdú yòushì jīngdú de jīchǔ. Tōngguò lüèdú, kěyǐ zàihěnduǎndeshíjiānnèi zhīdào yīpiān wénzhāng huò yī běnshū de jīběn nèiróng, cóngér quèdìng tā shìfǒu xūyào jīngdú, huò nǎxiē dìfāng xūyàojīngdú.

Zěnyàng jìnxíng lüèdú ne? Rúguǒ miànduì yīdàduī dúwù, wǒmen kěyǐ jiāng měi běnshū denèiróngtíyào、mùlù děng hěnkuài de kàn yībiàn, dàgài liǎojiě měi běnshū de tèdiǎn. Duìyú yìběnshū, wǒmen kěyǐ jǐ duàn jǐ duàn de dú, yěkěyǐ jǐ yè jǐ yè de dú, ér búyào tànjiū mǒuge zì、cí huò jùzi de yìsī. Súhuà shuōde"Yīmùshíháng"jiù shìzhǐ zhèzhǒng kuàisù yuèdú fāngfǎ.

Zhǐyào wǒmen shànyú bǎ jīngdúhé lüèdú jiéhé qǐlái, jiùnéng qǔdé zuìjiā de dúshū xiàoguǒ.

한 사람이 지식을 쌓으려면 반드시 책을 읽어야 한다. 중요한 문장과 서적에 대해서는 주의깊게 읽고, 반복하여 읽어야 하며, 한 글자 한 글자씩 깊이 연구해야 하며, 중요한 어구와 장에 의해 표현된 사상이나 내용에 대해서도 철저하게 이해해야 한다. 이것이 바로 정독이다.

梦想中国语 模拟考试

그러나 인간의 에너지는 한정돼 있는데, 책들은 그 어느 누구도 모든 책을 다 읽을 수 없을 정도로 넓고, 책 하나하나를 정독할 수 없다. 그래서 우리는 속독도 배워야 한다.

속독이란 적은 시간에 방대한 양의 책을 훑어보면서 자신의 지식면을 넓히는 것이다. 속독은 또한 정독의 기초이다. 속독을 통해서, 짧은 시간 내에 한 문장이나 한 권의 책의 기본 내용을 알 수 있어서, 정독을 해야 하는지, 또 어떤 곳에서 정독을 해야 하는지를 알아내야 한다.

속독은 어떻게 하나요? 만약 많은 읽을거리에 직면하게 된다면, 우리는 각각의 책의 내용을 요약하고 목록을 매우 빠르게 볼 수 있고 아마 각각의 책의 특징을 알아볼 수 있을 것이다. 한 권의 책에 대해서, 우리는 몇 단락씩 읽을 수도 있고, 몇 페이지씩 읽을 수도 있다. 어떤 글자, 단어 또는 문장의 뜻을 탐구하지 말고 읽어라. 흔히 말하는 일목십행은 이런 빠른 읽는 법을 말한다.

우리가 정독과 속독을 잘 결합시키면 최상의 독서 효과를 거둘 수 있다.

第75-78题

40 duō yì niánqián, huǒxīng yǔ dìqiú zhújiàn xíng chéngle. Zhè xiōngdì liǎ zhǎngdé tài xiàng le——tóngyàng yǒu nánjí、běijí, tóngyàng yǒu gāoshān、xiágǔ, tóngyàng yǒu báiyún、chénbào hélóngjuǎnfēng, tóngyàngshì sìjì fēnmíng, shènzhì lián yìtiān de shíjiān dōu chàbùduō. Nánguài, rénmen bǎ dìqiú hé huǒxīng chēngwéi tàiyángxì zhōngde "luánshēngxiōngdì", bìng yóucǐ tuīcè, huǒxīng yěhé dìqiú yíyàng yǒushuǐ hé shēngmìng cúnzài.

2004nián 3 yuè yǐhòu, rénlèi jìnyíbù zhèngshí le huǒxīng shàng céngjīng yǒushuǐ de tuīduàn. Huǒxīng de huánjìng yǔ dìqiú xiāngsì, ránér, dìqiúshàng de shuǐ búdànnéng liúxiàlái, érqiě yùnyù chūle shēngmìng; huǒxīng shàng de shuǐ yuánběn kě néngbǐ dìqiúshàng de háiduō, què méinéng liúzhù.

Shuǐ shì shēngmìng de yuánquán, kànlái zài huǒxīng biǎomiàn zhǎodào shēngmìng dexīwàng yǐ shífēn miǎománg. Ránér, kēxuéjiā tuīcè, huǒxīng dìbiǎo xiàmiàn réngrán kěnéng yǒushuǐ, zhīyàoyǒu shìdàng de wēndù, jiùkěnéng yùnyù chū shēngmìng lái. Rúguǒ dìbiǎo xià zhēnde yǒushēngmìng, tāmen shìshénme múyàng, shì zěnyàng shēngcún de, zhè réngránshì yígè mí.

40억 년 전 화성과 지구는 서서히 형성됐다. 이 형제는 너무 닮았다. 남극, 북극, 같은 높은 산, 협곡, 같은 구름, 먼지폭풍 그리고 토네이도가 공통적으로 있다, 마찬가지로 사계절이 뚜렷하고 심지어 하루의 시간도 비슷하다. 오죽하면 사람들이 지구와 화성을 태양계의 쌍둥이 형제라고 부르는데, 이를 통해 화성에도 지구와 마찬가지로 물과 생명이 존재하는 것으로 추정할 수 있을까?

2004년 3월 이후 인류는 화성에 물이 있었다는 추정을 더욱 뒷받침했다. 화성의 환경은 지구와 비슷하지만 지구상의 물은 남아 있을 뿐 아니라 생명을 잉태할 수도 있다. 화성의 물은 원래 지구에 있는 것보다 더 많을 수도 있지만, 붙잡지 못했다.

물이 생명의 원천이라는 점에서 화성 표면에서 생명을 찾을 가망은 희박해 보인다. 하지만 화성 지표면 아래에는 여전히 물이 남아 있을 수 있으며 적절한 온도만 있으면 생명을 잉태할 수 있다고 과학자들은 추정하고 있다. 만약 지표면 아래에 진짜 생명이 있다면, 그것들이 어떤 모습일지, 어떻게 생존할 수 있을지는 여전히 미스터리이다.

第79-82题

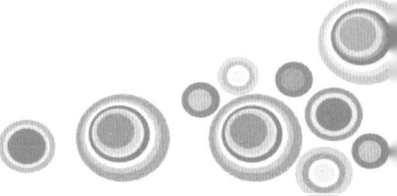

Xiāobónà shì yīngguó zhù míngzuòjiā. Yǒu yícì zài mòsīkē fǎngwèn shí, tā yùdào yígè xiǎogūniáng. Xiǎogūniáng báibái pàngpàng, yīduì dàyǎnjīng hěn yǒushén, tóushàng zhā zhe dàhóng húdiéjié, zhēnshì kěài jíle. Xiāo bónà fēicháng xǐhuān zhègè háizi, tóng tā wán le hǎojiǔ.

Línbié shí, xiāo bónà duì xiǎogūniáng shuō: " bié wàngle huíqù gàosù nǐ māmā, jiù shuōjīn tiāntóng nǐ wán de shì shìjiè yǒumíng de dàzuòjiā xiāo bónà." Tā ànxiǎng: dāng xiǎogūniáng zhīdào gēn zìjǐ wán de shì yíwèishìjiè dà wénháo shí, yī dìnghuìjīngxǐ wànfēn.

Kěshì, chūhūyùliào de shì, xiǎogūniáng jìng xuézhe xiāo bónà de kǒuwěn shuōdào: " qǐngnǐ huíqù hòu gàosù nǐ māmā, jiù shuōjīn tiāntóng nǐ wán de shì sūlián xiǎogūniáng nàtǎ shā."

Xiāo bónà tīngle, bùjué wèi zhīyī zhèn. Tā mǎshàng yìshídào gāngcái tài zìkuā le. Shìhòu, xiāo bónà shēnyǒugǎnchù deshuō: " yígèrén búlùn qǔdé duōdà chéngjiù, dōubùnéng zìkuā. Duì rènhérén, dōu yīnggāi píngděng xiāngdài, yǒngyuǎn qiānxū. Zhè jiùshì nàwèi xiǎogūniáng gěi wǒde jiàoyù. Tāshì wǒde lǎoshī."

쇼버너는 영국의 유명한 작가이다. 한 번은 모스크바를 방문했을 때 그는 작은 아가씨를 만났다. 소녀는 하얗고 뚱뚱하고, 큰 눈은 매우 신기하고, 머리에는 큰 빨간 리본을 매고 있어서 정말 사랑스럽다. 쇼버너는 이 아이를 매우 좋아해서 그녀와 오랫동안 놀았다.

헤어질 때, 쇼버너는 어린 아가씨에게 돌아가서 당신의 엄마에게 말해주는 것을 잊지 말고, 오늘 당신과 함께 논 사람이 세계적으로 유명한 대작가 쇼버너라고 말했다. 그는 어린 아가씨가 자신과 함께 논 사람이 세계의 대문호라는 것을 알았을 때 깜짝 놀랐을 것이라고 속으로 생각했다.

그런데 놀랍게도, 어린 소녀는 쇼버너의 말투를 흉내내며 "돌아가서 엄마께 말씀 드리자면, 오늘 당신과 함께 놀았던 것은 소련의 어린 소녀 나타샤" 라고 말했다.

쇼버너는 듣고 자신도 모르게 충격을 받았다. 그는 금방 너무 자화자찬을 했다는 것을 깨달았다. 그는 나중에 "한 사람이 아무리 큰 성과를 내도 자랑할 수 없다. 누구에게나 평등하게 대하고 언제나 겸손해야 한다. 이것이 바로 그 소녀가 나에게 주는 교훈이다. 그녀는 나의 선생님이다.'

第83-86题

Wǒguó gǔdài yǒu yíwèi nǚyīngxióng, míngjiào huāmùlán. Nàshíhòu, běifāng jīngcháng fāshēng zhànzhēng. Yìtiān, huángshàng xiàdá le zhēngbīng de mìnglìng, huāmùlán jiàn dàoshàngmiàn yǒu fùqīn de míngzì, jiāojí wànfēn. Tāxiǎng: Fùqīn niánjì dà le, shēntǐ bùhǎo, bùnéngqù cānjūn; dìdi niánjì hái xiǎo, hái búdào dāngbīng de niánlíng. Kě rúguǒ jiālǐ méirén cānjūn dehuà, huángshàng jiùhuì shēngqì, gāi zěnmebàn ne?

Huāmùlán xiǎng chūle yígè bǎo quánjiā rénde bànfǎ, tāshuō fúle jiārén, nǚbànnánzhuāng, dàitì fùqīn jìnlejūnduì. Tā gào biéle qīnrén, chuān shàngle jūnzhuāng, qí shàngle jùnmǎ, lái dàole qiánxiàn. Zài duō niánde zhànzhēng zhōng, tā wèi guójiā lì xiàle hěnduō gōngláo. Huāmùlán huíxiāng hòu, tuō xiàle zhànpáo, huàn shàngle nǚzhuāng. Céngjīng de zhànyǒu men qiánlái tànwàng tā, zhècái jīngyà de fāxiàn, yǒnggǎn dehuà jiāngjūn, jìngrán shì yíwèipiāo liàngde gūniáng.

우리 나라에는 고대에 화목란이라는 여성 영웅이 있었다. 그 시절, 북쪽에서는 전쟁이 자주 일어났다. 하루는 왕이 징집 명령을 내렸고, 화목란은 위에 아버지 이름이 있는 것을 보고 안달이 났다. 나이가 많아 몸이 좋지 않은 아버지는 군대에 갈 수 없고, 동생은 군대에 갈 나이도 안 된다. 그런

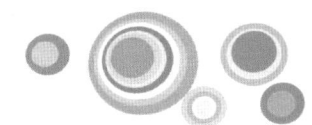

데 집에 군대에 가는 사람이 없으면 임금님께서 화를 내실 텐데 어떻게 해야 할까?

화목란은 가족을 보전할 방법을 생각해냈고, 그녀는 가족을 설득하고 남장을 하고 아버지를 대신해 군대에 들어갔다. 그녀는 가족과 작별을 고하고 군복을 입고 준마를 타고 전선으로 내려왔다. 다년간의 전쟁에서 그녀는 국가에 많은 공을 세웠다. 화목란은 귀향 후, 전복을 벗고 여장으로 갈아입었다. 한 때 전우들이 그녀를 찾아왔고, 그제서야 용감한 꽃 장군이 아름다운 처녀였다는 것을 알게 되었다.

第87-90题

Suízhe shíguāng de liúshì, tóngnián nà jīnsè de mèng yě qiāo ránér shì, ránér chōngmǎn tóngqù de yī mùmù zǎo yǐzài wǒde jìyì de xīn hǎilǐ dìnggé.

Nà shìwǒ 5 suì de shíhòu, māmā mǎihuí yī dàbāo guāzǐ, wǒchī zheyòu xiāng yòu cuì de guāzǐ, bùjīn wèn māmā: " māmā, zhè guāzǐ zhème xiāng, zhème cuì, shì zěnme délái de?" Māmā nài xīnde duì wǒshuō: " guāzǐ shìyóu xiàngrìkuí délái de, bǎ yīlì kuíhuā zǐzhǒng xiàqù, jiùkéyǐ jiēchū xǔduō guāzǐ." Wǒ tīngle māmā dehuà, xīnlǐ biàn xiǎng chūle yígè jìhuà.

Dìèrtiān, bà mā dōu chū qùle. Wǒ náchū yībǎ guāzǐ, ránhòu bǎ tā zhòngle xiàqù xīwàng tā néng zhǎng dàchéng shù, ràng dàjiādàchīyījīng.

Yú shìwǒ pàn yā pàn yā, yígè xīngqī guòqùle, dìshàng bìngméiyǒu zhǎngchū xiàngrìkuí, liángēn cǎo dōu méiyǒu. Wǒ kūsāngzheliǎn, bǎ shìqíng de jīngguò gàosù le quánjiārén, shéi zhīdào tāmen tīnglehāhādàxiào. Wǒ bùzhīdào zěnme bànhǎo, jiù wèn māmā: " zěnmele?" Māmā xiàozhe shuō: " nǐ zhǒngde zhǒngzi shì shú de, bùnéng zhǎngchūxiàngrìkuí, zhī yǒuzhǒng shēngde guāzǐ cáinéng zhǎngchū xiàngrìkuí, búxìn nǐ shìyīshì."

Zài māmā de bāngzhù xià, wǒ zhǒngde xiàngrìkuízhōngyú zhǎng chūlexiǎomiáo.

시간이 흐르면서 어린 시절의 금빛 꿈은 사뿐히 사라졌지만, 정취 넘치는 장면은 내 기억 속에 남아있다.

그때가 내가 다섯 살 때 엄마가 사오신 커다란 참외 한 봉지였는데, 나는 고소하고 바삭바삭한 참외를 먹으면서 엄마, 이 참외가 이렇게 향기롭고 바삭바삭한데 어떻게 얻은 거냐고 엄마께 물었다. 엄마는 참외는 해바라기에서 얻은 것인데 해바라기 씨 한 알을 심으면 많은 열매를 맺을 수 있다고 나에게 인내심을 갖고 말했다. 나는 어머니의 말을 듣고 마음속으로 계획을 생각해냈다.

다음날, 엄마 아빠는 모두 나가셨다. 나는 참외 한 움큼을 꺼내 그것을 심고 나무로 자라서 모두를 놀라게 하기를 바란다.

그리하여 나는 기다리고 있다. 일주일이 지나도록 땅에 해바라기가 자라지 않고 풀 한 포기도 없었다. 나는 울상을 짓고 그 사연을 온 가족에게 알렸지만 그들은 듣고 깔깔 웃었다. 어떻게 하면 좋을지 몰라서 엄마한테 "왜 그래?"라고 물었어요. 엄마는 "네가 심은 씨앗은 익어서 해바라기가 자라지 못하고, 심은 참외에서만 해바라기가 나는데 네가 한번 해봐라"며 웃었다. 엄마의 도움으로 내가 심은 해바라기가 마침내 열매를 낳았다.

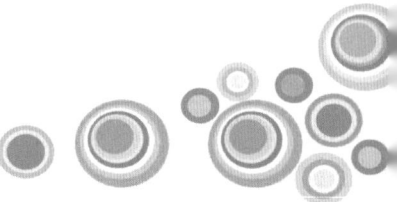

3.写作 쓰기

第一部分 제1부분

91	酒后不可以驾车。	Jiǔ hòu bù kěyǐ jiàchē.	음주 후에는 운전하면 안 된다.
92	哪家饭店的菜都不如妈妈做的菜好吃。	Nǎ jiā fàndiàn de cài dōu bùrú māma zuò de cài hào chī.	어느 식당도 엄마가 만들어 주신 음식처럼 맛있는 것은 없다.
93	我喜欢看明星采访节目。	Wǒ xǐhuān kàn míngxīng cǎifǎng jiémù.	나는 스타를 인터뷰하는 프로그램을 좋아한다.
94	对待学习应采取认真仔细的态度。	Duìdài xuéxí yīng cǎiqǔ rènzhēn zǐxì de tàidù.	공부에 대해 꼼꼼한 태도를 가져야 한다.
95	我买衣服的时候吃过亏。	Wǒ mǎi yīfú de shíhòu chīguò kuī.	나는 옷을 살 때 손해를 봤다.
96	我们应该充分利用时间。	Wǒmen yīnggāi chōngfèn lìyòng shíjiān.	우리는 시간을 충분히 이용해야 한다.
97	我能出色地完成老师布置的任务。	Wǒ néng chūsè de wánchéng lǎoshī bùzhì de rènwù.	나는 선생님께서 주시는 임무를 훌륭하게 완성할 수 있다.
98	爸爸要去中国出席一个重要的国际会议。	Bàba yào qù zhōngguó chūxí yígè zhòngyào de guójì huìyì.	아빠는 중국에 중요한 국제 회의를 하러 가셨다.

第二部分 제2부분

99.中考在即，测试了两次都不理想，曾经心有成竹的我一下郁闷了很多，老师的评价使我对前途产生了迷茫，母亲也为此操心受累，这一切都被我看在眼里，心里很不是滋味。于是我重新整理思绪，分析问题出现点，找准方法，迎接下一次的考试。

Zhōngkǎo zàijí, cèshìle liǎng cì dōu bù lǐxiǎng, céngjīng xīn yǒu chéng zhú de wǒ yīxià yùmènle hěnduō, lǎoshī de píngjià shǐ wǒ duì qiántú chǎnshēngle míngmáng, mǔqīn yě wèi cǐ cāoxīn shòulèi, zhè yīqiè dōu bèi wǒ kàn zài yǎn lǐ, xīnlǐ hěn bùshì zīwèi. Yúshì wǒ chóngxīn zhěnglǐ sīxù, fēnxī wèntíchūxiàn diǎn, zhǎo zhǔn fāngfǎ, yíngjiē xià yīcì de kǎoshì.

중간고사를 앞두고 두 번이나 테스트를 했는데도 잘 안 돼서 마음이 아팠던 나는 갑자기 많이 우울해졌다.선생님의 평가는 나로 하여금 진로에 대해 혼란을 느끼게 했고, 어머니도 이 일로 마음 고생을 하셔서, 이 모든 것을 나의 눈에 들어 매우 언짢아 했다.그래서 저는 다시 생각을 정리하고, 문제의 발생점을 분석하고, 정확한 방법을 찾아 다음 시험을 맞이했습니다.

100.我没有见过这女生，但是她笑起来真好看，她穿着米色的风衣，戴着眼镜，她用手机给我展示了支付宝，我之前听说过支付宝，是中国现在最方便的一个结算软件，可以绑定银行卡，所以出门不用带现金也不用带银行卡，只需要带手机就可以了，我觉得很神奇，现在连韩国的便利店也可以用这个软件结算了。

　　Wǒ méiyǒu jiànguò zhè nǚshēng, dànshì tā xiào qǐlái zhēn hǎokàn, tā chuānzhe mǐsè de fēngyī, dài zhe yǎnjìng, tā yòng shǒujī gěi wǒ zhǎnshì lé zhīfùbǎo, wǒ zhīqián tīng shuōguò zhīfùbǎo, shì zhōngguó xiànzài zuì fāngbiàn de yígè jiésuàn ruǎnjiàn, kěyǐ bǎng dìng yínháng kǎ, suǒyǐ chūmén búyòng dài xiànjīn yě búyòng dài yínháng kǎ, zhǐ xūyào dài shǒujī jiù kěyǐle, wǒ juéde hěn shénqí, xiànzài lián hánguó de biànlì diàn yě kěyǐ yòng zhège ruǎnjiàn jiésuànle,.

　　해석: 난 이 여자를 본 적이 없는데 웃을 때 진짜 예쁘다. 그녀는 베이지색의 트렌치코트를 입고 안경을 쓰고 휴대전화로 나한테 알리페이를 보여줬다. 나도 예전에 알리페이를 들어봤다. 이는 지금 중국에서 제일 편한 결제앱이다. 은행카드와 연동할 수 있어서 외출할 때 현금을 안가지고 다녀도 되고 핸드폰만 있으면 된다. 나는 이것이 매우 신기하다. 지금은 한국의 편의점까지도 이 앱으로 결제가 된다.

梦想中国语 模拟考试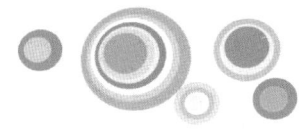

新汉语水平考试

HSK（五级）5

注　意

一、HSK（五级）分三部分：

1. 听力（45 题，约 30 分钟）

2. 阅读（40 题，45 分钟）

3. 书写（10 题，40 分钟）

二、听力结束后，有 5 分钟填写答题卡。

三、全部考试约 125 分钟（含考生填写个人信息时间 5 分钟）。

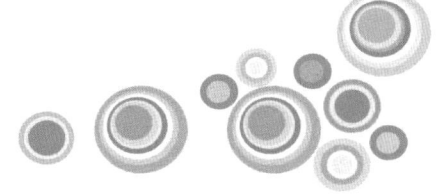

一. 听力

第一部分

第 1-20 题：请选出正确答案。

1. A 150元
   B 200元
   C 250元
   D 300元

2. A 猫
   B 狗
   C 蛇
   D 兔子

3. A 衣柜里
   B 身上
   C 包里
   D 文件袋

4. A 儿童节
   B 教师节
   C 青年节
   D 中秋节

5. A 金钱
   B 地位
   C 爱人
   D 梦想

6. A 咖啡厅
   B 食堂
   C 中餐厅
   D 超市

7. A 公园
   B 桥上
   C 街道
   D 商场

8. A 班长家里
   B 聚餐取消
   C 学校对面的饭馆
   D 天桥对面的饭馆

9. A 被辞退
   B 罚款
   C 学习
   D 罚加班

10. A 夫妻
    B 父女
    C 朋友
    D 兄妹

11. A 悲伤自责
    B 高兴
    C 兴奋
    D 激动

12. A 公司运营
    B 工资问题
    C 资金问题
    D 裁员

13. A 灰色
    B 黑色
    C 蓝色
    D 白色

14. A 出差
    B 旅游
    C 生病请假
    D 休年假

15. A 服装店
    B 家里
    C 公司
    D 学校

16. A 火车晚点
    B 航班晚点
    C 汽车晚点
    D 轮船晚点

17. A 博物馆
    B 植物园
    C 照相馆
    D 电影院

18. A 晴天
    B 阴天
    C 雨天
    D 雪天

19. A 饺子
    B 汉堡
    C 面条
    D 米饭

20. A 本子
    B 画
    C 笔
    D 墨

第二部分

第 21-45 题：请选出正确答案。

21. A 洽谈合作
    B 参观工厂
    C 签销售合同
    D 修改合同细节

22. A 川菜
    B 韩国菜
    C 湘菜
    D 粤菜

23. A 药房
    B 医院
    C 小摊
    D 家

24. A 干洗
    B 不洗
    C 洗衣机洗
    D 手洗

25. A 民间习俗
    B 老年人容易受影响
    C 年轻人看不懂
    D. 年轻人容易受暴力影响

26. A 觉得太夸张
    B 不想花钱
    C 坚持让孩子补习
    D 不想给孩子他太多压力

27. A. 女人东西太多
    B. 男的现在也很重视护肤
    C. 很少的东西就能解决护肤
    D 觉得男的很烦

28. A 随处吸烟，乱扔烟头
    B 公司规章制度
    C 公司奖惩措施
    D 工作内容

29. A 市场行情不好
    B 成本越来越高
    C 公司产能不足
    D 市场宣传不够

30. A 焦急
    B 烦躁
    C 生气
    D 郁闷

31. A 西红柿炒鸡蛋
    B 西红柿汤
    C 西红柿汤饭
    D 糖醋排骨

32. A 郁闷
    B 烦躁
    C 开心
    D 遗憾

33. A 2
    B 3
    C 4
    D 5

34. A 大蛋糕
    B 手链
    C 金表
    D 金项链

35. A 买了五层蛋糕
    B 奶奶过七十岁生日
    C 大房子里挤满人
    D 爸爸没有去

36. A 爸爸
    B 妈妈
    C 孩子
    D 没有固定的观念

37. A 需要且兼顾家务
    B 不需要但要做家务
    C 需要但不用做家务
    D 不需要而且不需要做家务

38. A 家庭文化
    B 历史原因
    C 夫妻商议
    D 长辈要求

39. A 今天吹风特别舒服
    B 今天可能要下雨
    C 今天的风很可怕
    D 风越吹越大

40. A 风一点不可怕
    B 风能吹散乌云
    C 今天不会下雨
    D 风会停的

41. A 我们要努力改正缺点
    B 我们不能害怕刮风
    C 我们要佩服大自然的力量
    D 我们要乐观面对世界

42. A 火
    B 热水
    C 爱心
    D 阳光

43. A 爱是有偿的

    B 爱是有界限的

    C 爱是有条件的

    D 爱是无私的

44. A 雨露

    B 太阳

    C 快乐

    D 没有围墙的心

45. A 爱是默默地付出

    B 爱使人们心里温暖

    C 爱能促进社会和谐

    D 以上都是

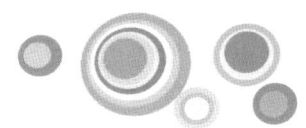

二、阅读

第一部分

第 46-60 题：请选出正确答案。

46-48.

小时候家里穷，没钱买书。就跑到街边的书店里去看书。每当拿起一本书，我就像一匹饿狼，<u>46</u>地读着。我很快乐，也很惧怕——这种窃读的滋味！我害怕被书店老板发现，因为进来看书的人很多，但是像我这样常常光顾而从不购买的，恐怕没有。我小心翼翼地把自己隐藏起来。有时我会贴在一个大人的身边，仿佛我是他的小妹妹或小女儿。可是时间每次来的都是那么快，当我读完才发现已经站在这里读了两个多钟头了。

我合上书，<u>47</u>了一口唾沫，好像把所有的智慧都吞下去了，然后才依依不舍地把书放回书架。我低着头走出书店，脚站得有些麻木，我却浑身轻松。这时，我总会想起语文老师鼓励我们的话："记住，你们是吃饭长大的，<u>48</u>！"

46.	A 骄傲	B 厌倦	C 贪婪	D 霸气
47.	A 咽	B 吃	C 吸	D 喷
48.	A 不要放弃	B 也是读书长大的	C 会更健康	D 充满智慧

49-52.

很多年前，森林一群活泼而美丽的鹿。但鹿群的身边，常常跟着贪婪而凶残的狼，它们总在寻找机会对鹿下毒手。当地居民恨透了狼，他们拿着猎枪把狼群消灭了。从那以后，森林变成了鹿的王国。可是，随着鹿群的大量<u>49</u>，森林中闹起了饥荒。紧接着，更大的灾难降临了。疾病像<u>50</u>一样在鹿群中游荡。仅仅两个冬天，鹿就死得没剩多少了。

人们做梦也不会想到，他们捕杀的狼，居然是鹿群的"功臣"。狼吃掉一些鹿，使鹿群不会发展得太快；同时狼吃掉的多半是病鹿，反倒<u>51</u>了疾病对鹿群的威胁。而人们特意要保护的鹿，<u>52</u>在森林中过多地繁殖，反倒成了毁灭自己的"祸源"。

49.	A 锐减	B 生活	C 繁殖	D 递减
50.	A 神仙	B 婴儿	C 天使	D 魔鬼
51.	A 造成	B 构成	C 针对	D 解除
52.	A 竟然	B 结果	C 一旦	D 从而

53-56.

一天，我陪患病的母亲去医院输液，年轻的护士为母亲扎了两针也没有扎进<u>53</u>里。正要抱怨，一抬头看见了母亲平静的眼神，只见母亲<u>54</u>对护士说："不要紧，再来一次！"第三针果然成功了。那位护士终于长<u>55</u>了一口气，她连声说："阿姨，真对不起。我是来实习的，这是我第一次给病人扎针，太紧张了。要不是您的鼓励，我真不敢给您扎了。"母亲用另一只手拉着我，平静地对护士说："这是我的女儿，和你差不多大小，正在医科大学读书，她也将面对自己的第一个患者。我真希望她第一次扎针的时候，也能得到患者的宽容和鼓励。"听了母亲的话，我的心里充满了温暖与幸福。

是啊，如果我们在生活中能将<u>56</u>，就会使人与人之间多一些宽容和理解。

53.	A 血管	B 手心	C 手背	D 皮肤
54.	A 傲慢地	B 轻轻地	C 蔑视地	D 紧张地
55.	A 叹	B 出	C 吸	D 呼
56.	A 心有余力不足	B 相濡以沫	C 心心相印	D 将心比心

57-60.

我们家穷，生活很拮据。母亲却常安慰我们："一个人只要活得有骨气，就等于有了一大笔<u>57</u>。"有一天，我看见百货商店门前挤满了人。原来，一辆汽车将以抽奖的方式馈赠给中奖者。当商店的扩音器高声叫着我父亲的名字，我简直不敢相信那是真的。但是父亲的神情却很<u>58</u>，丝毫看不出他的喜悦。于是向母亲诉说刚才的情形。母亲安慰我说："不要烦恼，你父亲正面临着一个道德难题。"原来，父亲买彩票时，帮库伯先生<u>59</u>了一张，中奖的那张是库伯先生的。

第二天，库伯先生派人来，把汽车开走了。那天吃晚饭时，父亲显得特别高兴，给我们讲了许多有趣的事情。成年以后，想起了母亲的<u>60</u>有了深刻的体会。是呀，中彩那天是我们家最富有的时刻。

57.	A 拮据	B 累赘	C 负债	D 财富
58.	A 狡猾	B 木讷	C 坚决	D 严肃
59.	A 卖	B 捎	C 借	D 托
60.	A 记忆	B 话题	C 观点	D 教诲

第二部分

第 61-70 题：请选出与试题内容一致的一项。

61 某家餐厅将厨房内部对外公开，人气很高。这个餐厅为向客人展示干净的厨房，一开始就用玻璃装修了厨房。但是客人们比起厨房，更关心食物制作的过程。这是因为他们对料理师傅做食物时的样子感到很新奇。因此，为满足客人，餐厅每天都会提供一次料理制作表演。
A 这个餐厅是用玻璃造的
B 这个餐厅的客人可以看到食物的制作过程。
C 这个餐厅的厨房和用餐位没有区分
D 这个餐厅每天都有不同的公演

62 如果把怀疑和信任比作颜色的话，怀疑与黑色一样，信任和白色一样。无论加入多少白色的颜料，黑色也不会变成白色。但是只要往白色的颜料里滴一滴黑色的颜料，白色立刻就会变成灰色。人们之间的关系也是一样的。只要有一次怀疑，关系就很难回到以前了。
A 自信心降低
B 苦恼增多
C 不知道有什么问题
D 关系维护很困难

63 家里保存蔬菜的话就知道蔬菜很容易蔫。蔬菜蔫的原因是因为水分慢慢流失了。所以随着时间的推移，蔬菜就会慢慢变干。如果想要救活这些蔬菜，把它们放进50度的热水里洗即可。那样的话，蔬菜就会瞬间吸收充分的水分，重新变得很新鲜。
A 蔬菜的水分会慢慢流失
B 细菌会突然增多
C 热水洗菜方便去籽
D 呼吸会越来越弱

64 大部分的商品因具有固有的号码，可以很容易鉴定为正品。但是美术作品却不是那样，很难鉴定是不是真品。如果是遇到要辨认美术作品真伪的情况，就需要一个鉴定美术作品的过程。美术作品鉴定时，需要同时进行专家鉴定和技术鉴定，这时出处、艺术手法、署名等都需要考虑。上至古代美术作品，下至现代美术作品，这种方法都广泛适用。

A 有署名的作品不需要鉴定
B 只有古代美术作品可以鉴定
C 古代美术作品有编号
D 鉴定美术作品的时候可以使用科学方法。

65 运动选手如果在失误方面存有负担的话，就很难在比赛中获得好成绩。因此，教练在指导选手的时候，不应该直接说出一些容易使人回想起失误的话。比如说，"滑冰选手摔倒是不行的"这样的话，会产生很大的负担。因此，教练在对选手说话时，不要说"不要摔倒"这种话，应该说一些"要找好重心再去滑"这样的注意事项比较好。
A 教练要知道选手不能总犯错误
B 教练在指导选手的时候，应该要慎重选择自己的措辞。
C 不管摔倒几次选手都要有爬起来的觉悟
D 选手不能对比赛有负担

66 即便文章的内容再优秀，要是抓不住读者的视线，那这篇文章就得不到人们的关注。抓住读者注意力的方法就是给读者提供一个与之息息相关的题目。比如，比起'管理钱的方法'这个题目，'假如有一天你有一千万？'这个题目会更好。像这种从读者的立场出发写的题目，可以引起读者的兴趣，抓住读者的视线。
A 给读者信赖
B 给读者新鲜感
C 让读者感觉到是自己的事一样
D 方便读者推测

67 渡渡鸟是一种不能飞的，已经灭绝的鸟。因为没有天敌，而且生活在食物丰富的地区，所以渡渡鸟不需要飞，也不想飞。但是人类和其他动物进入了渡渡鸟的栖息地。忘记飞行方法的渡渡鸟没有能力逃走，全都被逮住吃掉，最终从这个世界上消失了。像这样，如果我们人类也满足现状不努力的话，最终也会失去一切的。
A 人生没有计划的话就会失去一切
B 安逸于已有的环境不努力的话就会失去一切
C 对自己拥有的不感恩的话就会失去一切
D 逃避现实的人际关系的话就会失去一切

68 为了保护眼睛免受强烈的紫外线照射，对于太阳镜的需求越来越强烈了。太阳眼镜刚开发出来的时候，用途和现在是不一样的。最初太阳眼镜是法官们用来蒙住眼睛时用的东西。必须要客观审讯的法官们为了不让眼睛泄露出自己的感情而使用了太阳眼镜。即，太阳眼镜是审讯时为了让自己的眼睛不暴露自己的心理想法，同时又能掌握罪犯的犯罪心理而使用的道具。

A 为了不暴露职位又能掌握犯人心理

B 为了夸张表现又能掌握犯人心理

C 为了证明判断准确掌握犯人心理

D 为了不暴露心理想法又能掌握犯人心理

69 人们通常有这样的倾向，比起新口味，趋向寻找更熟悉的味道。这是因为人们的各种感觉器官中，嘴巴是最保守的。这样一来，一些零食公司比起新产品，会首推已经取得成功的产品。具有市场的人气商品可以确保市场占有率。这就是为什么数十年前的那些零食产品依然在市场上不消失，并可以继续推广的原因。

A 零食公司会首推已经取得成功的产品

B 零食公司会首先展示新品

C 零食公司会进行市场调查

D 零食公司会对产品研发进行投资

70 某公司将公司内部的咖啡店委托给残疾人团体经营。咖啡店的所有职员都参加了残疾人团体内部准备的职业教育计划。在咖啡店里，他们负责接受点餐或者制作面包。这种商业模式为残疾人提供了就业的机会，受到了肯定的评价。公司计划以后将这种商业模式扩大化，帮助残疾人自立。

A 对委托管理担心的人很多

B 在咖啡店工作的很多是公司职员

C 公司计划将事情交给更多的残疾人团体

D 职员需要进行培训

第三部分

第 71-90 题：请选出正确答案。

第71-74题

周瑜很嫉妒诸葛亮的能力。一次，想了个办法来陷害他。办法是让诸葛亮在三天内造出十万支箭。诸葛亮听后，知道是诡计，但还是答应了。

诸葛亮请求鲁肃帮忙，借二十条船，每条船上三十名军士。船用青布遮起来，还要一千多个草把子，排在船的两边，而且特意嘱咐鲁肃不要告诉周瑜。

鲁肃答应了，也没有告诉周瑜这事。

第一天、第二天都不见诸葛亮有什么动静，直到第三天凌晨，起了大雾，诸葛亮让士兵到船上来，靠近曹操的水寨，并把船排成一排，让士兵擂鼓呐喊。曹操听见了，以为敌人来袭，不敢出动，就让弓弩手朝他们射箭。不一会，诸葛亮下令把船掉过来船头，仍旧擂鼓呐喊。直到两边的草把子上都插满了箭，才停下来。就这样，借箭成功，他们顺着风回去了。

当鲁肃把借箭的经过告诉周瑜后，周瑜长叹一声说："<u>诸葛亮神机妙算，我真比不上他！</u>"

71 周瑜为什么要诸葛亮在三天内造出十万支箭？

A 周瑜喜欢他，想向他表白　　　　　B 周瑜嫉妒他，想陷害他

C 周瑜欣赏他，想让他证明自己的能力　D 周瑜不认识他，想考验他的能力

72 诸葛亮请求谁帮忙？

A 周瑜　　　　　　　　　　　　　　B 鲁肃

C 曹操　　　　　　　　　　　　　　D 李白

73 诸葛亮向谁借到了十万支箭？

A 曹操　　　　　　　　　　　　　　B 鲁肃

C 周瑜　　　　　　　　　　　　　　D 李白

74 划线句子表达了周瑜什么感情？

A 诋毁诸葛亮，不承认自己比不上他　B 欣赏诸葛亮，想向他表白

C 佩服诸葛亮，承认自己比不上他　　D 不喜欢诸葛亮，想害他

第75-78题

美国作家欧·亨利在他的小说《最后一片叶子》里讲了个故事：病房里，一个生命垂危的病人从房间里看见窗外的一棵树，在秋风中一片片地掉落下来。病人望着眼前的萧萧落叶，身体也随之每况愈下，一天不如一天。她说："当树叶全部掉光时，我也就要死了。"一位老画家得知后，用彩笔画了一片叶脉青翠的树叶挂在树枝上。最后一片叶子始终没掉下来。只因为生命中的这片绿，病人竟奇迹般地活了下来。

这个故事被广为流传，因为我们可以从中得到一个道理：人生可以没有很多东西，却唯独不能没有希望。有希望的地方，生命就不会停止！

75 故事来自于？

A 小说《最后一片叶子》 B 美国作家欧·亨利的真实经历
C 戏剧《最后一片叶子》 D 美国作家欧·亨利他朋友的经历

76 故事发生在哪里？

A 家 B 公园
C 医院 D 书店

77 划线句子表达的感情是？

A 认为自己一定会活下来 B 认为自己身体很健康
C 认为自己就快死了 D 认为树叶和自己的生命一样重要

78 上文告诉我们的道理是？

A 健康的身体是最重要的 B 人可以没有希望，但是不能没有健康
C 树叶对我们来说是很重要的 D 希望是生命中最重要的东西

第79-82题

珍妮是个总爱低着头的小女孩，她一直觉得自己长得不够漂亮。有一天，她到饰物店去买了只绿色蝴蝶结，店主不断赞美她戴上蝴蝶结挺漂亮，珍妮虽不信，但是挺高兴，不由昂起了头，急于让大家看看，出门与人撞了一下都没在意。

珍妮走进教室，迎面碰上了她的老师。"珍妮，你昂起头来真美！"老师爱抚地拍拍她的肩说。

那一天，她得到了许多人的赞美。她想一定是蝴蝶结的功劳，可往镜前一照，头上根本就没有蝴蝶结，一定是出饰物店时，与人一碰弄丢了。

自信原本就是一种美丽，而很多人却因为太在意外表而失去很多快乐。

无论是贫穷还是富有，无论是貌若天仙，还是相貌平平，只要你昂起头来，快乐会使你变得可爱——人人都喜欢的那种可爱。

79 珍妮是怎样的一个女孩？

A 自卑 B 开朗

C 自信 D 乐观

80 有一天珍妮在饰物店买了什么饰物？

A 红色蝴蝶结 B 黄色蝴蝶结

C 蓝色蝴蝶结 D 绿色蝴蝶结

81 珍妮往镜前一照，发现了什么？

A 自己很适合绿色蝴蝶结 B 自己变漂亮了

C 头上没有蝴蝶结 D 蝴蝶结变色了

82 故事告诉我们什么？

A 美丽的外貌是最重要的 B 相貌丑陋的人可以佩戴绿色蝴蝶结

C 自信和快乐比外貌更重要 D 绿色蝴蝶结能让人变漂亮

第83-86题

贝多芬的外表虽不出众,却深爱着音乐,成为了一位卓越的音乐家。他不仅是一位天才音乐家,更是一位与命运抗争的英雄。他出生在一个音乐师的家庭,从小便开始学习钢琴,拜莫扎特为师,勤奋练习,成为一名小有名气的钢琴家。

可是,厄运却接连不断地降临到他身上,父母双亡,耳朵也渐渐听不到声音。命运是如此残酷,他却没有选择放弃,而是顽强地与命运抗争。他始终坚持着,因为他热爱音乐,音乐唤起他生命的激情。他知道人生一定会迎来曙光,他在失聪的困境下一直坚持创作。

<u>"我要扼住命运的喉咙"</u>,这句话一直伴随他,让他始终对生命充满信心,微笑着面对厄运,即使受尽人间无数苦难,也要让希望在自己心底生根、发芽。

83 故事主角是?

A 贝多芬　　　　　　　　　　　　B 高尔基

C 萧伯纳　　　　　　　　　　　　D 奥巴马

84 他出生在一个什么家庭?

A 画家家庭　　　　　　　　　　　B 作家家庭

C 音乐师家庭　　　　　　　　　　D 明星家庭

85 故事中,谁拜谁为师?

A 贝多芬拜莫扎特为师　　　　　　B 贝多芬拜父亲为师

C 莫扎特拜贝多芬为师　　　　　　D 莫扎特拜贝多芬父亲为师

86 划线句子表达出什么人生态度?

A 认命　　　　　　　　　　　　　B 只要活着就会遭遇苦难

C 不认命,不服输　　　　　　　　D 批判命运的不公平

第87-90题

改变不了他人，改变不了世界，那就只有改变自己。中国古代的著名哲学大师，道家学派创始人老子有一个重要观点，那就是：万物都是相对的。

正如你的弱势就是对手的优势。强与弱都是相对的，要彻底改变力量的相对大小，为什么我们总想着找到对方的弱呢？为什么不去找到自己的强呢？对手很强，我便比他更强。我们无法改变别人、阻止别人，但我们可以改变自己、超越自己。

在大自然中，食物链是不可能逆转的，狼吃羊，狐吃兔，猫追鼠，永远不可能逆转，但是，这些物种灭绝了吗？显然没有。它们无法改变现实，因此只好不断提高自己的速度，借以逃脱被捕食的命运。改变不了对手，就改变自己，让自己强大，便是改变一切的源头。

87 "万物都是相对的"是谁的观点？

A 孔子　　　　　　　　　　　B 庄子
C 墨子　　　　　　　　　　　D 老子

88 上文认为我们可以怎样改变力量的相对大小？

A 找到自己的强　　　　　　　B 改变别人
C 找到对方的弱　　　　　　　D 阻止别人

89 老子是哪家学派？

A 儒家学派　　　　　　　　　B 墨家学派
C 道家学派　　　　　　　　　D 法家学派

90 与上文内容不符的是？

A 在大自然中，食物链是可以逆转的　　B 强与弱都是相对的
C 改变不了别人，可以改变自己　　　　D 改变自己，是改变一切的源头

三、书 写

第一部分

第 91-98 题：完成句子。

例如：发表 这篇论文 什么时候 是 的

　　　这篇论文是什么时候发表的？

91. 这次 央视 CCTV 主办方 会议的 是

92. 这汤 有点儿 淡 好像

93. 前面的 挡住了 我们的 路 石头

94. 很 有才华的 这是 一位 导演

95. 食用 高热量 导致 肥胖 过多的 会 食物

96. 乘坐的 这列 没有 火车 我 晚点

97. 大雾 人们的 今天 挡住了 视线

98. 父母 会 和我 做人 道理 讲 的 我的 常常

第二部分

第 99-100 题：写短文

99. 请结合下列词语（要全部使用），写一篇80字左右的短文。

趁、 期待、 彻底、 期间、 神秘

100. 请结合这张图片写一篇80字左右的短文。

<HSK 5급 실전 모의고사 5> 답안

一、听力

第一部分 답안

1. C	2. C	3. A	4. B	5. D
6. A	7. B	8. C	9. A	10. D
11. A	12. D	13. B	14. C	15. A
16. B	17. A	18. C	19. A	20. C

第二部分 답안

21. C	22. A	23. B	24. A	25. D
26. C	27. B	28. A	29. A	30. A
31. B	32. C	33. C	34. D	35. B
36. D	37. B	38. A	39. C	40. B
41. A	42. C	43. D	44. D	45. D

二、阅读

第一部分 답안

46. C   47. A   48. B   49. C   50. D

51. D   52. C   53. A   54. B   55. B

56. D   57. D   58. D   59. B   60. D

第二部分 답안

61. B   62. D   63. A   64. D   65. B

66. C   67. B   68. D   69. A   70. C

第三部分 답안

71. B   72. B   73. A   74. C   75. A

76. C   77. C   78. D   79. A   80. D

81. C   82. C   83. A   84. C   85. A

86. C   87. D   88. A   89. C   90. A

三、写作

第一部分 답안

91. 这次会议的主办方是央视CCTV。

92. 这汤好像有点儿淡。

93. 前面的石头挡住了我们的路。

94. 这是一位很有才华的导演。

95. 食用过多的高热量食物会导致肥胖。

96. 我乘坐的这列火车没有晚点。

97. 今天大雾挡住了人们的视线。

98. 我的父母会常常和我讲做人的道理。

第二部分 답안

99. （仅供参考）

　　期待已久的假期终于到了，趁我们现在还有充足的空闲时间，可以放飞自我，去旅游，去看看外面的世界。因为是夏天，可以少带很多衣物，在这期间我们还可以顺便看看大海，感受大海的神秘。

100. （仅供参考）

　　这个小朋友非常喜欢画画，墙上贴的全都是他的作品，他长大之后想成为一个画家，他是幼儿园最乖的孩子，因为他听不到声音，所以可以沉浸在自己画画的世界里，老师也说他很有天赋，这就是上帝关上一扇门肯定会打开一扇窗吧。

<HSK 5급 실전 모의고사 5> 본문 및 해석

1.听力 듣기

第一部分 제1부분

第1到20题，请选出正确答案，现在开始第1题：

1. 女:清仓大甩卖！本店商品一律50元每件。

    男:那双皮鞋，那两件衬衫，还有那两条裤子，我都要了。

    问:男士一共花费多少钱?

    Nǚ: Qīngcāng dà shuǎimài! Běndiàn shāngpǐn yílǜ 50 yuán měi jiàn.

    Nán: Nà shuāng píxié, nà liǎng jiàn chènshān, hái yǒu nà liǎng tiáo kùzi, wǒ dōu yàole.

    Wèn: Nánshì yígòng huāfèi duōshǎo qián?

    여자: 재고 정리 대세일! 우리 가게의 상품은 모두 50 위안이다.

    남자: 저 구두, 저 셔츠 두 벌, 그리고 저 바지 두 개,,,,

    질문: 남자가 쓴 돈은?

2. 男:听说你养了宠物，但也没见你出门遛狗啊，你养了猫还是兔子?

    女:都不是啦，我经常在养蛇。

    问:女士在养什么宠物?

    Nán: Tīng shuō nǐ yǎngle chǒngwù, dàn yě méi jiàn nǐ chūmén liú gǒu a, nǐ yǎngle māo háishì tùzǐ?

    Nǚ: Dōu búshì la, wǒ jīngcháng zài yǎng shé.

    Wèn: Nǚshì zài yǎng shénme chǒngwù?

    남자:애완동물을 키웠다고 들었지만 개를 산책시키는 걸 못 봤어요. 당신은 고양이를 키웠나요, 토끼를 키웠나요?

    여자:다 아니예요. 나는 뱀을 가지고 놀곤 했다.

    질문: 여자는 어떤 애완동물을 기르고 계십니까?

3. 女:你的身份证带在身上了吗?

    男:差点忘了，它还在我的衣柜里。

问:男士的身份证现在在哪里?

Nǚ: Nǐ de shēnfèn zhèng dài zài shēnshangle ma?

Nán: Chàdiǎn wàngle, tā hái zài wǒ de yīguì lǐ.

Wèn: Nánshì dì shēnfèn zhèng xiànzài zài nǎlǐ?

여자: 신분증을 가지고 왔나요?

남자: 잊어버릴 뻔했어. 그것은 아직 내 옷장 안에 있다.

질문: 남자 신분증은 지금 어디 있나?

4. 男:你给老师买了鲜花吗?

女:我买了康乃馨，你呢?

问:今天最有可能是什么节日?

Nán: Nǐ gěi lǎoshī mǎile xiānhuā ma?

Nǚ: Wǒ mǎile kāngnǎixīn, nǐ ne?

Wèn: Jīntiān zuì yǒu kěnéng shì shénme jiérì?

남자: 선생님께 꽃을 사 드렸어요?

여자: 카네이션 샀는데, 너는?

질문: 오늘로 가장 유력한 날은?

5. 女:什么东西最让你疯狂?

男:金钱地位我都不在乎，爱情也是随遇而安的事情，我的人生第一位永远是梦想。

问:什么东西最让男士疯狂?

Nǚ: Shénme dōngxī zuì ràng nǐ fēngkuáng?

Nán: Jīnqián dìwèi wǒ dōu búzàihū, àiqíng yěshì suíyù'ér'ān de shìqíng, wǒ de rénshēng dì yī wèi yǒngyuǎn shì mèngxiǎng.

Wèn: Shénme dōngxī zuì ràng nánshì fēngkuáng?

여자: 뭐가 당신을 가장 미치게 하나요?

남자: 금전적 지위는 신경도 안 써요. 사랑도 그때그때의 일이고,내 인생 1위는 언제나 꿈이었다.

질문: 남자를 가장 미치게 만드는 게 뭔가?

6. 男:要来杯卡布奇诺吗，还是拿铁？再加上最近的新品黑森林蛋糕可以减十元哦。

   女:来杯卡布奇诺吧?

   问:这段对话最可能发生在哪里?

   Nán: Yào lái bēi kǎ bù jī nuò ma, háishì ná tiě? Zài jiā shàng zuìjìn de xīnpǐn hēi sēnlín dàngāo kěyǐ jiǎn shí yuán o.

   Nǚ: Lái bēi kǎ bù jī nuò ba?

   Wèn: Zhè duàn duìhuà zuì kěnéng fāshēng zài nǎlǐ?

   남자: 카푸치노 한 잔 드릴까요, 아니면 라떼? 게다가 요즘 신제품인 다크서클 케이크는 10원 정도 할인이 돼요.

   여자: 카푸치노 한 잔 하실래요?

   질문: 이 대화가 어디서 가장 가능할까?

7. 女:每天，小明都会经过这座桥上晨跑，绕着这个未央湖跑三圈才回家。

   男:他可真是有活力啊，怪不得他身材保持得这么好。

   问:男士和女士现在在哪里?

   Nǚ: Měitiān, xiǎomíng dōuhuì jīngguò zhè zuò qiáo shàng chén pǎo, ràozhe zhège wèiyāng hú pǎo sān quān cái huí jiā.

   Nán: Tā kě zhēnshi yǒu huólì a, guàibùdé tā shēncái bǎochí de zhème hǎo.

   Wèn: Nánshìhé nǚshì xiànzài zài nǎlǐ?

   여자: 매일 소명은 이 다리를 지나 아침 조깅을 하고, 이 미앙호를 세 바퀴 돌아서야 집에 돌아왔다.

   남자: 그는 정말 활력이 넘치네요. 어쩐지 그가 이렇게 몸매를 잘 유지하고 있더라니.

   질문: 남자와 여자는 지금 어디 있나?

8. 男:下午聚餐从天桥边的饭馆改到学校对面那了，你知道吗？

   女:知道，昨天班长告诉我了。

   问:聚餐地址在哪?

   Nán: Xiàwǔ jùcān cóng tiānqiáo biān de fànguǎn gǎi dào xué jiào duìmiàn nàle, nǐ zhīdào ma?

Nǚ: Zhīdào, zuótiān bānzhǎng gàosù wǒle.

Wèn: Jùcān dìzhǐ zài nǎ?

남자: 오후 회식은 육교 옆 식당에서 학교 건너편으로 변경됐는데 알아?

여자: 알아요. 어제 반장이 알려줬어요.

질문: 식사 장소 주소는 어디인가?

9. 女:不要再迟到了，否则就准备卷铺盖走人吧！

男:老板，我保证不再迟到了。

问:男士再次迟到的后果是什么?

Nǚ: Búyào zài chídàole, fǒuzé jiù zhǔnbèi juǎnpūgài zǒu rén ba!

Nán: Lǎobǎn, wǒ bǎozhèng bú zài chídàole.

Wèn: Nánshì zàicì chídào de hòuguǒ shì shénme?

여자: 더 이상 늦지 마. 그렇지 않으려면 떠날 준비를 하세요!

남자: 사장님, 다시는 늦지 않겠다고 약속해요.

질문: 남자가 다시 지각한 결과는?

10. 男:听说那位新来的上司脾气不大好，你可得小心。

女:放心吧！他只是看上去凶，小时候他就因为这样总是被爸爸凶，在家里的时候对我可好了。

问:推测女士和新来的上司是什么关系?

Nán: Tīng shuō nà wèi xīn lái de shàngsi píqì bù dàhǎo, nǐ kě děi xiǎoxīn.

Nǚ: Fàngxīn ba! Tā zhǐshì kàn shàngqù xiōng, xiǎoshíhòu tā jiù yīnwèi zhèyàng zǒng shì bèi bàba xiōng, zài jiālǐ de shíhòu duì wǒ kě hǎole.

Wèn: Tuīcè nǚshìhé xīn lái de shàngsi shì shénme guānxì?

남자 : 그 새로 온 상사는 성격이 별로 좋지 않다고 들었는데, 조심해라.

여자: 안심해! 그는 단지 사나워 보일 뿐인데, 예전에 그는 화를 냈었다. 그러다가 아버지한테 자꾸 당하니까 집에 있을 때 저한테 잘해요.

질문: 여성과 새로 온 상사의 관계는?

11. 女:不要再想这个问题了,开心一点吧,这不是你的错。

男:可我还是会忍不住自责,如果我当时再看一下这个文件也不会造成这么大损失。

问:男士现在的情绪怎么样?

Nǚ: Búyào zài xiǎng zhège wèntíle, kāixīn yīdiǎn ba, zhè búshì nǐ de cuò.

Nán: Kě wǒ háishì huì rěn bú zhù zì zé, rúguǒ wǒ dāngshí zài kàn yíxià zhège wénjiàn yě bú huì zàochéng zhème dà sǔnshī.

Wèn: Nánshì xiànzài de qíngxù zěnme yàng?

여자: 이 문제 좀 그만 생각하고 즐거워해, 이건 네 잘못이 아니야.

남자:그래도 자책은 참을 수 없어. 만약 내가 그때 이 서류를 다시 한번 살펴봤어도 이렇게 큰 손해는 없을 것이다.

질문: 남자의 정서는 어떤가?

12. 男:今天下午,人事部要集中开一次会,公司资金短缺需要裁员,大家务必到场。

女:我收到通知了,希望不要裁老员工啊。

问:人事部会议主题是什么?

Nán: Jīntiān xiàwǔ, rénshì bùyào jízhōng kāi yícì huì, gōngsī zījīn duǎnquē xūyào cáiyuán, dàjiā wùbì dàochǎng.

Nǚ: Wǒ shōu dào tōngzhīle, xīwàng bùyào cái lǎo yuángōng a.

Wèn: Rénshì bù huìyì zhǔtí shì shénme?

남자: 오늘 오후에 인사부에서 회의를 하는데 모두 집중해야 해, 회사자금이 부족하고 감원이 필요하니 모두들 반드시 현장에 도착해야 한다.

여자:알림 받았어요. 나이든 직원을 자르지 않았으면 좋겠어요.

질문: 인사부 회의 주제는?

13. 女:这件衣服有黑色和灰色,您想要哪一件? 黑色的比较适合酷酷的男生,灰色更沉稳一些。

男:我想尝试一下酷酷的风格。

问:男士想要什么颜色的衣服?

Nǚ: Zhè jiàn yīfu yǒu hēisè hé huīsè, nín xiǎng yào nǎ yí jiàn? Hēisè de bǐjiào shì hé kù kù de nánshēng, huīsè gèng chénwěn yīxiē.

Nán: Wǒ xiǎng chángshì yíxià kù kù de fēnggé.

Wèn: Nánshì xiǎng yào shénme yánsè de yīfu?

여자: 이 옷은 검은색과 회색이 있는데, 어느 것을 원하십니까? 블랙 색상은 쿨한 남성에게 잘 어울려요. 회색은 좀 더 차분해요.

남자: 쿨한 스타일을 해보고 싶어요.

질문: 남자는 어떤 색깔의 옷을 원하나?

14. 男:小明今天没来上班? 他昨天说想去夏威夷度假, 不会今天就请假去了吧?

女:他生病请假了。

问:小明今天怎么没有上班?

Nán: Xiǎomíng jīntiān méi lái shàngbān? Tā zuótiān shuō xiǎng qù xiàwēiyí dùjià, bú huì jīntiān jiù qǐngjià qùle ba?

Nǚ: Tā shēngbìng qǐngjiàle.

Wèn: Xiǎomíng jīntiān zěnme méiyǒu shàngbān?

남자: 소명은 오늘 출근 안 했어? 그는 어제 하와이로 휴가를 가고 싶다고 말했다. 오늘 그냥 휴가 내고 가지 않았니?

여자: 그는 아파서 휴가를 냈어.

질문: 소명은 오늘 왜 출근하지 않았나?

15. 女:这件衣服很适合您, 要不要试一试?

男:真的吗?好, 我来试一下?

问:这段对话最可能出现在什么地方?

Nǚ: Zhè jiàn yīfú hěn shì hé nín, yào bú yào shì yí shì?

Nán: Zhēn de ma? Hǎo, wǒ lái shì yíxià?

Wèn: Zhè duàn duìhuà zuì kěnéng chūxiànzài shénme dìfāng?

여자: 이 옷이 잘 어울리는데 한번 입어 보실래요?

남자: 정말요? 그럼, 제가 입어볼까요?

질문: 이 대화는 어디에서 나타날 가능성이 가장 높은가?

16. 男:北京下暴雨,小明航班晚点了,他又改了高铁的站票,但还是得晚点到达上海。

    女:没事,会议后天才开始。

    问:小明为什么会晚点才能到上海?

    Nán: Běijīng xià bàoyǔ, xiǎomíng hángbān wǎndiǎnle, tā yòu gǎile gāotiě de zhàn piào, dàn háishì děi wǎndiǎn dàodá shànghǎi.

    Nǚ: Méishì, huìyì hòu tiāncái kāishǐ.

    Wèn: Xiǎomíng wèishénme huì wǎndiǎn cáinéng dào shànghǎi?

    남자: 베이징에 폭우가 내려서 샤오밍 항공편이 연착되었는데, 그는 또 고속철의 입석표를 바꿨다. 그래서 상하이에 늦게 도착해야 해요.

    여자: 괜찮아요. 회의는 모레이에요.

    질문: 왜 샤오밍이 상하이에 늦게 도착했나?

17. 女:上周毕加索的画展在人民博物馆开展了,你去没去看呢?

    男:我昨天就去看过了!

    问:男士昨天去了哪里?

    Nǚ: Shàng zhōu bìjiāsuǒ de huàzhǎn zài rénmín bówùguǎn kāizhǎnle, nǐ qù méi qù kàn ne?

    Nán: Wǒ zuótiān jiù qù kàn guòle!

    Wèn: Nánshì zuótiān qùle nǎlǐ?

    여자: 지난 주에 피카소의 그림 전시회가 인민 박물관에서 열렸는데, 당신은 보러 가지 않았니?

    남자: 난 어제 보러 갔어!

    질문: 남자가 어제 어디 갔나?

18. 男:如果这场雨还没有停下来,我们的骑行就要取消了。

    女:别担心,咱们可以改成明天。

    问:现在是什么天气?

    Nán: Rúguǒ zhè chǎng yǔ hái méiyǒu tíng xiàlái, wǒmen de qíxíng jiù yào qǔxiāole.

    Nǚ: Bié dānxīn, zánmen kěyǐ gǎi chéng míngtiān.

    Wèn: Xiàn zài shì shénme tiānqì?

    남자: 이 비가 아직 멈추지 않았다면, 우리의 라이딩은 취소할 거예요.

여자: 걱정 마세요. 우리는 내일로 바꿀 수 있어요.

질문: 지금은 무슨 날씨인가?

19. 女:要不是热量太高，我真想一直吃汉堡，你呢？你喜欢吃汉堡还是饺子？

　　男:我当然是比较喜欢吃中式哪一类的。

　　问:男士喜欢吃什么？

Nǚ: Yào búshì rèliàng tài gāo, wǒ zhēn xiǎng yìzhí chī hànbǎo, nǐ ne? Nǐ xǐhuān chī hànbǎo háishì jiǎozi?

Nán: Wǒ dāngrán shì bǐjiào xǐhuān chī zhōngshì nǎ yí lèi de.

Wèn: Nánshì xǐhuān chī shénme?

여자: 칼로리가 너무 높지 않다면, 난 햄버거를 계속 먹고 싶어, 너는? 너는 햄버거를 좋아하니 아니면 만두를 좋아하니?

남자: 나는 당연히 중국식 스타일을 비교적 좋아하지.

질문: 남자는 뭘 좋아하나?

20. 男:能借我一只笔吗，我的刚刚画图画坏了，墨渗不出来了。

　　女:好的，给！

　　问:男士的什么坏了？

Nán: Néng jiè wǒ yì zhī bǐ ma, wǒ de gānggāng huà túhuà huàile, mò shèn bù chūláile.

Nǚ: Hǎo de, gěi!

Wèn: Nánshì de shénme huàile?

남자: 펜 하나 빌려줄래? 내가 방금 그림을 그릴 때 고장이 나서 잉크가 스며들지 못했다.

여자: 그래, 줘!

질문: 남자는 뭐가 고장났나?

第二部分 제2부분

21. 男：哎呀，李部长，幸会幸会！

　　女：张经理，您好！见到您很高兴，这是我的名片。

　　男：我也一直久仰您的大名，欢迎您来我们公司。这是我的名片。

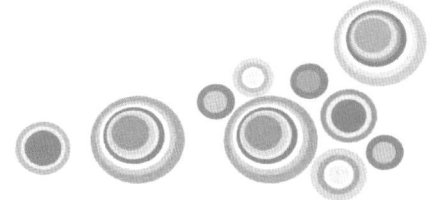

女：谢谢！这次，我是代表我们公司来签订下半年的销售合同的。

问：女的来干什么？

Nán:Āi ya,lǐ bù zhǎng,xìng huì xìng huì！

Nǚ:Zhāng jīng lǐ,nín hǎo!Jiàn dào nín hěn gāo xìng,zhè shì wǒ de míng piàn。

Nán:Wǒ yě yì zhí jiǔ yǎng nín de dà míng,huān yíng nín lái wǒ men gōng sī.Zhè shì wǒ de míng piàn。

Nǚ:Xiè xiè!Zhè cì,wǒ shì dài biǎo wǒ men gōng sī lái qiān dìng xià bàn nián de xiāo shòu hé tóng de。

Wèn:Nǚ de lái gàn shén me?

남자: 아이고, 이 부장님, 만나 뵙게 돼서 다행이에요!

여자: 장 사장님, 안녕하세요? 만나 뵙게 되어 기쁩니다, 이것은 저의 명함입니다.

남자: 저도 당신의 명성을 오랫동안 듣고 있었습니다. 저희 회사에 오신 것을 환영합니다. 이건 제 명함입니다.

여자: 감사합니다! 이번에, 우리 회사를 대표하여 하반기 판매 계약을 체결하려고 왔습니다.

문제: 여자가 뭐하러 왔어요?

22. 女：那您能吃辣的吗？

男：能啊，我很喜欢吃辣的。韩国菜有的也比较辣。

女：是吗？那今晚就吃四川菜怎么样？

男：太好了，我早就听说过四川菜是以麻辣著称的。

问：晚上他们会吃什么？

Nǚ:Nà nín néng chī là de ma?

Nán:Néng a,wǒ hěn xǐ huān chī là de.Hán guó cài yǒu de yě bǐ jiào là。

Nǚ:Shì ma?Nà jīn wǎn jiù chī sì chuān cài zěn me yàng?

Nán:Tài hǎo le,wǒ zǎo jiù tīng shuō guò sì chuān cài shì yǐ má là zhù chēng de。

Wèn:Wǎn shàng tā men huì chī shén me?

여자: 그럼 매운 거 드시겠어요?

남자: 글쎄요, 저는 매운 음식을 아주 좋아해요 .한국 음식은 어떤 것도 매워요.

여자: 그래요? 그럼 오늘 저녁 사천요리는 어때요?

남자: 잘됐네요.나는 사천요리가 맵고 얼얼하기로 유명하다는 것을 진작부터 들었다.

문제: 저녁에 그들은 뭘 먹을까요?

23. 女：哎呀！我早上走得急，来不及吃饭，就在外面的小摊儿上吃了一碗馄饨。
    男：那可能就是这个原因。外面有些露天的小摊儿不太卫生，还是尽量不要去。
    女：您说得对！
    男：我给你开一些口服药，按照剂量，一天吃三次，另外还要打3天吊针。
    问：这段对话有可能发生在什么场景？

    Nǚ: Āi ya！Wǒ zǎo shàng zǒu de jí, lái bù jí chī fàn, jiù zài wài miàn de xiǎo tān ér shàng chī le yì wǎn hún tún。

    Nán: Nà kě néng jiù shì zhè gè yuán yīn. Wài miàn yǒu xiē lù tiān de xiǎo tān ér bú tài wèishēng，hái shì jǐn liàng bú yào qù。

    Nǚ: Nín shuō de duì！

    Nán: Wǒ gěi nǐ kāi yìxiē kǒu fú yào, àn zhào jì liàng，yì tiān chī sān cì, lìng wài hái yào dǎ 3 tiān diào zhēn。

    Wèn: Zhè duàn duì huà yǒu kě néng fā shēng zài shén me chǎng jǐng？

    여자：아이고! 나는 아침에 급히 가서 먹을 시간이 없다. 밥은 바로 바깥 노점에서 혼돈 한 그릇을 먹었다.
    남자：그게 아마 그런 이유일 거예요. 밖에는 좀 노천의 작은 곳이 있어요. 노점은 그다지 위생적이지 않으니, 그래도 되도록 가지 마라.
    여자：맞는 말씀이에요!
    남자：내가 약을 줄 테니, 복용량에 따라, 하루에 세 번 드세요. 따로 3일 동안 링거 주사를 맞아야 한다.
    문제：이 대화는 어떤 장면에서 일어날 수 있습니까?

24. 女：这衣服只能送干洗店干洗吧？
    男：好衣服都这样。就算你能自己在家洗，也不能在家熨吧。还是送到洗衣店省心。
    女：那好，如果便宜点儿我就要了。
    男：那你就给500吧。
    问：这件衣服脏了怎么办？

    Nǚ: Zhè yī fú zhǐ néng sòng gān xǐ diàn gān xǐ ba？

    Nán: Hǎo yī fú dōu zhè yàng. Jiù suàn nǐ néng zì jǐ zài jiā xǐ，yě bù néng zài jiā yùn ba。Hái shì sòng

245

dào xǐ yī diàn shěng xīn 。

Nǚ :Nà hǎo，rú guǒ pián yí diǎn ér wǒ jiù yào le 。

Nán: Nà nǐ jiù gěi 500 ba 。

Wèn :Zhè jiàn yī fú zāng le zěn me bàn?

여자: 이 옷은 드라이클리닝만 보낼 수 있죠?

남자: 좋은 옷은 다 그래. 네가 집에서 혼자 빨 수 있다고 해도 집에서 다림질을 할 수는 없지. 그래도 세탁소에 보내서 신경을 덜 써.

여자: 그럼요, 싸게 해주면 사겠어요.

남자: 그럼 500만 주세요.

문제: 이 옷이 더러워지면 어떻게 해요?

25. 男：我不仅看过《三国演义》，中国的四大名著除了《红楼梦》我都看过了！

女：那你知不知道中国有句俗话，叫做"少不看水浒，老不看三国"啊？

男：这还是头一次听说，这句话是什么意思啊？

女：其实，《水浒》里面的故事都是打打杀杀的故事，比较暴力，而年轻人容易受到暴力的影响，所以说"少不看水浒"。

问：为什么"少不看水浒"？

Nán:Wǒ bù jǐn kàn guò 《sān guó yǎn yì》，zhōng guó de sì dà míng zhù chú le 《 hóng lóu mèng 》wǒ dōu kàn guò le !

Nǚ :Nà nǐ zhī bù zhī dào zhōng guó yǒu jù sú huà,jiào zuò " shào bù kàn shuǐ hǔ， lǎo bù kàn sān guó " a ?

Nán :Zhè hái shì tóu yí cì tīng shuō，zhè jù huà shì shén me yì sī a ?

Nǚ :Qí shí，《shuǐ hǔ》lǐ miàn de gù shì dōu shì dǎ dǎ shā shā de gù shì,bǐ jiào bào lì,ér nián qīng rén róng yì shòu dào bào lì de yǐng xiǎng,suǒ yǐ shuō " shào bù kàn shuǐ hǔ "。

Wèn: Wèi shén me " shào bù kàn shuǐ hǔ "？

남자: 나는 삼국지뿐만 아니라 중국의 4대 명작을 홍루몽만 빼고 다 봤어!

여자: 그럼 중국에는 '어릴 때 수호를 보지 않고, 늘 삼국을 보지 않는다.'이란 말이 있는 줄 알아?

남자: 처음 듣는 말인데 무슨 뜻이야??

여자: 사실, 수호의 이야기는 모두 때려죽이고 죽이는 이야기로 비교적 폭력적인 반면, 젊은이들은 폭력의 영향을 받기 쉬우며, 그래서 "어릴 때 수호를 보지 않다"고 했다.

문제: 왜 '어릴 때 수호를 보지 않는다'인가요?

26. 男：太夸张了吧！不参加辅导班就会输在起跑线上？

女：怎么不会！你看看其他孩子从幼儿园就开始学英语

男：唉，那么小的孩子，就开始学这么多东西，连童年都没了

女：刚开始我也想别给孩子太大的压力。可是你看看其他家长，都在拼命的给孩子投资啊。

问：女的是什么态度？

Nán : Tài kuā zhāng le ba！Bù cān jiā fǔ dǎo bān jiù huì shū zài qǐ pǎo xiàn shàng？

Nǚ: Zěn me bú huì！Nǐ kàn kàn qí tā hái zi cóng yòu ér yuán jiù kāi shǐ xué yīng yǔ

Nán:Āi,nà me xiǎo de hái zi，jiù kāi shǐ xué zhè me duō dōng xī,lián tóng nián dōu méi le

Nǚ:Gāng kāi shǐ wǒ yě xiǎng bié gěi hái zi tài dà de yā lì 。Kě shì nǐ kàn kàn qí tā jiā zhǎng，dōu zài pīn mìng de gěi hái zi tóu zī a。

Wèn:Nǚ de shì shén me tài dù？

남자: 너무 과장된 거 아니야! 학원에 안 가면 출발선에서 진다고?

여자: 어떻게 안 그럴 수가! 다른 아이들이 유치원 때부터 영어를 배우는지 좀 봐.

남자: 아휴, 그렇게 어린 아이가 이렇게 많은 것을 배우기 시작하니, 어린 시절도 없다.

여자: 처음에는 저도 아이에게 너무 스트레스를 주지 않았으면 했어요. 그런데 다른 가장들을 봐봐, 애한테 투자하려고 애쓰는 거야.

문제: 여자의 태도는 뭐예요?

27. 男：女人的化妆品到底有多少种啊？

女：化妆品基本分为保护皮肤的基础护肤品和以强调色彩为主的彩妆。

男：行了，你再说下去我头都要晕了。你看看我，护肤品一共就两瓶，全都解决啦。

女：现在的男性对自己的皮肤护理也越来越关注了。一点儿不比女的差。

问：女的什么态度？

Nán:Nǚ rén de huà zhuāng pǐn dào dǐ yǒu duō shǎo zhǒng a？

Nǚ:Huà zhuāng pǐn jī běn fēn wéi bǎo hù pí fū de jī chǔ hù fū pǐn hé yǐ qiáng diào sè cǎi wéi zhǔ de cǎi zhuāng 。

Nán:Xíng le,nǐ zài shuō xiàqù wǒ tóu dōu yào yūn le 。Nǐ kàn kàn wǒ,hù fū pǐn yígòng jiù liǎng píng,quán dōu jiě jué la 。

Nǚ:Xiàn zài de nán xìng duì zì jǐ de pí fū hù lǐ yě yuè lái yuè guān zhù le 。yì diǎn ér bù bǐ nǚ de chā 。

Wèn:Nǚ de shén me tài dù ?

남자: 여자 화장품은 도대체 몇 가지야?

여자: 화장품은 기본적으로 피부를 보호해주는 기초 스킨케어와 컬러 강조 위주의 메이크업입니다.

남자: 됐어요. 네가 다시 말을 계속하면 나는 머리가 어지럽겠다. 봐봐, 스킨케어는 두 병밖에 없어. 다 해결했어.

여자: 이제 남성들이 자기 피부 관리에도 점점 더 주목해요. 여자 못지 않게.

문제: 여자의 태도는 뭐예요?

28. 男：小金，你刚刚进来不到三个月，觉得我们公司怎么样？

女：公司很多领导都很关心我们。可是有一些事情我们还是理解不了。

男：你能具体地讲吗？

女：公司里一些人随处抽烟，随地乱扔烟头。

问：女的不能理解什么？

Nán:Xiǎo jīn,nǐ gāng gāng jìn lái bú dào sān gè yuè, jué de wǒ men gōng sī zěn me yàng?

Nǚ:Gōng sī hěn duō lǐng dǎo dōu hěn guān xīn wǒ men。Kě shì yǒu yìxiē shì qíng wǒ men hái shì lǐ jiě bù liǎo 。

Nán:Nǐ néng jù tǐ dì jiǎng ma ?

Nǚ:Gōng sī lǐ yìxiē rén suí chù chōu yān,suí dì luàn rēng yān tóu 。

Wèn:Nǚ de bù néng lǐ jiě shén me?

남자: 김 군, 당신이 방금 들어온 지 3개월도 안 됐는데 우리 회사를 어떻게 생각해요?

여자: 회사의 많은 지도자들이 우리에게 관심을 갖고 있어요. 하지만 아직도 이해가 안 되는 일들이 있어요.

남자: 구체적으로 말씀해 주시겠어요?

여자: 회사 사람들 중 몇몇은 아무데서나 담배를 피우고 아무데나 담배꽁초를 내던집니다.

문제: 여자는 뭘 이해 못해요?

29. 男：公司最近经营情况怎么样？

　　女：最近有些不景气。

　　男：主要原因是什么？

　　女：主要是国内外市场行情不好，产品滞销，再加上人工费增加，成本越来越高。

　　问：公司不景气的主要原因是什么？

　　Nán:Gōng sī zuì jìn jīng yíng qíng kuàng zěn me yàng?

　　Nǚ:Zuì jìn yǒu xiē bù jǐng qì 。

　　Nán:Zhǔ yào yuán yīn shì shén me?

　　Nǚ:Zhǔ yào shì guó nèi wài shì chǎng háng qíng bù hǎo ，chǎn pǐn zhì xiāo, zài jiā shàng rén gōng fèi zēng jiā,chéng běn yuè lái yuè gāo 。

　　Wèn:Gōng sī bù jǐng qì de zhǔ yào yuán yīn shì shén me?

　　남자: 회사의 최근 경영 상황은 어떻습니까?

　　여자: 요즘 좀 불경기예요.

　　남자: 주된 이유는 무엇인가요?

　　여자: 주로 국내외 시장 시세가 좋지 않아요, 제품판매가 부진한데다 인건비까지 늘어나 원가가 갈수록 높아지고 있어요.

　　문제:회사 불황의 주된 원인은 뭐예요?

30. 女：你急急忙忙地要去哪儿？

　　男：我去向崔部长报告事故情况。

　　女：出了什么事故？

　　男：自动生产线的动力电源停电了，生产线全都停了。

　　问：男的心情怎么样？

　　Nǚ:Nǐ jí jí máng máng de yào qù nǎ ér?

　　Nán:Wǒ qù xiàng cuī bù zhǎng bào gào shì gù qíng kuàng 。

　　Nǚ : Chū le shén me shì gù?

　　Nán:Zì dòng shēng chǎn xiàn de dòng lì diàn yuán tíng diàn le， shēng chǎn xiàn quán dōu tíng le 。

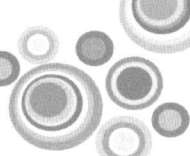

Wèn:Nán de xīn qíng zěn me yàng?

여자: 급하게 어디로 가려고 합니까?

남자: 최 장관에게 사고 상황을 보고하러 갑니다.

여자: 무슨 사고라도 났어요?

남자: 자동 라인의 동력 전원 정전, 라인 풀다 멈췄어요.

문제: 남자 기분은 어떤가요?

31～32

女：我准备晚饭做个西红柿汤。

男： 我们还是吃点儿肉吧，我不想光吃素。

女：晚上吃太多会长胖的，咱们应该少吃点。

男：可是光吃素的话，我真的没胃口。

女：吃素的有益健康啊，可以为人体提供各种维生素。

男：可是我今天真的很想吃肉。

女：好吧，我再去超市买一些猪肉，再做一个糖醋排骨吧。

男：太好啦。还是老婆最体贴了！

31. 女的原本准备做什么晚饭？

32. 男的最后心情可能怎么样？

Nǚ: Wǒ zhǔnbèi wǎnfàn zuò ge xīhóngshì tāng.

Nán: Wǒmen háishì chī diǎn er ròu ba, wǒ bùxiǎng guāng chīsù.

Nǚ: Wǎnshàng chī tài duō hui zhǎng pàng de, zánmen yīnggāi shǎo chī diǎn.

Nán: Kěshì guāng chīsù dehuà, wǒ zhēn de méi wèikǒu.

Nǚ: Chīsù de yǒuyì jiànkāng a, kěyǐ wéi réntǐ tígōng gè zhǒng wéishēngsù.

Nán: Kěshì wǒ jīntiān zhēn de hěn xiǎng chī ròu.

Nǚ: Hǎo ba, wǒ zài qù chāoshì mǎi yīxiē zhūròu, zài zuò yíge táng cù páigǔ ba.

Nán: Tài hǎo la. Háishì lǎopó zuì tǐtiēle!

31. Nǚ de yuánběn zhǔnbèi zuò shénme wǎnfàn?

32. Nán de zuìhòu xīnqíng kěnéng zěnme yàng?

여자: 저는 저녁으로 토마토 스프를 만들 준비가 되어 있어요.

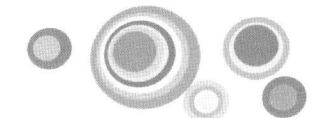

남자: 우리 고기 좀 먹는 게 낫지, 난 채식만 하고 싶지 않아.

여자: 저녁에 너무 많이 먹으면 살이 쪄요.

남자: 근데 채식만 하면 정말 입맛이 없어.

여자: 채식하는 것이 건강에 좋아요, 인체에 각종 비타민을 공급할 수 있어요.

남자: 근데 저 오늘 고기 진짜 먹고 싶어요.

여자: 좋아요, 제가 다시 슈퍼마켓에 가서 돼지고기를 좀 사고 탕수 갈비를 하나 더 만들게요.

남자: 너무 좋아. 역시 마누라가 제일 배려심이 깊어!

31.여자는 원래 무슨 저녁을 먹을 예정인가요?

32.남자가 마지막에 기분이 어떨 것 같아요?

33~35

男: 上周我回老家去给我奶奶过八十岁生日了。可真够热闹的。

女: 怎么热闹了?

男: 你想想, 四世同堂啊! 这次大家聚齐了, 全都回来给我奶奶庆祝生日。

女: 哇！肯定有好多人。

男: 是啊, 房子本来就挺小, 被挤得满满的。

女: 有这么多儿女和孙子、孙女去看望你奶奶, 她一定很高兴。

男: 可不, 她一整天都乐呵呵的。

女: 你们是怎么给她过生日的?

男: 我们买了个五层的大蛋糕, 还一起围着奶奶唱了生日快乐歌。我还给奶奶买了一个金项链。

女: 奶奶有这么多孝顺的孙子孙女真是幸福啊。

33. 这次聚会一共有几代人聚在一起?

34. 男的给奶奶买了什么礼物?

35. 关于这段对话, 下列哪项正确?

Nán: Shàng zhōu wǒ huílǎojiā qù gěi wǒ nǎinaiguò bāshí suì shēngrìle. Kě zhēn gòu rènào de.

Nǚ: Zěnme rènàole?

Nán: Nǐ xiǎng xiǎng, sì shì tóng táng a! Zhè cì dàjiā jùqíle, quándōu huílái gěi wǒ nǎinai qìngzhù shēngrì.

Nǚ: Wa! Kěndìng yǒu hǎoduō rén.

Nán: Shì a, fángzi běnlái jiù tǐng xiǎo, bèi jǐ dé mǎn mǎn de.

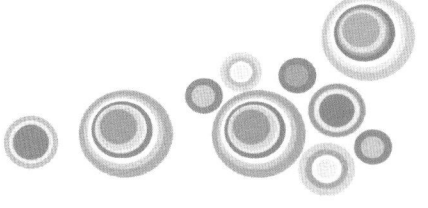

Nǚ: Yǒu zhème duō érnǚ hé sūnzi, sūnnǚ qù kànwàng nǐ nǎinai, tā yídìng hěn gāoxìng.

Nán: Kěbù, tā yì zhěng tiān dōu lè hēhē de.

Nǚ: Nǐmen shì zěnme gěi tāguò shēngrì de?

Nán: Wǒmen mǎile gè wǔ céng de dà dàngāo, hái yìqǐ wéizhe nǎinai chàngle shēngrì kuài yuè gē. Wǒ hái gěi nǎinai mǎile yíge jīn xiàngliàn.

Nǚ: Nǎinai yǒu zhème duō xiàoshùn de sūn zǐ sūnnǚ zhēnshi xìngfú a.

33. Zhè cì jùhuì yígòng yǒu jǐ dài rén jù zài yì qǐ?

34. Nán de gěi nǎinai mǎile shénme lǐwù?

35. Guānyú zhè duàn duìhuà, xiàliè nǎ xiàng zhèngquè?

남자: 지난 주에 나는 우리 할머니의 80번째 생신맞이를 위해 고향에 갔어. 정말 시끌벅적했어.

여자: 왜 난리였어?

남자: 생각해 봐, 4대가 한 방에 있잖아! 이번에 모두 모였으니 모두 돌아와서 우리 할머니 생신을 축하했어.

여자: 와우! 분명히 많은 사람이 있었을 거야.

남자: 그래, 집이 워낙 작아서 꽉 찼어.

여자: 이렇게 많은 아들딸과 손자손녀들이 너희 할머니를 뵈러 갔다니 정말 기쁘셨겠구나.

남자: 그렇고말고, 할머니는 하루 종일 싱글벙글하셨어.

여자: 당신들은 어떻게 그녀의 생일을 축하드렸나요?

남자: 우리는 5층으로 된 큰 케이크를 샀고 할머니를 둘러싸고 생일 축하 노래를 함께 불렀어. 나는 할머니께 금목걸이를 사 드렸어.

여자: 할머니께선 효도하는 손자손녀가 이렇게 많으셔서 정말 행복하세요.

33.이번 모임에는 모두 몇대가 모였습니까?

34.남자는 할머니께 어떤 선물을 사드렸습니까?

35.이 대화와 관련하여 다음 중 어느 것이 올바른가?

第36-38题根据下面一段话
　　我今天告诉智慧, 在我们家, 我爸爸做的饭比我妈妈做的还要好吃。听到这儿, 她非常吃惊。因为在她家里, 她爸爸基本上不做家务, 更别提做饭了。这样的情况, 是由于中国和韩国的家庭文化差异造成的。在中国, 我的爸爸妈妈每天都是早上8点上班, 一直到下午工作结束才回家。所以, 爸爸和妈妈一般都是谁先到家谁就做饭, 并没有固定的观念, 认为做饭是太太应该做的事。但是智慧说, 在她家里, 妈妈是不用出去工作的, 但爸爸需要工作到很晚。所以妈妈每天需要照顾丈夫和孩子。当然也包括做饭了。其实, 这两种家庭文化没有哪一种更好,哪一种更不好.

36. 中国的家庭一般是谁来做饭?
37. 韩国家庭里太太一般需要工作吗?
38. 为什么会产生这样的差别?

  Wǒ jīntiān gàosù zhìhuì,zài wǒmen jiā,wǒ bàbà zuòde fàn bǐ wǒ māmā zuòde háiyào hǎochī。Tīngdào zhèěr,tā fēicháng chījīng。Yīnwèi zài tājiālǐ,tā bàbà jīběnshàng bùzuò jiāwù,gèng biétí zuòfànle。Zhèyàng de qíngkuàng,shì yóuyú zhōngguó hé hánguóde jiātíng wénhuà chāyì zàochéngde。Zài zhōngguó,wǒde bàbà māmā měitiān dōushì zǎoshàng 8diǎn shàngbān,yìzhí dào xiàwǔ gōngzuò jiéshù cái huíjiā。Suǒyǐ,bàbà hé māmā yìbān dōushì shéi xiān dàojiā shéi jiù zuòfàn,bìngméiyǒu gùdìng de guānniàn,rènwéi zuòfàn shì tàitài yīnggāi zuòdeshì。Dànshì zhìhuìshuō,zài tājiālǐ,māmā shì bùyòng chūqù gōngzuòde,dàn bàbà xūyào gōngzuòdào hěnwǎn。Suǒyǐ māmā měitiān xūyào zhàogù zhàngfū hé háizi。Dāngrán yě bāokuò zuòfànle。Qíshí,zhè liǎngzhǒng jiātíng wénhuà méiyǒu nǎyīzhǒng gènghǎo,nǎyīzhǒng gèngbùhǎo。

36. Zhōngguó de jiātíngyìbān shìshéi lái zuòfàn?
37. Hánguó jiātínglǐ tàitài yìbān xūyào gōngzuòma?
38. Wèishénme huì chǎnshēng zhèyàng de chābié?

  나는 오늘 지혜에게 우리 집에서 우리 아빠가 만들어 주신 밥이 우리 엄마가 만든 것보다 더 맛있다고 말했다. 이 말을 듣고 그녀는 매우 놀랐다. 그녀의 집에서 그녀의 아버지는 기본적으로 집안일을 하지 않으며, 더욱이 요리하는 것은 말할 것도 없다. 이런 상황은 중국과 한국의 가족문화 차이 때문이다. 중국에서 우리 엄마 아빠는 매일 아침 8시에 출근하고 오후까지 일이 끝나고 나서야 집에 들어오신다. 그래서, 아빠와 엄마는 보통 누구든 먼저 집에 오면 요리를 한다. 밥을 짓는 것은 부인이 해야 할 일이라는 고정관념이 없다. 그런데, 지혜는 그녀의 집에서 엄마는 밖에 나가서 일하지 않아도 되지만 아빠는 늦게까지 일해야 한다고 말한다. 그래서 엄마는 매일 남편과 아이들을 돌봐야 한다. 물론 요리하는 것도 포함된다. 사실, 이 두 가지 가족 문화 중 어느 것이 더 낫고 어떤 것이 더 나쁜 것은 없다.

36. 중국은 보통 누가 요리를 해요?
37. 한국 가정에서 부인은 보통 일을 해야 해요?
38. 왜 이런 차별이 있을까요?

第39-41题根据下面一段话

  又是一个阴霾天。窗外,风呼呼地刮着。小明在房间里听到风声,心里感到害怕,不安地说:"风这么大,好恐怖啊!"小媛在一旁听了,对着小明说:"嗯,听起来是挺吓人的,不过,只有风儿把乌云吹散了,晴朗的天空才会显露出来啊。"小明听了眨眨眼睛,若有所思。

  第二天一早,小明迫不及待地跑到窗前,放眼望去:啊,天气真的好晴朗啊!湛蓝的天空衬托着朵朵白云,温暖和煦的阳光照在身上,精神也为之一振!不禁感佩起大自然的惊人力量。风吹散了乌云,天空显露出它原有的色彩。

  努力的改正缺点,就像大风刮起,起初会感到不自在,可是内心的阳光终究会透露出来。我们的人生,也将会变得明媚多彩。

39. 小明对小媛说了什么?

40. 对于风小媛认为?
41. 这篇文章的主题是什么?

Yòushì yí gè yīnmáitiān。Chuāngwài,fēng hūhūde guāzhe。Xiǎomíng zài fángjiānlǐ tīngdào fēngshēng,xīnlǐ gǎndào hàipà,bùānde shuō:"Fēng zhème dà,hǎo kǒngbù a!"Xiǎoyuán zàiyīpáng tīngle,duìzhe xiǎomíng shuō:"ǹg,tīngqǐlái shì tīngxiàréndé,bùguò,zhǐyǒu fēngér bǎ wūyún chuīsànle,qínglǎng de tiānkōng cáihuì xiǎnlù chūláia。"Xiǎomíng tīng le zhǎzhǎyǎnjīng,ruòyǒusuǒsī。

Dìèrtiān yīzǎo,xiǎomíng pòbùjídàide pǎodào chuāngqián,fàngyǎnwàngqù:ā,tiānqì zhēnde hǎo qínglǎng a!Zhànlánde tiānkōng chèntuōzhe duǒduǒ báiyún,wēnnuǎn héxùde yángguāng zhàozài shēnshàng,jīngshén yě wéizhīyīzhèn!Bùjīn gǎnpèiqǐ dàzìránde jīngrén lìliàng。Fēng chuīsànle wūyún,tiānkōng xiǎnlùchū tā yuányǒude sècǎi。

Nǔlìde gǎizhèng quēdiǎn,jiùxiàng dàfēng guāqǐ,qǐchū huì gǎndào bùzìzài,kěshì nèixīn de yángguāng zhōngjiū huì tòulùchūlái。Wǒmende rénshēng,yě jiānghuì biànde míngmèi duōcǎi。

39. Xiǎomíng duì xiǎoyuán shuōle shénme?
40. Duìyú fēng xiǎoyuán rènwéi?
41. Zhèpiānwénzhāngdezhǔtíshìshénme?

오늘은 또 흐린 날이다. 창밖에는 바람이 씽씽 불었다. 소명은 방에서 바람소리를 듣고 겁을 먹었고, 불안하게"바람이 이렇게 세다니 무섭다"라고 말했다. 소원이가 옆에서 듣고는 소명을 향해 "응, 꽤 무섭게 들리네, 하지만, 바람이 먹구름을 날려 보내야만 맑은 하늘을 볼 수 있어요."라고 말했다. 샤오밍은 듣고 생각하기 시작했다.

다음날 샤오밍은 창문 앞으로 급히 달려갔다. 창 밖을 보고: 아, 날씨가 정말 맑군요! 푸른 하늘에 구름 한 송이가 받쳐주고 따스한 햇살이 내리쬐어 정신도 맑다! 자연의 놀라운 힘에 감복하지 않을 수 없다. 바람이 불어 먹구름이 흩어지고, 하늘은 그 원래의 색채를 드러낸다.

단점을 고치려고 노력하는 것은 마치 큰 바람이 부는 것처럼 처음에는 불편하게 느껴지지만 마음의 햇빛은 결국 드러나게 된다. 우리 인생도 밝아진다.

39. 소명이가 소원이한테 뭐라고 했어요?
40. 바람에 대한 소원의 생각은 뭐예요?
41. 이 문장의 주제는 뭐예요?

第42-45题根据下面一段话

有一种东西是不分界线的,只要哪里需要它,那里就会有它的足迹,有了它,人们的心不会那么的寒冷;有了它,一些孩子们就会感到父母在身边一样的温暖,有了它,会使一些贫穷的人们燃起对生活的热火。那就是爱。

雨露滋润万物,太阳温暖大地。爱是一种无私贡献,它总是默默地付出,别人的快乐就是自己最大的幸福,所有的慈济人,你们的行动,给予我们最好的见证,你们的爱会永远的牢记在我们的心中,永远的激励着我们前进。爱心,是一道没有围墙的心,放出自己的爱让爱与别人共享,以自己的爱温暖别人的心,以自己的爱感动着别的心灵。从而促进社会的和谐,构造美好的世界。

42. 有了什么人们的心会温暖?
43. 对于爱的描述正确的是?
44. 文章将爱心比喻成什么?

45. 关于文章我们能知道什么？

　　Yǒu yīzhǒng dōngxī shì bùfēn jièxiànde,zhǐyào nǎlǐ xūyào tā,nàlǐ jiùhuìyǒu tāde zújì,yǒuletā,rénmende xīn bùhuì nàmede hánlěng；yǒuletā,yìxiē háizimen jiùhuì gǎndào fùmǔ zài shēnbiān yīyàngde wēnnuǎn,yǒuletā,huì shǐ yìxiē pínqióngde rénmen ránqǐ duì shēnghuóde rèhuǒ。Nàjiùshì ài。

　　Yǔlù zīrùn wànwù,tàiyáng wēnnuǎn dàdì。Ài shìyīzhǒngwúsīgòngxiàn,tāzǒngshìmòmòdefùchū,biéréndekuàilè jiùshì zìjǐ zuìdàde xìngfú,suǒyǒudecíjìrén,nǐmendexíngdòng,jǐyǔwǒmenzuìhǎodejiànzhèng,nǐmendeàihuìyǒngyuǎndeláojìzàiwǒ mendexīnzhōng,yǒngyuǎndejīlìzhewǒmenqiánjìn。àixīn,shì yīdào méiyǒu wéiqiáng de xīn,fàngchū zìjǐde ài rang ài yǔ biérén gòngxiǎng,yǐ zìjǐde ài wēnnuǎn biéréndexīn,yǐ zìjǐde ài gǎndòngzhe biéde xīnlíng。Cóngér cùjìn shèhuìde héxié,gòuzào měihǎode shìjiè。

　　42. Yǒule shénme rénmen de xīn huì wēnnuǎn？
　　43. Duìyú ài de miáoshù zhèngquè de shì？
　　44. Wénzhāng jiāng àixīn bǐyùchéng shénme？
　　45. Guānyú wénzhāng wǒmen néng zhīdào shénme？

　　경계선을 가리지 않는 무언가가 있는데, 어디선가 그것을 필요로 하다면 거기에는 그것의 발자국이 있을 것이다. 그것이 있으면, 사람들의 마음은 그렇게 춥지 않을 것이다. 그것이 있으면 일부 아이들은 부모가 곁에 있는 것과 같은 따뜻함을 느낄 것이다. 그것을 갖게 되면 일부 가난한 사람들에게 삶에 대한 뜨거운 불이 붙게 될 것이다. 그것 바로 사랑이다.

　　비와 이슬은 만물을 촉촉하게 하고 태양은 대지를 따뜻하게 한다. 사랑은 사심 없는 공헌이다. 다른 사람의 기쁨은 곧 스스로의 가장 큰 행복, 모든 인자함, 당신들의 행동, 우리에게 가장 좋은 증거를 주는 것이다. 당신들의 사랑은 우리의 마음에 영원히 기억될 것이며, 영원히 우리를 격려하여 앞으로 나아가게 할 것이다. 사랑이란, 담장이 없는 마음이다. 자신의 사랑을 다른 사람과 공유하게 하고, 자신의 사랑으로 다른 사람의 마음을 따뜻하게 하고, 자신의 사랑으로 다른 마음을 감동시킨다. 사회의 조화를 촉진하고 아름다운 세상을 구성한다.

　　42. 무엇이 있으면 사람들의 마음이 따뜻할까요?
　　43. 사랑의 묘사에 대해 올바른 것은?
　　44. 문장은 사랑을 무엇에 비유했어요?
　　45. 문장에 대해서 우리는 무엇을 알 수 있어요?

2. 阅读 읽기

第一部分 제1부분

46-48

　　小时候家里穷，没钱买书.就跑到街边的书店里去看书.每当拿起一本书，我就像一匹饿狼，贪婪地读着.我很快乐，也很惧怕——这种窃读的滋味！我害怕被书店老板发现，因为进来看书的人很多，但是像我这样常常光顾而从不购买的，恐怕没有.我小心翼翼地把自己隐藏起来.有时我会贴在一个大人的身边，仿佛我是他的小妹妹或小女儿.可是时间每次来的都是那么快，当我读完才发现已经站在这里读了两个多钟头了.

我合上书,咽了一口唾沫,好像把所有的智慧都吞下去了,然后才依依不舍地把书放回书架.我低着头走出书店,脚站得有些麻木,我却浑身轻松.这时,我总会想起语文老师鼓励我们的话:"记住,你们是吃饭长大的,也是读书长大的!"

Xiǎo shí hòu jiā lǐ qióng, méi qián mǎi shū. Jiù pǎo dào jiē biān de shū diàn lǐ qù kàn shū. Měi dāng ná qǐ yì běn shū, wǒ jiù xiàng yì pǐ è láng, tān lán de dú zhe. Wǒ hěn kuài lè, yě hěn jù pà ——zhè zhǒng qiè dú de zī wèi! Wǒ hài pà bèi shū diàn lǎo bǎn fā xiàn, yīn wèi jìn lái kàn shū de rén hěn duō, dàn shì xiàng wǒ zhè yàng cháng cháng guāng gù ér cóng bú gòu mǎi de, kǒng pà méi yǒu. Wǒ xiǎo xīn yì yì de bǎ zì jǐ yǐn cáng qǐ lái. Yǒu shí wǒ huì tiē zài yí gè dà rén de shēn biān, fǎng fú wǒ shì tā de xiǎo mèi mèi huò xiǎo nǚ ér. Kě shì shí jiān měi cì lái de dōu shì nà me kuài, dāng wǒ dú wán cái fā xiàn yǐ jīng zhàn zài zhè lǐ dú le liǎng gè duō zhōng tóu le.

Wǒ hé shàng shū, yān le yì kǒu tuò mò, hǎo xiàng bǎ suǒ yǒu de zhì huì dōu tūn xià qù le, rán hòu cái yī yī bú shě de bǎ shū fàng huí shū jià. Wǒ dī zhe tóu zǒu chū shū diàn, jiǎo zhàn de yǒu xiē má mù, wǒ què hún shēn qīng sōng. Zhè shí, wǒ zǒng huì xiǎng qǐ yǔ wén lǎo shī gǔ lì wǒ men de huà: "Jì zhù, nǐ men shì chī fàn zhǎng dà de, yě shì dú shū zhǎng dà de!"

어릴 때 집이 가난해서 책을 살 돈이 없었어요. 바로 길가의 서점으로 달려가 책을 읽었다. 책 한 권을 들 때마다 나는 배고픈 늑대처럼 탐욕스럽게 읽었다. 나는 매우 즐겁고 두렵다—이런 몰래 읽는 맛! 책방 주인에게 들키는 것이 두려웠는데, 들어와서 책을 읽는 사람이 많았는데, 저처럼 종종 들러서 사지 않는 사람은 아마 없을 것이다. 나는 조심스럽게 자신을 숨겼다. 때때로 나는 마치 내가 그의 어린 여동생이나 작은 딸인 것처럼 성인의 옆에 붙어있었다. 그런데 시간이 너무 빨리 지나가서 다 읽고 보니 두 시간 넘게 여기 서서 읽고 있었다.

나는 책을 덮고 침을 한 모금 삼켰는데, 모든 지혜를 다 삼킨 것 같았고, 그제서야 아쉬워하며 책을 서가에 놓았다. 고개를 숙이고 서점을 나서니 발은 좀 무감각하게 서 있었지만 나는 온몸이 홀가분했다. 이럴 때면, 저는 항상 "너희들은 밥을 먹고 자라는 것일 뿐만 아니라 책을 읽고 자라는 거야!"라는 국어선생님의 격려가 떠올라요.

49-52

很多年前,森林有一群活泼而美丽的鹿.但鹿群的身边,常常跟着贪婪而凶残的狼,它们总在寻找机会对鹿下毒手.当地居民恨透了狼,他们拿着猎枪把狼群消灭了.从那以后,森林变成了鹿的王国.可是,随着鹿群的大量繁殖,森林中闹起了饥荒.紧接着,更大的灾难降临了.疾病像魔鬼一样在鹿群中游荡.仅仅两个冬天,鹿就死得没剩多少了.

人们做梦也不会想到,他们捕杀的狼,居然是鹿群的"功臣".狼吃掉一些鹿,使鹿群不会发展得太快;同时狼吃掉的多半是病鹿,反倒解除了疾病对鹿群的威胁.而人们特意要保护的鹿,一旦在森林中过多地繁殖,反倒成了毁灭自己的"祸源".

Hěn duō nián qián, sēn lín yǒu yì qún huó pō ér měi lì de lù. Dàn lù qún de shēn biān, cháng cháng gēn zhe tān lán ér xiōng cán de láng, tā men zǒng zài xún zhǎo jī huì duì lù xià dú shǒu. Dāng dì jū mín hèn tòu le láng, tā men ná zhe liè qiāng bǎ láng qún xiāo miè le. Cóng nà yǐ hòu, sēn lín biàn chéng le lù de wáng guó. Kě shì, suí zhe lù qún de dà liàng fán zhí, sēn lín zhōng nào qǐ le jī huāng. Jǐn jiē zhe, gèng dà de zāi nàn jiàng lín le. Jí bìng xiàng mó guǐ yí yàng zài lù qún zhōng yóu dàng. Jǐn jǐn liǎng gè dōng tiān, lù jiù sǐ dé méi shèng duō shǎo le.

　　Rén men zuò mèng yě bú huì xiǎng dào, tā men bǔ shā de láng, jū rán shì lù qún de "gōng chén". Láng chī diào yì xiē lù, shǐ lù qún bú huì fā zhǎn dé tài kuài; tóng shí láng chī diào de duō bàn shì bìng lù, fǎn dǎo jiě chú le jí bìng duì lù qún de wēi xié. Ér rén men tè yì yào bǎo hù de lù, yí dàn zài sēn lín zhōng guò duō de fán zhí, fǎn dǎo chéng le huǐ miè zì jǐ de "huò yuán".

　　수 년 전, 숲은 활발했고 아름다운 사슴 한 무리가 있었다. 그러나 사슴의 곁에는 종종 탐욕스럽고 흉포한 늑대들이 따라다니는데, 그것들은 사슴에게 독수를 던질 기회를 항상 찾고 있다. 현지 주민들은 늑대를 몹시 미워했고 그들은 엽총을 가지고 늑대들을 소멸시켰다. 그 이후로 숲은 사슴의 왕국으로 변했다. 그러나 사슴이 많이 번식하면서 숲에 기근이 들었다. 곧, 더 큰 재앙이 찾아왔다. 질병은 마치 마귀처럼 사슴 떼를 덮쳤다. 겨우 두 겨울 후, 사슴은 얼마 남지 않은 채 대부분 죽었다.

　　그들이 잡은 늑대가 사슴 떼의 생존 공신이라는 것은 꿈도 꾸지 못했다. 늑대가 사슴을 좀 잡아 먹으면 사슴 떼가 빨리 자라지 않는다. 동시에 늑대가 먹어치우는 대부분은 병든 사슴이고, 오히려 병든 사슴에 대한 위협을 제거한다. 사람들이 특별히 보호하려는 사슴이 숲에서 지나치게 번식하면 오히려 자신을 파멸시키는 원인이 된다.

53-56

　　一天, 我陪患病的母亲去医院输液, 年轻的护士为母亲扎了两针也没有扎进血管里. 正要抱怨, 一抬头看见了母亲平静的眼神, 只见母亲轻轻地对护士说: "不要紧, 再来一次! "第三针果然成功了. 那位护士终于长出了一口气, 她连声说: "阿姨, 真对不起. 我是来实习的, 这是我第一次给病人扎针, 太紧张了. 要不是您的鼓励, 我真不敢给您扎了. "母亲用另一只手拉着我, 平静地对护士说: "这是我的女儿, 和你差不多大小, 正在医科大学读书, 她也将面对自己的第一个患者. 我真希望她第一次扎针的时候, 也能得到患者的宽容和鼓励. "听了母亲的话, 我的心里充满了温暖与幸福.

　　是啊, 如果我们在生活中能将心比心, 就会使人与人之间多一些宽容和理解.

　　Yì tiān, wǒ péi huàn bìng de mǔ qīn qù yī yuàn shū yè, nián qīng de hù shì wéi mǔ qīn zhā le liǎng zhēn yě méi yǒu zhā jìn xuè guǎn lǐ. Zhèng yào bào yuàn, yì tái tóu kàn jiàn le mǔ qīn píng jìng de yǎn shén, zhǐ jiàn mǔ qīn qīng qīng de duì hù shì shuō: "Bú yào jǐn, zài lái yí cì! "Dì sān zhēn guǒ rán chéng gōng le. Nà wèi hù shì zhōng yú chǎng chū le yì kǒu qì, tā lián shēng shuō: "ā yí, zhēn duì bú qǐ. Wǒ shì lái shí xí de, zhè shì wǒ dì yī cì gěi bìng rén zhā zhēn, tài jǐn zhāng le. Yào bú shì nín de gǔ lì, wǒ zhēn bú gǎn gěi nín zhā le. "Mǔ qīn yòng lìng yì zhī shǒu lā zhe wǒ, píng jìng de duì hù shì shuō: "zhè shì wǒ de nǚ ér, hé nǐ chà bú duō dà xiǎo, zhèng zài yī kē dà xué dú shū, tā yě jiāng miàn duì zì jǐ de dì yī gè huàn zhě. Wǒ zhēn xī wàng tā dì yī cì zhā zhēn de shí hòu, yě néng dé dào huàn zhě de kuān róng hé gǔ lì. "Tīng le mǔ qīn de huà, wǒ de xīn lǐ chōng mǎn le wēn nuǎn yǔ xìng fú.

　　Shì ā, rú guǒ wǒ men zài shēng huó zhōng néng jiāng xīn bǐ xīn, jiù huì shǐ rén yǔ rén zhī jiān duō yì xiē kuān róng hé lǐ jiě.

　　하루는 병든 어머니를 모시고 병원에 가서 링거를 맞았고, 젊은 간호사는 엄마를 위해 두 바늘을 찔러주었지만 혈관 속에는 들어가지 않았다. 불평을 하려다가 고개를 들자 어머니의 평온한 눈빛이 보였고, 어머니가 간호사에게 "괜찮아, 다시 한 번!"하고 가볍게 말했다. 세 번째 바늘은 역시 성공했다. 그 간호사가 마침내 한숨을 내쉬자 그녀는 "아줌마, 정말 미안해. 나는 인턴으로 일하러 왔는데, 이것은 내가 처음으로 환자에게 침을 놓는 것인데 너무 긴장된다. 격려해주지 않았더라면 정말 끝낼 수 없었을 것"이라고 말했다. 어머니는 다른 손으로 저를 끌어당기며 담담하게 간호사에게 "이 사람은 제 딸인데, 당신과 비슷하게 의대에 다니고 있고, 그녀도 자신의 첫 환자를 상대할 겁니다. 나는 그녀가 처음 침을 놨을 때도 환자들에게 관대함과 격려를 받았으면 좋겠어요." 어머니의 말씀을 듣고 나니 내 마음은 따뜻함과 행복으로 가득 찼다.

만약 우리가 삶에서 서로 이해하면서 산다면 사람들 사이에 좀더 많은 관용과 이해를 하게 될 것입니다.

57-60

我们家穷，生活很拮据.母亲却常安慰我们："一个人只要活得有骨气，就等于有了一大笔财富."有一天，我看见百货商店门前挤满了人.原来，一辆汽车将以抽奖的方式馈赠给中奖者.当商店的扩音器高声叫着我父亲的名字，我简直不敢相信那是真的.但是父亲的神情却很严肃，丝毫看不出他的喜悦.于是向母亲诉说刚才的情形.母亲安慰我说："不要烦恼，你父亲正面临着一个道德难题."原来，父亲买彩票时，帮库伯先生捎了一张，中奖的那张是库伯先生的.

第二天，库伯先生派人来，把汽车开走了.那天吃晚饭时，父亲显得特别高兴，给我们讲了许多有趣的事情.成年以后，想起了母亲的教诲有了深刻的体会.是呀，中彩那天是我们家最富有的时刻.

Wǒ men jiā qióng, shēng huó hěn jié jū. Mǔ qīn què cháng ān wèi wǒ men : "yí gè rén zhī yào huó dé yǒu gǔ qì, jiù děng yú yǒu le yí dà bǐ cái fù." Yǒu yì tiān, wǒ kàn jiàn bǎi huò shāng diàn mén qián jǐ mǎn le rén. Yuán lái, yí liàng qì chē jiāng yǐ chōu jiǎng de fāng shì kuì zèng gěi zhòng jiǎng zhě. Dāng shāng diàn de kuò yīn qì gāo shēng jiào zhe wǒ fù qīn de míng zì, wǒ jiǎn zhí bú gǎn xiāng xìn nà shì zhēn de. Dàn shì fù qīn de shén qíng què hěn yán sù, sī háo kàn bú chū tā de xǐ yuè. Yú shì xiàng mǔ qīn sù shuō gāng cái de qíng xíng. Mǔ qīn ān wèi wǒ shuō : "bú yào fán nǎo, nǐ fù qīn zhèng miàn lín zhe yí gè dào dé nán tí." Yuán lái, fù qīn mǎi cǎi piào shí, bāng kù bó xiān shēng shāo le yì zhāng, zhòng jiǎng de nà zhāng shì kù bó xiān shēng de.

Dì èr tiān, kù bó xiān shēng pài rén lái, bǎ qì chē kāi zǒu le. Nà tiān chī wǎn fàn shí, fù qīn xiǎn dé tè bié gāo xìng, gěi wǒ men jiǎng le xǔ duō yǒu qù de shì qíng. Chéng nián yǐ hòu, xiǎng qǐ le mǔ qīn de jiāo huì yǒu le shēn kè de tǐ huì. Shì ya, zhòng cǎi nà tiān shì wǒ men jiā zuì fù yǒu de shí kè.

우리 집은 가난해서 생활이 매우 옹색하다. 어머니는 "한 사람이 뼈만 있으면 큰 부를 얻은 셈"이라고 위로하곤 했다. 어느날 나는 백화점 앞이 사람들로 가득찬 것을 보았다. 자동차 한 대가 당첨자에게 추첨으로 증정될 것이다. 상점의 확성기가 나의 아버지의 이름을 소리 높여 불렀을 때 나는 그것이 사실이라는 것을 믿을 수 없었다. 하지만 아버지의 표정은 그의 기쁨을 조금도 알아채지 못할 만큼 엄숙했다. 그래서 어머니께 조금 전의 상황을 말씀드렸다. 어머니는 "고민하지 마라. 원래, 아버지께서 복권을 사주실 때, 쿠퍼 씨를 도와 한 장 더 보냈는데, 당첨된 그 것은 쿠퍼 씨의 것이다."

다음날, 쿠퍼씨가 사람을 보내서 차를 몰고 갔어요. 그 날 저녁을 먹었을 때 아버지는 매우 기뼈하셨고 우리에게 많은 재미있는 이야기를 해 주셨다. 성인이 되어 어머니의 가르침을 깊이 체득한 것이 생각난다. 글쎄, 복권에 당첨된 날은 우리 집안에서 가장 부유한 때야.

第二部分 제 2 부분

61 Mǒu jiā cāntīng jiāng chúfáng nèibù duìwài gōngkāi, rénqì hěn gāo. Zhège cāntīng wèi xiàng kèrén zhǎnshì gānjìng de chúfáng, yì kāishǐ jiù yòng bōlí zhuāngxiūle chúfáng. Dànshì kèrénmen bǐ qǐ chúfáng, gèng guānxīn shíwù zhìzuò de guòchéng. Zhè shì yīnwèi tāmen duì liàolǐ shīfù zuò shíwù shí de yàngzi gǎndào hěn xīnqí. Yīncǐ, wèi mǎnzú kèrén, cāntīng měitiān dūhuì tígōng yícì liàolǐ zhìzuò biǎoyǎn.
A zhège cāntīng shìyòng bōlí zào de
B zhège cāntīng de kèrén kěyǐ kàn dào shíwù de zhìzuò guòchéng.
C zhège cāntīng de chúfáng hé yòngcān wèi méiyǒu qūfēn
D zhège cāntīng měitiān dōu yǒu bùtóng de gōngyǎn

61 한 식당은 주방 내부를 외부에 공개해 인기를 끌었다. 이 식당은 손님들에게 깨끗한 주방을 보여 주기 위해 처음부터 유리로 주방을 꾸몄다. 하지만 손님들은 부엌보다 음식을 만드는 과정에 더 관심이 있다. 요리사가 음식을 만들 때의 모습이 신기해서다. 그래서 손님들을 만족시키기 위해 레스토랑에서는 하루에 한 번 요리 제작 쇼를 제공한다.
A 이 레스토랑은 유리로 만들어졌다
B 이 식당의 손님들은 음식을 만드는 과정을 볼 수 있다.
C 이 식당의 주방과 식사 자리는 구분되지 않았다
D 이 레스토랑은 매일 다른 공연을 한다

62 Rúguǒ bǎ huáiyí hé xìnrèn bǐ zuò yánsè dehuà, huáiyí yǔ hēisè yíyàng, xìnrèn hé báisè yíyàng. Wúlùn jiārù duō shǎo báisè de yánliào, hēisè yě bú huì biàn chéng báisè. Dànshì zhǐyào wǎng báisè de yánliào lǐ dī yìdī hēisè de yánliào, báisè lìkè jiù huì biàn chéng huīsè. Rénmen zhī jiān de guānxì yěshì yíyàng de. Zhǐyào yǒu yícì huáiyí, guānxì jiù hěn nán huí dào yǐqiánle.
A zìxìn xīn jiàngdī
B kǔnǎo zēngduō
C bù zhīdào yǒu shé me wèntí
D guānxì wéihù hěn kùnnán

62 의심과 믿음을 색깔에 비유한다면 의심은 검은색과 같고 믿음은 흰색과 같다. 아무리 하얀 물감을 넣어도 검은색은 하얗게 변하지 않는다. 하지만 흰색 물감에 검은 물감을 한 방울 떨어뜨리면 흰색은 금방 회색으로 변한다. 사람들 간의 관계도 마찬가지다. 한번 의심을 품으면 관계는 예전으로 돌아가기 어렵다.
A 자신감 저하된다
B 고민이 많아진다
C 뭐가 문제인지 모른다
D 관계의 유지가 어렵다

63 Jiālǐ bǎocún shūcài dehuà jiù zhīdào shūcài hěn róngyì niān. Shūcài niān de yuányīn shì yīn wèi shuǐfèn màn man liúshīle. Suǒyǐ suízhe shíjiān de tuīyí, shūcài jiù huì màn man biàn gàn. Rúguǒ xiǎng yào jiù huó

zhèxiē shūcài, bǎ tāmen fàng jìn 50 dù de rè shuǐ lǐ xǐ jí kě. Nàyàng dehuà, shūcài jiù huì shùnjiān xīshōu chōngfèn de shuǐfèn, chóngxīn biàn de hěn xīnxiān.

A shūcài de shuǐfèn huì màn man liúshī
B xìjūn huì túrán zēngduō
C rè shuǐ xǐ cài fāngbiàn qù zǐ
D hūxī huì yuè lái yuè ruò

63 집에 채소를 저장하면 채소가 쉽게 시들 수 있다는 것을 알 수 있다. 채소가 시들었던 이유는 수분이 서서히 빠져나가기 때문이다. 그래서 시간이 지날수록 채소는 서서히 말라간다. 이 채소들을 살리려면 50도의 뜨거운 물에 담가 씻으면 된다. 그러면 야채는 순식간에 충분한 수분을 흡수하고 다시 신선해진다.
A 채소의 수분이 서서히 빠져나간다
B 박테리아가 갑자기 많아질 수 있다
C 뜨거운 물세탁 요리는 씨를 제거하기에 편리하다
D 숨결이 약해졌다

64 Dà bùfèn de shāngpǐn yīn jùyǒu gùyǒu de hàomǎ, kěyǐ hěn róngyì jiàndìng wéi zhèngpǐn. Dànshì měishù zuòpǐn què búshì nàyàng, hěn nán jiàndìng shì búshì zhēnpǐn. Rúguǒ shì yù dào yào biànrèn měishù zuòpǐn zhēn wěi de qíngkuàng, jiù xūyào yíge jiàndìng měishù zuòpǐn de guòchéng. Měishù zuòpǐn jiàndìng shí, xūyào tóngshí jìnxíng zhuānjiā jiàndìng hé jìshù jiàndìng, zhè shí chūchù, yìshù shǒufǎ, shǔmíng děng dōu xūyào kǎolǜ. Shàng zhì gǔdài měishù zuòpǐn, xià zhì xiàndài měishù zuòpǐn, zhè zhǒng fāngfǎ dōu guǎngfàn shǐ yòng.
A yǒu shǔmíng de zuòpǐn bù xūyào jiàndìng
B zhǐyǒu gǔdài měishù zuòpǐn kěyǐ jiàndìng
C gǔdài měishù zuòpǐn yǒu biānhào
D jiàndìng měishù zuòpǐn de shíhòu kěyǐ shǐyòng kēxué fāngfǎ.

64 대부분의 상품은 고유 번호를 가지고 있기 때문에 정품으로 쉽게 감정할 수 있다. 하지만 미술품은 그렇지 않아 진품인지 아닌지 감별하기 어렵다. 미술품의 진위를 가려낼 수 있는 상황이라면 미술 작품을 감정하는 과정이 필요하다. 미술품 감정 시 전문가 감정과 기술 감정을 병행해야 하는데, 이때 출처, 예술 수법, 서명 등을 모두 고려해야 한다. 고대 미술 작품에서부터 현대 미술 작품에 이르기까지 이런 방법은 광범위하게 적용된다.
A 서명이 있는 작품은 감정할 필요가 없다
B 고대 미술품만 감정 가능하다
C 고대 미술 작품에는 일련번호가 있다
D 미술품을 감정할 때 과학적인 방법을 사용할 수 있다.

65 Yùndòng xuǎnshǒu rúguǒ zài shīwù fāngmiàn cún yǒu fùdān dehuà, jiù hěn nán zài bǐsài zhōng huòdé hǎo chéngjì. Yīncǐ, jiàoliàn zài zhǐdǎo xuǎnshǒu de shíhòu, bù yīng gāi zhíjiē shuō chū yìxiē róngyì shǐ rén huíxiǎng qǐ shīwù dehuà. Bǐrú shuō, "huábīng xuǎnshǒu shuāi dǎo shì bùxíng de" zhèyàng dehuà, huì chǎnshēng hěn dà de fùdān. Yīncǐ, jiàoliàn zài duì xuǎnshǒu shuōhuà shí, búyào shuō "búyào shuāi dǎo" zhè zhǒng huà, yīnggāi shuō yìxiē "yào zhǎo hǎo zhòngxīn zài qù huá" zhèyàng de zhùyì shìxiàng bǐjiào hǎo.
A jiàoliàn yào zhīdào xuǎnshǒu bùnéng zǒng fàn cuòwù
B jiàoliàn zài zhǐdǎo xuǎnshǒu de shíhòu, yīnggāi yào shèn chóng xuǎnzé zìjǐ de cuòcí.

C bùguǎn shuāi dǎo jǐ cì xuǎnshǒu dōu yào yǒu pá qǐlái de juéwù
D xuǎnshǒu bùnéng duì bǐsài yǒu fùdān

65 운동 선수는 실수에 대한 부담을 안고 있으면 좋은 성적을 내기 어렵다. 따라서 코치는 선수를 지도할 때 실수를 상기시키기 쉬운 말을 직접 해서는 안 된다. 예를 들어 스케이트 선수가 넘어지면 안 된다는 말은 큰 부담을 준다. 따라서 코치는 선수에게 말할 때 "넘어지지 마라"는 말을 하지 말아야 한다. '중심을 잘 잡고 나서 미끄러야 한다'라는 주의사항이 좋다.
A 코치는 선수가 항상 실수를 해서는 안 된다는 것을 알아야 한다
B 감독은 선수들을 지도할 때 자신의 표현을 신중히 선택해야 한다.
C 는 몇 번 넘어져도 선수가 일어설 각오가 되어 있어야 한다
D 선수는 경기가 부담이 되어서는 안 된다

66 Jíbiàn wénzhāng de nèiróng zài yōuxiù, yàoshi zhuā bú zhù dúzhě de shìxiàn, nà zhè piān wénzhāng jiù dé bú dào rénmen de guānzhù. Zhuā zhù dúzhě zhùyì lì de fāngfǎ jiùshì gěi dúzhě tígōng yíge yǔ zhī xīxīxiāngguān de tímù. Bǐrú, bǐ qǐ 'guǎnlǐ qián de fāngfǎ' zhège tímù, 'jiǎrú yǒu yītiān nǐ yǒu yīqiān wàn?' Zhège tímù huì gèng hǎo. Xiàng zhè zhǒng cóng dúzhě de lìchǎng chūfā xiě de tímù, kěyǐ yǐnqǐ dúzhě de xìngqù, zhuā zhù dúzhě de shì xiàn.
A gěi dúzhě xìnlài
B gěi dúzhě xīnxiān gǎn
C ràng dúzhě gǎnjué dào shì zìjǐ de shì yíyàng
D fāngbiàn dúzhě tuīcè

66 아무리 훌륭한 내용이라 해도 독자들의 시선을 사로잡지 못하면 이 글은 사람들의 관심을 끌지 못한다. 독자들의 주의를 사로잡는 방법은 독자들에게 이와 직결되는 제목을 제공하는 것이다. 예를 들어, '돈을 관리하는 방법'이라는 제목보다는 '만약 언젠가 당신이 천만원을 가지고 있다면?'이라는 제목이 더 나을 것이다. 이처럼 독자의 입장에서 쓴 제목은 독자의 흥미를 끌며 독자의 시선을 사로잡을 수 있다.
A 독자에게 신뢰를 준다
B 독자에게 신선함을 준다
C 독자가 자신의 일인 것처럼 느끼게 한다.
D 독자의 추측을 용이하게 한다

67 Dù dù niǎo shì yì zhǒng bùnéng fēi de, yǐjīng mièjué de niǎo. Yīnwèi méiyǒu tiāndí, érqiě shēnghuó zài shíwù fēngfù de dìqū, suǒyǐ dù dù niǎo bù xūyào fēi, yě bùxiǎng fēi. Dànshì rénlèi hé qítā dòngwù jìnrùle dù dù niǎo de qīxī dì. Wàngjì fēixíng fāngfǎ de dù dù niǎo méiyǒu nénglì táozǒu, quándōu bèi dǎi zhù chī diào, zuìzhōng cóng zhège shìjiè shàng xiāoshīle. Xiàng zhèyàng, rúguǒ wǒmen rénlèi yě mǎnzú xiànzhuàng bù nǔlì dehuà, zuìzhōng yě huì shīqù yíqiè de.
A rén shēng méiyǒu jìhuà dehuà jiù huì shīqù yíqiè
B ānyì yú yǐ yǒu de huánjìng bù nǔlì dehuà jiù huì shīqù yíqiè
C duì zìjǐ yōngyǒu de bù gǎn'ēn dehuà jiù huì shīqù yíqiè
D táobì xiànshí de rénjì guānxì dehuà jiù huì shīqù yíqiè

67 도도새는 날 수 없는 멸종된 새이다. 천적이 없고 먹이가 풍부한 지역에 살기 때문에 도도새는 날지 않아도 되고 날기도 싫다. 하지만 인간과 다른 동물들이 도도새 서식지로 들어갔다. 비행 방법

을 잊어버린 도도새는 도망갈 능력이 없어 모두 잡혀 잡아먹히고 결국 이 세상에서 사라졌다. 이와 같이, 만약 우리 인류가 현 상태에 만족하고 노력하지 않으면 결국 모든 것을 잃을 수도 있다.
A 인생에 계획없이는 모든 것을 잃는다
B 기존의 환경에 안주하여 노력하지 않으면 모든 것을 잃게 된다
C 자신이 가진 것에 대해 감사하지 않으면 모든 것을 잃는다
D 현실적인 인간관계를 피하면 모든 것을 잃는다

68 Wèile bǎohù yǎnjīng miǎn shòu qiángliè de zǐwàixiàn zhàoshè, duìyú tàiyángjìng de xūqiú yuè lái yuè qiánglièle. Tàiyáng yǎnjìng gāng kāifā chūlái de shíhòu, yòngtú hé xiànzài shì bù yíyàng de. Zuìchū tàiyáng yǎnjìng shì fǎguānmen yòng lái méng zhù yǎnjīng shí yòng de dōngxī. Bìxūyào kèguān shěnxùn de fǎguānmen wèi le bú ràng yǎnjīng xièlòu chū zìjǐ de gǎnqíng ér shǐyòngle tàiyáng yǎnjìng. Jí, tàiyáng yǎnjìng shì shěnxùn shí wèile ràng zìjǐ de yǎnjīng bú bàolù zìjǐ de xīnlǐ xiǎngfǎ, tóngshí yòu néng zhǎngwò zuìfàn de fànzuì xīnlǐ ér shǐyòng de dàojù.
A wèi le bú bàolù zhíwèi yòu néng zhǎngwò fànrén xīnlǐ
B wèile kuāzhāng biǎoxiàn yòu néng zhǎngwò fànrén xīnlǐ
C wèile zhèngmíng pànduàn zhǔnquè zhǎngwò fànrén xīnlǐ
D wèi le bú bàolù xīnlǐ xiǎngfǎ yòu néng zhǎngwò fànrén xīnlǐ

68 강한 자외선으로부터 눈을 보호하기 위해 선글라스에 대한 수요가 점점 더 커지고 있다. 선글라스가 처음 개발되었을 때는 용도가 지금과는 달랐다. 최초의 선글래스는 판사들이 눈을 가리는데 사용한 물건이었다. 객관적으로 심문해야 할 판사들은 눈이 자신의 감정을 흘리지 않도록 선글라스를 썼다. 즉, 선글라스는 자신의 눈이 노출되지 않도록 하는 검열 도구이다. 자신의 심리적 생각과 동시에 범인의 범죄 심리를 파악할 때 사용하는 도구이다.
A 직위가 드러나지 않도록 범인의 심리를 파악할 수 있다
B 과장되게 표현해서 또 범인의 심리를 파악할 수 있다
C 범인의 심리를 정확히 파악한다는 걸 입증하기 위해 사용한다
D 심리적인 생각을 폭로하지 않고 범인의 심리를 파악할 수 있다

69 Rénmen tōngcháng yǒu zhèyàng de qīngxiàng, bǐ qǐ xīn kǒuwèi, qūxiàng xúnzhǎo gèng shúxī de wèi dào. Zhè shì yīn wèi rénmen de gè zhǒng gǎnjué qìguān zhōng, zuǐbā shì zuì bǎoshǒu de. Zhèyàng yìlái, yìxiē língshí gōngsī bǐ qǐ xīn chǎnpǐn, huì shǒu tuī yǐjīng qǔdé chénggōng de chǎnpǐn. Jùyǒu shìchǎng de rénqì shāngpǐn kěyǐ quèbǎo shìchǎng zhànyǒu lǜ. Zhè jiùshì wèishénme shù shí nián qián de nàxiē língshí chǎnpǐn yīrán zài shìchǎng shàng bù xiāoshī, bìng kěyǐ jìxù tuīguǎng de yuányīn.
A língshí gōngsī huì shǒu tuī yǐjīng qǔdé chénggōng de chǎnpǐn
B língshí gōngsī huì shǒuxiān zhǎnshì xīnpǐn
C língshí gōngsī huì jìn xíng shì chǎng diào chá
D língshí gōngsī huì duì chǎnpǐn yánfā jìnxíng tóuzī

69 사람들은 보통 새로운 맛보다는 더 익숙한 맛을 찾는 경향이 있다. 사람들의 각종 감각기관 중 입이 가장 보수적이기 때문이다. 이렇게 되면 일부 과자 회사들은 신제품보다 이미 성공한 제품을 먼저 내놓는다. 시장을 갖춘 인기 상품은 시장 점유율을 확보할 수 있다. 이것이 바로 수십 년 전의 그 스낵 제품들이 여전히 시장에서 사라지지 않고 계속 보급될 수 있는 이유이다.
A 간식 회사는 이미 성공을 거둔 제품을 첫손에 꼽을 것이다
B 간식 회사에서 먼저 신상품을 선보일 것이다

C 간식 회사들은 시장 조사를 할 것이다.
D 간식 회사들은 제품 연구개발 투자를 할 것이다.

70 Mǒu gōngsī jiāng gōngsī nèibù de kāfēi diàn wěituō gěi cánjí rén tuántǐ jīngyíng. Kāfēi diàn de suǒyǒu zhíyuán dōu cānjiāle cánjí rén tuántǐ nèibù zhǔnbèi de zhíyè jiàoyù jìhuà. Zài kāfēi diàn lǐ, tāmen fùzé jiēshòu diǎn cān huòzhě zhìzuò miànbāo. Zhè zhǒng shāngyè móshì wèi cánjí rén tígōngle jiùyè de jīhuì, shòudàole kěndìng de píngjià. Gōngsī jìhuà yǐhòu jiāng zhè zhǒng shāngyè móshì kuòdà huà, bāngzhù cánjí rén zìlì.
A duì wěituō guǎnlǐ dānxīn de rén hěnduō
B zài kāfēi diàn gōngzuò de hěnduō shì gōngsī zhíyuán
C gōngsī jìhuà jiāng shìqíng jiāo gěi gèng duō de cánjí rén tuántǐ
D zhíyuán xū yào jìnxíng péixùn

70 한 회사는 사내 카페를 장애인 단체에 위탁해 운영하고 있다. 카페의 모든 직원들은 장애인 단체 내부에 마련된 직업 교육 프로그램에 참여했다. 카페에서 주문을 받거나 빵을 만드는 일을 맡았다. 이 같은 비즈니스 모델은 장애인들에게 취업의 기회를 제공해 긍정적인 평가를 받고 있다. 회사는 앞으로 이러한 비즈니스 모델을 확대하여 장애인의 자립을 돕는다.
A 위탁 관리에 대해 걱정하는 사람이 많다
B 카페에서 일하는 많은 사람들이 회사원이다
C 더 많은 장애인 단체에 일을 맡길 계획이다
D 직원 교육이 필요하다

第三部分 제3부분

第71-74题

Zhōuyú hěn jídù zhūgě liàngde nénglì. Yīcì, xiǎngle ge bànfǎ lái xiànhài tā. Bànfǎ shì ràng zhūgěliàng zài sāntiān nèi zàochū shíwàn zhī jiàn. Zhūgěliàng tīnghòu, zhīdào shì guǐjì, dàn háishì dāyìng le.

Zhūgěliàng qǐngqiú lǔ sù bāngmáng, jiè èr shítiáo chuán, měitiáo chuánshàng sānshí míng jūnshì. Chuányòng qīngbù zhē qǐlái, háiyào yìqiān duōgè cǎo bǎzi, páizài chuán de liǎngbiān, érqiě tèyì zhǔfù lǔ sù búyào gàosù zhōuyú.

Lǔ sù dāyìng le, yě méiyǒu gàosù zhōuyú zhè shì.

Dìyītiān、dìèrtiān dōu bújiàn zhūgěliàng yǒu shénme dòngjìng, zhídào dìsāntiān língchén, qǐle dàwù, zhūgěliàng ràng shìbīng dào chuán shànglái, kàojìn cáocāo deshuǐ zhài, bìngbǎ chuán páichéng yīpái, ràng shìbīng léigǔ nàhǎn. Cáocāo tīng jiànle, yǐwéi dírén láixí, bùgǎn chūdòng, jiùràng gōng nǔshǒu cháo tāmen shèjiàn. Bùyīhuì, zhūgěliàng xiàlìng bǎ chuán diào guòlái chuántóu, réngjiù léigǔ nàhǎn. Zhídào liǎngbiān de cǎo bǎzi shàng dōu chā mǎnle jiàn, cái tíngxiàlái. Jiù zhèyàng, jiè jiàn chénggōng, tāmen shùnzhe fēng huí qùle.

Dāng lǔ sù bǎ jiè jiàn de jīngguò gàosù zhōuyú hòu, zhōuyú chángtàn yīshēng shuō: "zhūgěliàng shénjīmiàosuàn, wǒzhēn bǐbúshàng tā!"

주유는 제갈량의 능력을 질투한다. 한번, 그를 모함할 방법을 생각해 냈다. 방법은 제갈량으로 하여금 3일 내에 10만 개의 화살을 만들게 하는 것이다. 제갈량은 듣고 나서, 궤계임을 알고도 승낙 하였다.

제갈량은 노숙에게 배 스무 척을 빌려 배마다 삼십 명의 군사를 보내 달라고 청하였다. 배는 푸른 천으로 가리고, 천여 개의 짚자루가 더 필요해, 배의 양쪽에 늘어서 있고, 게다가 노숙에게 주유에게 말하지 말라고 특별히 당부했다.

노숙은 승낙했고 주유에게 이 사실을 알리지 않았다.

첫째 날도 둘째 날도 제갈량에게 아무런 움직임이 보이지 않자, 셋째 날 새벽까지 안개가 끼자, 제갈량은 병사들을 배에 태워 조조의 수채에 접근시켰고, 배를 일렬로 세워 사병에게 북을 치고 함성을 지르게 한다. 조조가 듣고 적들이 쳐들어오는 줄 알고 출동하지 못하니 궁노수더러 그들에게 화살을 쏘라고 하였다. 얼마 지나지 않아 제갈량은 배를 뱃머리로 돌려보라고 명령하고 여전히 북을 치며 소리쳤다. 양쪽 손잡이에 화살을 잔뜩 꽂고서야 겨우 멈췄다. 그렇게 하여 그 화살을 빌리는 것에 성공하여 그들은 바람을 타고 돌아갔다.

노숙이 화살을 빌린 경위를 주유에게 알리자, 주유는 "제갈량신묘기묘산, 나는 정말 그에 비할 바가 아니다!"라고 한숨을 내쉬었다.

第75-78题

Měiguó zuòjiā ōu‧hēnglì zài tāde xiǎoshuō 《zuìhòuyīpiànyèzi》lǐ jiǎngle gè gùshì：Bìng fánglǐ，yígè shēngmìng chuíwēi de bìngrén cóng fáng jiānlǐ kànjiàn chuāngwài de yī kēshù，zài qiū fēngzhōng yī piànpiàn de diàoluò xiàlái．Bìngrén wàngzhe yǎnqián de xiāoxiāo luòyè，shēntǐ yě suízhī měikuàngyùxià，yìtiān bùrú yìtiān．Tāshuō："dāng shùyè quánbù diào guāng shí，wǒyě jiùyào sǐle."Yíwèilǎo huàjiā dézhī hòu，yòng cǎibǐ huàle yīpiàn yèmài qīngcuì de shùyè guàzài shùzhī shàng．Zuìhòu yīpiàn yèzi shǐzhōng méi diào xiàlái．Zhī yīnwèi shēngmìng zhōngde zhè piàn lǜ，bìngrén jìng qíjìbānde huóle xiàlái．

Zhègè gùshì bèi guǎngwéiliúchuán，yīnwèi wǒmen kéyǐ cóngzhōng dédào yígè dàolǐ：Rénshēng kéyǐ méiyǒu hěnduō dōngxī，què wéidú bùnéng méi yǒuxīwàng．Yǒuxīwàng de dìfāng，shēngmìng jiù búhuì tíngzhǐ！

미국 작가 오 헨리는 그의 소설 '마지막 잎새'에서 병동에서 생명이 위독한 환자가 방에서 창밖의 나무 한 그루를 보는데 가을바람에 한 잎씩 떨어지는 이야기를 했다. 환자가 눈앞의 소슬한 낙엽을 바라보니 몸도 점점 더 기운이 떨어져 하루하루가 더 나빠지고 있다. 그녀는 "나뭇잎이 다 떨어졌을 때 나도 죽을 것"이라고 말했다. 한 노화가가 알고 색연필로 잎맥이 푸르른 나뭇잎을 그려 나뭇가지에 매달았다. 마지막 잎사귀는 끝내 떨어지지 않았다. 단지 생명 속의 이 녹색 때문에 환자는 기적적으로 살아났다.

이 이야기는 널리 퍼져있는데, 우리는 이것으로부터 하나의 이치를 얻을 수 있다: 인생은 많은 것을 가질 수 있지만, 그러나 희망만은 없을 수 없다. 희망이 있는 곳에서는 생명이 멈추지 않는다!

第79-82题

Zhēnnī shìgè zǒngài dīzhe tóu de xiǎonǚhái，tā yìzhí juéde zìjǐ zhǎngdé búgòu piàoliàng．Yǒuyìtiān，tādào shìwù diàn qù mǎile zhī lǜsè húdiéjié，diànzhǔ búduàn zànměi tā dàishàng húdiéjié tǐng piàoliàng，zhēnnī suī búxìn，dànshì tǐng gāoxìng，bùyóu áng qǐle tóu，jíyú ràng dàjiā kànkàn，chūmén yǔrén zhuàngle yíxià dōuméizàiyì．

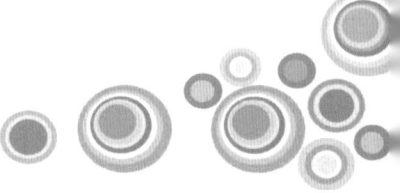

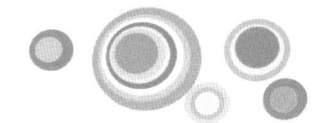

Zhēnnī zǒujìn jiàoshì, yíngmiàn pèng shàngle tāde lǎoshī. "Zhēnnī, nǐ áng qǐtóu lái zhēn měi!" Lǎoshī àifǔ de pāipāi tāde jiān shuō.

Nà yìtiān, tā de dàole xǔduō rénde zànměi. Tāxiǎng yídìng shì húdiéjiéde gōngláo, kě wǎng jìng qiányī zhào, tóushàng gēnběn jiù méiyǒu húdiéjié, yídìng shì chū shìwù diàn shí, yǔrén yīpèng nòng diūle.

Zìxìn yuánběn jiùshì yìzhǒng měilì, ér hěnduōrén què yīnwèi tài zàiyì wàibiǎo ér shīqù hěnduō kuàilè. Wúlùnshì pínqióng háishì fùyǒu, wúlùnshì mào ruò tiānxiān, háishì xiàngmào píngpíng, zhǐyào nǐ áng qǐtóu lái, kuàilè huìshǐ nǐ biànde kěài —— rén réndōu xǐhuān de nàzhǒng kěài.

제니는 항상 고개를 숙이고 있는 어린 소녀인데, 그녀는 줄곧 자신이 충분히 예쁘지 않다고 느낀다. 어느 날 그는 장신구점에 가서 녹색 리본을 샀는데, 가게 주인은 리본을 달고 있으니 예쁘다고 칭찬을 아끼지 않았고, 제니는 믿기지 않았지만, 고개를 들고 급히 자랑 하느라 밖에 나가 사람들과 부딪쳐도 개의치 않는다.

제니는 교실로 걸어들어가 그녀의 선생님과 마주쳤다."제니, 너 고개 들어서 정말 아름다워!" 선생님은 사랑스럽게 그녀의 어깨를 두드리며 말했다.

그날, 그녀는 많은 사람들의 찬사를 받았다. 그녀는 틀림없이 리본의 공로일 거라고 생각했지만, 거울 앞에 한 번 비춰 보았는데, 머리에 리본이 전혀 없다. 틀림없이 장신구 가게를 나올 때, 다른 사람과 마주쳐서 잃어버렸을 것이다.

자신감은 원래 아름다움이다. 많은 사람들은 외모에 너무 신경을 써서 많은 즐거움을 잃는다.

가난하든 부유하든, 천사처럼 보이든, 평범하든 네가 고개를 들면 기쁨은 너를 귀엽게 만든다 ──누구나 좋아하는 그런 귀여움.

第83-86题

Bèiduōfēn de wàibiǎo suī bù chūzhòng, què shēnài zhe yīnyuè, chéng wéile yíwèizhuóyuè de yīnyuèjiā. Tābù jǐnshì yíwèitiāncái yīnyuèjiā, gèngshì yíwèiyǔ mìngyùn kàngzhēng de yīngxióng. Tāchū shēngzài yígè yīnyuèshī de jiātíng, cóng xiǎobiàn kāishǐ xuéxí gāngqín, bài mòzhātè wèishī, qínfèn liànxí, chéngwéi yìmíng xiǎoyǒumíngqì de gāngqínjiā.

Kěshì, èyùn què jiēliánbúduàn de jiànglíndào tā shēnshàng, fùmǔ shuāngwáng, ěrduǒ yě jiànjiàn tīngbúdào shēngyīn. Mìngyùn shì rúcǐ cánkù, tāquè méi yǒuxuǎnzé fàngqì, érshì wánqiángde yǔ mìngyùn kàngzhēng. Tā shǐzhōng jiānchí zhe, yīn wèitā rè ài yīnyuè, yīnyuè huànqǐ tā shēngmìng de jīqíng. Tā zhīdào rénshēng yī dìnghuì yínglái shǔguāng, tāzài shīcōng de kùnjìng xià yìzhí jiānchí chuàngzuò.

" Wǒyào è zhù mìngyùn de hóulóng ", zhèjùhuà yìzhí bàn suítā, ràngtā shǐzhōng duì shēngmìng chōngmǎnxìnxīn, wēi xiàozhe miànduì èyùn, jíshǐ shòujìn rénjiān wúshù kǔnàn, yěyào ràng xīwàng zài zìjǐ xīndǐshēnggēn、fāyá.

베토벤은 외모는 뛰어나지 않지만 음악을 사랑해서 탁월한 음악가가 되었다. 그는 천재 음악가일 뿐만 아니라 운명에 맞서 싸운 영웅이다. 그는 음악가 집안에서 태어나 소년부터 피아노를 배우고 모차르트를 스승으로 섬기며 부지런히 연습해 소문난 피아니스트가 됐다.

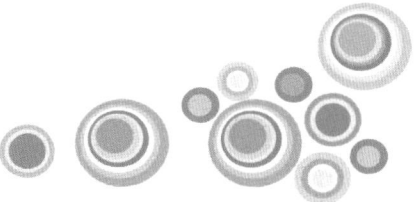

그러나 불운이 꼬리를 물고 찾아오니 부모는 죽고 귀는 점점 소리가 들리지 않았다. 운명이 이렇게 가혹한데도 그는 포기하지 않고 완강하게 운명에 맞서 싸운다. 그는 음악을 사랑하고 음악이 그의 생명의 정열을 불러 일으키기 때문에 시종 버텼다. 그는 인생에 반드시 서광이 온다는 것을 알고 들을 수 없는 곤경 속에서도 창작을 계속했다.

"운명의 목을 졸라야 한다"는 말이 그를 따라다녔다. 늘 생명에 대한 믿음을 갖고 환하게 웃으며 액운에 맞서고, 세상의 수많은 고난을 겪더라도 자신의 마음에 뿌리를 내리고 싹을 틔워야 한다.

第87-90题

Gǎibiàn bùliǎo tārén , gǎibiàn bùliǎo shìjiè , nàjiù zhǐyǒu gǎibiàn zìjǐ . Zhōngguó gǔdài de zhùmíng zhéxué dàshī ,dàojiā xuépài chuàngshǐrénlǎozǐ yǒuyígè zhòngyào guāndiǎn , nà jiùshì : Wànwù dōushì xiàng duìde .

Zhèngrú nǐde ruòshì jiùshì duìshǒu de yōushì . Qiáng yǔ ruò dōushì xiāng duìde , yào chèdǐgǎibiàn lìliàng de xiāngduì dàxiǎo , wèishénme wǒmen zǒng xiǎngzhe zhǎodào duìfāng de ruò ne ? Wèishénme búqùzhǎodào zìjǐde qiángne ? Duìshǒu hěnqiáng , wǒbiàn bǐtā gèng qiáng . Wǒmen wúfǎ gǎibiàn biérén 、 zǔzhǐ biérén , dàn wǒmen kéyǐ gǎibiàn zìjǐ、 chāoyuè zìjǐ .

Zài dàzìrán zhōng , shíwùliàn shì bùkěnéng nìzhuǎn de , láng chī yáng , hú chī tù , māo zhuī shǔ , yǒngyuǎn bùkěnéng nìzhuǎn , dànshì , zhèxiē wùzhǒng miè juéle ma ? Xiǎnrán méiyǒu . Tāmen wúfǎ gǎibiàn xiànshí , yīncǐ zhǐhǎo búduàn tígāo zìjǐde sùdù , jièyǐ táotuō bèi bǔshí de mìngyùn . Gǎibiàn bùliǎo duìshǒu , jiù gǎibiàn zìjǐ , ràng zìjǐ qiángdà , biànshì gǎibiàn yīqiè de yuántóu .

다른 사람을 바꿀 수 없고, 세상을 바꿀 수 없다면, 그것은 우리 자신을 바꾸는 것이다. 중국 고대의 저명한 철학대사이자 도가학파 창시자인 노자가 주장한 '만물은 서로 마주보고 있다'는 중요한 관점이 있다.

당신의 약함이 상대의 우세인 것처럼. 강과 약은 상대적인 것이고, 힘의 상대적인 크기를 완전히 바꾸어야 하는데 왜 우리는 항상 상대의 약함을 찾으려고 하는 것일까요? 왜 자신의 강함을 찾지 않는 걸까? 상대가 강하면 나는 그보다 더 강해진다. 우리는 다른 사람들을 변화시킬 수 없고, 다른 사람들을 막을 수 없지만, 우리는 우리 자신을 변화시킬 수 있고, 우리 자신을 넘어설 수 있다.

자연에서 먹이사슬은 되돌릴 수 없고, 늑대는 양을 먹고, 여우는 토끼를 잡아먹고, 고양이는 쥐를 쫓는다. 영원히 역전할 수는 없다, 하지만, 이 종들은 멸종되었나요? 분명히 그렇지 않다. 그것들은 현실을 바꿀 수 없기 때문에, 끊임없이 자신의 속도를 높여 포식당하는 운명을 피할 수밖에 없다. 상대를 바꿀 수 없으면 자신을 바꾸고 강하게 만드는 것이 모든 것을 바꾸는 원천이다.

3.写作 쓰기

第一部分 제1부분

| 91 | 这次会议的主办方是央视CCTV。 | Zhè cì huìyì de zhǔbàn fāngshì yāngshì CCTV. | 이 회의의 주최자는 CCTV이다. |

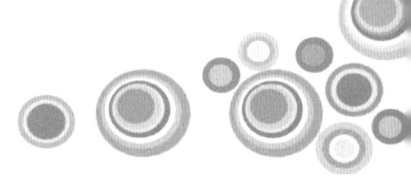

92	这汤好像有点儿淡。	Zhè tāng hǎoxiàng yǒudiǎn er dàn.	이 탕은 싱거운 것 같다.
93	前面的石头挡住了我们的路。	Qiánmiàn de shítou dǎngzhùle wǒmen de lù.	앞에 있는 돌이 우리의 길을 막았다.
94	这是一位很有才华的导演。	Zhè shì yī wèi hěn yǒu cáihuá de dǎoyǎn.	그는 매우 재능 있는 감독이다.
95	食用过多的高热量食物会导致肥胖。	Shíyòngguò duō de gāo rèliàng shíwù huì dǎozhì féipàng.	고칼로리 음식을 많이 먹으면 비만이 된다.
96	我乘坐的这列火车没有晚点。	Wǒ chéngzuò de zhè liè huǒchē méiyǒu wǎndiǎn.	내가 탄 이 기차는 연착되지 않았다.
97	今天大雾挡住了人们的视线。	Jīntiān dà wù dǎngzhùle rénmen de shìxiàn.	오늘 안개가 사람들의 시야를 막았다.
98	我的父母会常常和我讲做人的道理。	Wǒ de fùmǔ huì chángcháng hé wǒ jiǎng zuòrén de dàolǐ.	부모님은 나에게 인생 도리에 대해 자주 말씀하셨다.

第二部分 제2부분

99.期待已久的假期终于到了，趁我们现在还有充足的空闲时间，可以放飞自我，去旅游，去看看外面的世界。因为是夏天，可以少带很多衣物，在这期间我们还可以顺便看看大海，感受大海的神秘。

Qīdài yǐ jiǔ de jià qī zhōngyú dàole, chèn wǒmen xiànzài hái yǒu chōngzú de kòngxián shíjiān, kěyǐ fàngfēi zìwǒ, qù lǚyóu, qù kàn kàn wàimiàn de shìjiè. Yīn wèi shì xiàtiān, kěyǐ shǎo dài hěnduō yīwù, zài zhè qījiān wǒmen hái kěyǐ shùnbiàn kàn kàn dàhǎi, gǎnshòu dàhǎi de shénmì.

기다리고 기다리던 방학이 드디어 다가왔고, 우리가 지금 여유를 가질 여유가 충분히 있는 틈을 타서, 자아를 날리고, 여행을 가고, 바깥 세상을 보러 갈 수 있다. 여름이라 옷가지도 적게 들고 그러는 동안 우리는 바다도 보고 바다의 신비로움도 느낄 수 있다.

100.这个小朋友非常喜欢画画，墙上贴的全都是他的作品，他长大之后想成为一个画家，他是幼儿园最乖的孩子，因为他听不到声音，所以可以沉浸在自己画画的世界里，老师也说他很有天赋，这就是上帝关上一扇门肯定会打开一扇窗吧。

Zhège xiǎopéngyou fēicháng xǐhuān huà huà, qiáng shàng tiē de quándōu shì tā de zuòpǐn, tā zhǎng dà zhīhòu xiǎng chéngwéi yígè huàjiā, tā shì yòu'éryuán zuì guāi de háizi, yīnwèi tā tīng bú dào shēngyīn, suǒyǐ kěyǐ chénjìn zài zìjǐ huà huà de shìjiè lǐ, lǎoshī yě shuō tā hěn yǒu tiānfù, zhè jiùshì shàngdì guānshàng yí shàn mén kěndìng huì dǎkāi yí shàn chuāng ba.

해석: 이 어린이는 그림을 좋아하는데 벽에 붙여진 것은 전부 그의 작품이다. 그는 커서 화가가 되고 싶어한다. 그는 어린이집에서 가장 착한 아이이다. 왜냐하면 그가 소리를 듣지 못하기 때문에 자기가 그림을 그릴 수 있는 세계에 빠져 있다. 선생님도 천부적인 재능이 있다고 한다. 그래서 하나님한 사람의 문을 닫아 주면 반드시 창문을 열려 줄 것이다.